天皇の美術史

5

朝廷権威の復興と京都画壇

江戸時代後期

五十嵐公一・武田庸二郎・江口恒明 著

Art History of the Imperial Court

VOLUME FIVE

The Late Edo Period:

The Revival of Imperial Authority and the Kyoto Painting World

Igarashi Kōichi, Takeda Yōjirō, Eguchi Tsuneaki

吉川弘文館

1.「光格天皇御即位式図」

安永八年（一七七九）、光格天皇はわずか九歳で天皇の位に就いた。図は、翌九年十二月四日に挙行された即位式の様子を描いたものである。当時の禁裏御所は、紫宸殿、清涼殿、南門の柱間などが手狭だったため、式挙行にも支障をきたしたという。寛政の造営では、光格天皇の要望により、これらの諸施設が旧制のように広く大きいものに改められている。

2．住吉広行筆「賢聖障子」

禁裏御所の紫宸殿を飾る「賢聖障子」。これは中国の功臣三十二人を描いたものだ。寛政二年（一七九〇）の御所造営の際、「賢聖障子」を描いたのは幕府御絵師の住吉広行だった。嘉永七年（一八五四）、この御所は焼失するが「賢聖障子」は残った。そこで広行の子、住吉弘貫が修復し、安政二年（一八五五）に再建された御所の紫宸殿を再び飾った。右から馬周、房玄齢、杜如晦、魏徴。

3．原在明筆「石清水臨時祭再興図絵」

文化十年（一八一三）、光格天皇の念願であった石清水臨時祭が三百八十一年ぶりに再興された。儀礼の再興には、必ず古い制度や儀礼の様子を伝える文献や絵画が集められる。本図はそうした調査に基づき改定された「東遊」という舞楽を天皇に披露する場面を描いている。原在明は、おそらく禁裏の意向を受け、後世の範とすべく、細部に至るまで克明に記録した絵巻を制作した。

4．鶴沢探真筆「大禹戒酒防微図」

安政二年（一八五五）に再建された常御殿、その中段の障壁画。甘美な酒を献上されるが、これに耽れば国を亡ぼすと禹王は考えた。この絵には鑑戒の意味がある。描いたのは二十二歳の鶴沢探真。探真は鶴沢家当主となったばかりだったが、土佐光文とともに絵師頭取をつとめ、京都在住の絵師たちをまとめた。この三十三年後、探真は皇居として造営された明治宮殿の杉戸絵も描いている。

刊行のことば

権力と造形との関係を探究することは、美術史学に与えられた古くて大きな課題である。それは、歴史上の造形物のなかで、時代を代表するような作品、ときに巨大で、ときに洗練の極みに達したものの多くが、権力の周辺で成立していたことと深く関わる。裏を返せば、われわれは過去の権力がもつ大きさや強さ、あるいは奇妙さや儚さを現代に遺された造形から感じ取るのである。作品の「かたち」を追究すればするほど、その背後に存在した権力の「かたち」に肉薄できるのではないか。

本シリーズを刊行するにあたり、次の四つの目標を設定した。第一に、古代から近代まで、天皇が直接に関わった美術品について、現存作例と文献史料に基づく最新の研究成果を網羅し、ひとつの通史として編み上げること。第二に、天皇と宮廷社会、宮廷社会と聖俗の諸勢力との間に絶えず横たわる緊張関係の中で、美術品の制作・蒐集・鑑賞・貸借・贈与が果たした機能を解明すること。第三に、天皇に関わる作品群が、複数の時代にわたって参照されつづけることで、古典としての様式・価値を形成する過程を明らかにすること。第四に、絵師や仏師といったつくり手たちの系譜や職制を、天皇との関係から再考することである。

時代によって、天皇の権威や役割は常に変化し続けた。歴代の天皇で、国家運営の実権を掌握し、文字どおりの帝王として君臨した者はかならずしも多くはない。しかし、文化や学芸の領域において、天皇のもつ威光は、明滅しつつも輝きを失わない。そうした権威や威光という眼に見えぬものに「かたち」を与え、可視化するのが造形の役割であった。

第二次世界大戦後、国民統合の象徴と位置付けられた天皇は、美術館・博物館に行幸することで、美術享受の経験を市民と共有し、美術史学実践の現場に立ち会い続けている。その一千年以上にわたる来歴を振り返ることで、未来の美術を展望する足場を築くことができるのではないだろうか。

『天皇の美術史』編集委員（五十音順）

五十嵐公一
伊藤大輔
塩谷　純
髙岸　輝
野口　剛
増記隆介

『天皇の美術史』第五巻◎目次

Art History of the Imperial Court
VOLUME FIVE
The Late Edo Period:
The Revival of Imperial Authority and the Kyoto Painting World

Art History of the Imperial Court
VOLUME FIVE
The Late Edo Period:
The Revival of Imperial Authority and the Kyoto Painting World

Art History of the Imperial Court
VOLUME FIVE
The Late Edo Period:
The Revival of Imperial Authority and the Kyoto Painting World

凡例

一、作品名は、指定文化財等の名称通りとしていないものもある。

一、英文タイトルはユキオ・リピット氏（ハーバード大学教授）による。

一、本シリーズは二〇一四～一六年度科学研究費「宮廷と美術に関する比較美術史学的研究」（基盤研究B、研究代表者・秋山聰）の成果を含む。

一、「寛政度御所造営」を「寛政の御所造営」にするなど、史的用語であってもわかりやすい言葉に変えたものがある。

◆総説　江戸時代最後の三人の天皇

五十嵐公一

五巻の守備範囲は江戸時代後期である。四巻で江戸時代前期を扱っているので、それとで一セットという位置付けにもなる。その五巻で特に注目するのは、江戸時代最後の三人の天皇。すなわち光格天皇（在位：一七七九〜一八一七）、仁孝天皇（在位：一八一七〜四六）、孝明天皇（在位：一八四六〜六六）と美術の関係である。では、なぜ江戸時代後期の中で特にこの三人の天皇に焦点を絞ったのかといえば、それは執筆者の間で一致した見解があったからだった。

その見解とは、光格天皇の在位中に起こった天明八年（一七八八）の天明の大火、それに伴う寛政二年（一七九〇）の御所造営が、京都の絵師たちに決定的な変化をもたらし、その背後には朝廷権威の復興があったというものである。五巻のタイトル「朝廷権威の復興と京都画壇」は、それを端的に示したものである。四巻で論じているが、天皇の住まいである禁裏御所は江戸時代に幕府の資金により八度造営され、そのたびに障壁画も描かれた。このうち慶長から宝永までの六度の御所造営で障壁画制作の主力となったのは、江戸を活動拠点とした狩野一門を中心とした絵師たちだった。幕府が彼らを江戸から京都に派遣し、障壁画を描かせたのである。ところが七度目となる寛政二年の御所造営、つまり天明の大火の後の御所造営は事情が大きく違った。

最も重要な障壁画である「賢聖障子《けんじょうのそうじ》」は、江戸在住の絵師、住吉広行が描いた。しかし、それ以外の障壁画は京都在住の絵師たちに任された。そして、その際、土佐光貞と鶴沢探索に絵師頭取という役割が与えられ、この二人が朝廷と京都在住の絵師たちとの間の連絡役を果たした。その結果、土佐家、鶴沢家、そして御所障壁画制作に参加した絵師という序列が鮮明となった。

この序列が成立したことを端的に示すのが、京都の人名録ともいえる『平安人物志』である。『平安人物志』は明和五年（一七六八）、安永四年（一七七五）、天明二年（一七八二）、文化十年（一八一三）、文政五年（一八二二）、同十三年、天保九年（一八三八）、嘉永五年（一八五二）、慶応三年（一八六七）の九版が刊行された。そのうち天明八年の天明の大火以前に刊行された三版の『平安人物志』には、土佐家と鶴沢家の絵師がまったく登場しない。見事に名前が出てこない。ところが、天明の大火後に刊行された『平安人物志』文化十年版に、両家の絵師が突然出てくる。それも「画」の部門の筆頭が土佐光時、それに続いて土佐光孚、鶴沢探泉、鶴沢式部（のちの鶴沢探春）の順番で掲載され、その後にそれ以外の絵師が続く。そして、文化十年以降に刊行された『平安人物志』の画の部門では、この順番がしっかり継承されてゆく。

この変化を五巻の執筆者三人は重視した。そして、その経緯、意味、影響、問題点を確認できた範囲の史料と作品で論じたいと考えた。天明の大火、それに伴う寛政の御所造営が京都の絵師たちに変化をもたらしたとする見解は決して新しいものではない。しかし、このことは十分に検証されてこなかったように思う。そこで、具体的な根拠を示して論じたいと考えた訳である。そのため、この五巻は本シリーズの中では異例ながら、巻末に史料編を作った。論拠とした史料の中に、今まで翻刻されたことのないものが多かったからである。活字が小さくなっているが、ご理解いただきたい。

このような見解を五巻の執筆者三人が共有するようになった経緯だが、始まりは武田、江口らが中心となって上梓した『近世御用絵師の史的研究』（思文閣出版、二〇〇八年）だった。寛政の御所造営に参加した京都在住の絵師たちの間にヒエラルキー（階層制）ができていたという指摘は以前からあった。そこで、この本はそれまでに紹介されたことのなかった史料を使い、その具体的な構造を明らかにした。この本が上梓された時点で、五十嵐は武田、江口とまったく面識がなかったのだが、その本の重要性にすぐに気づいた。

そして、その二年後、五十嵐が鶴沢派に注目した展覧会を企画開催し、そこで鶴沢家の歴代当主と地方の門人たちとの間で交わされた書状を複数紹介した。作品と史料から鶴沢家の実態を明らかにしたいと考えた訳である。それに武田と江口が関心を持ち、情報を交換するようになり、やがて先の見解を共有するようにもなった。そして、ちょうどその頃、「天皇の美術史」シリーズ刊行の話が出てきた。五十嵐が五巻を担当することになり、そこに武田と江口を誘ったという訳である。

武田と江口らの『近世御用絵師の史的研究』には図版がまったくなかった。あえて史料だけで美術史を語ろうとしたため、美術史研究者の中には違和感を持った方もおられたかもしれない。しかし、この本で示された内容は無視できない。そこで、その内容をもう一度、それ以降に気づいた史料も使い、天皇の美術史という新たな視点から世に問いたい。そんな目的をもって本書は、武田が光格天皇（第一章）、江口が仁孝天皇（第二章）、五十嵐が孝明天皇（第三章）の時代をおおむね担当した。

第一章の武田論文は、本書の出発点ともいえる天明の大火、寛政の御所障壁画制作を中心に論じたものである。読者の自由を制限したくはないが、可能であればこの第一章から読んでいただきたい。それ以降の諸問題が、ここから派生しているからである。武田は天明の大火、寛政の御所障壁画制作の意味を歴史の流れの中に位置付けている。大胆な解釈をしている部分もあり、批判があるかもしれない。しかし、無視できない論考だと思われる。

第二章で江口が論じたのは、主に仁孝天皇を中心とした時代。実は、本書で扱う三人の天皇の中で最も論じにくいのが仁孝天皇である。それは光格天皇の陰に隠れてしまっていること、光格天皇や孝明天皇とは異なり、在位中に御所造営がなされていないことが大きな原因である。しかし、江口は宮中儀礼などに注目し、

◉図1　天皇家略系図

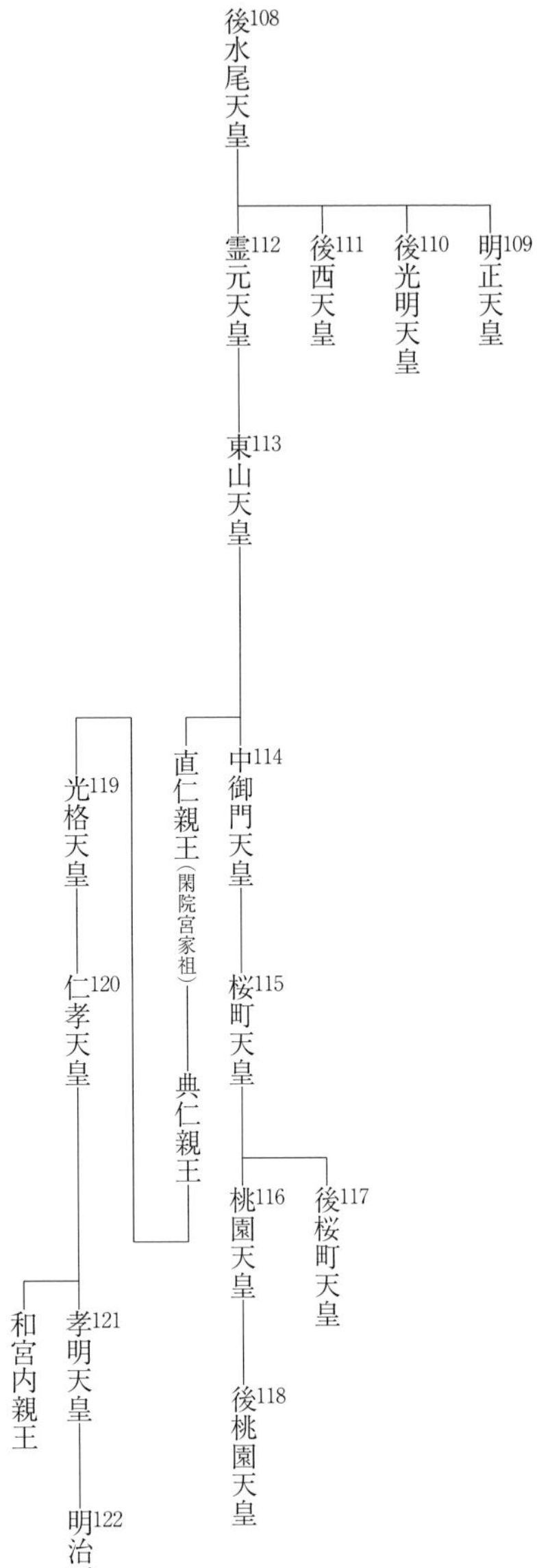

絵師たちの具体的な記録を追うことで、これまでほとんど注目されてこなかった多くの問題に光を当てた。未紹介史料と新事実の提示も多い。これから問題が広がってゆく論考だと思われる。

第三章で五十嵐が担当したのは孝明天皇。孝明天皇の在位中には安政の禁裏御所が造営された。これが現在、一般公開されている京都御所である。当然ながらこれについて触れているのだが、それに加えて孝明天皇在位中に行われた文久の修陵にも注目した。さらに、孝明天皇周辺で作画活動をした絵師たちが、御一新つまり明治維新の後にどうなっていったのかにも言及した。近代を扱う第六巻への橋渡しという役割もある。

いま、この本を作り、その総論の最後でこんなことを書くのは無責任かもしれないが、少なくとも五十嵐はこれが光格天皇、仁孝天皇、孝明天皇の時代の美術史を考える際の決定版になるとは思っていない。とい

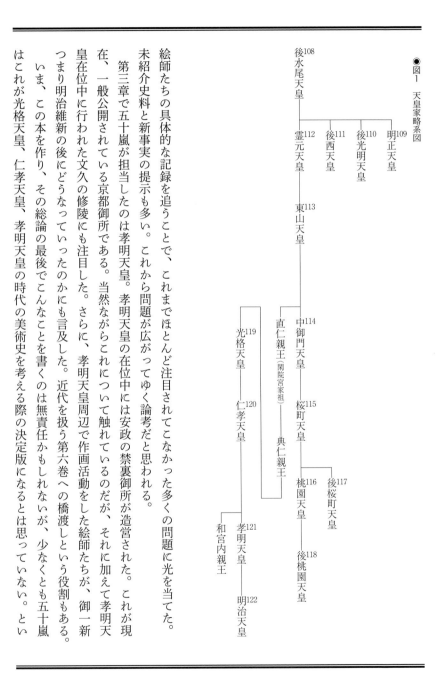

うのは、この時代に生まれた作品を考えるための史料は無数にある。本書で活用できたのはその一部にすぎない。今後、間違いなく新出史料が続々と出てくる。重要な史料を見落としている可能性もある。その結果、本書は近い将来にさまざまな点から批判されることになるだろう。少し寂しいが、それは研究の深化のためには喜ばしいことだと思う。研究が次の段階に進むため、本書に対して建設的な批判をいただければ本当にありがたい。

第一章

寛政の御所造営と十九世紀の京都画壇

武田庸二郎

Takeda Yōjiro, "The Kansei-Era Reconstruction of the Imperial Palace and the Kyoto Painting World of the Nineteenth Century"

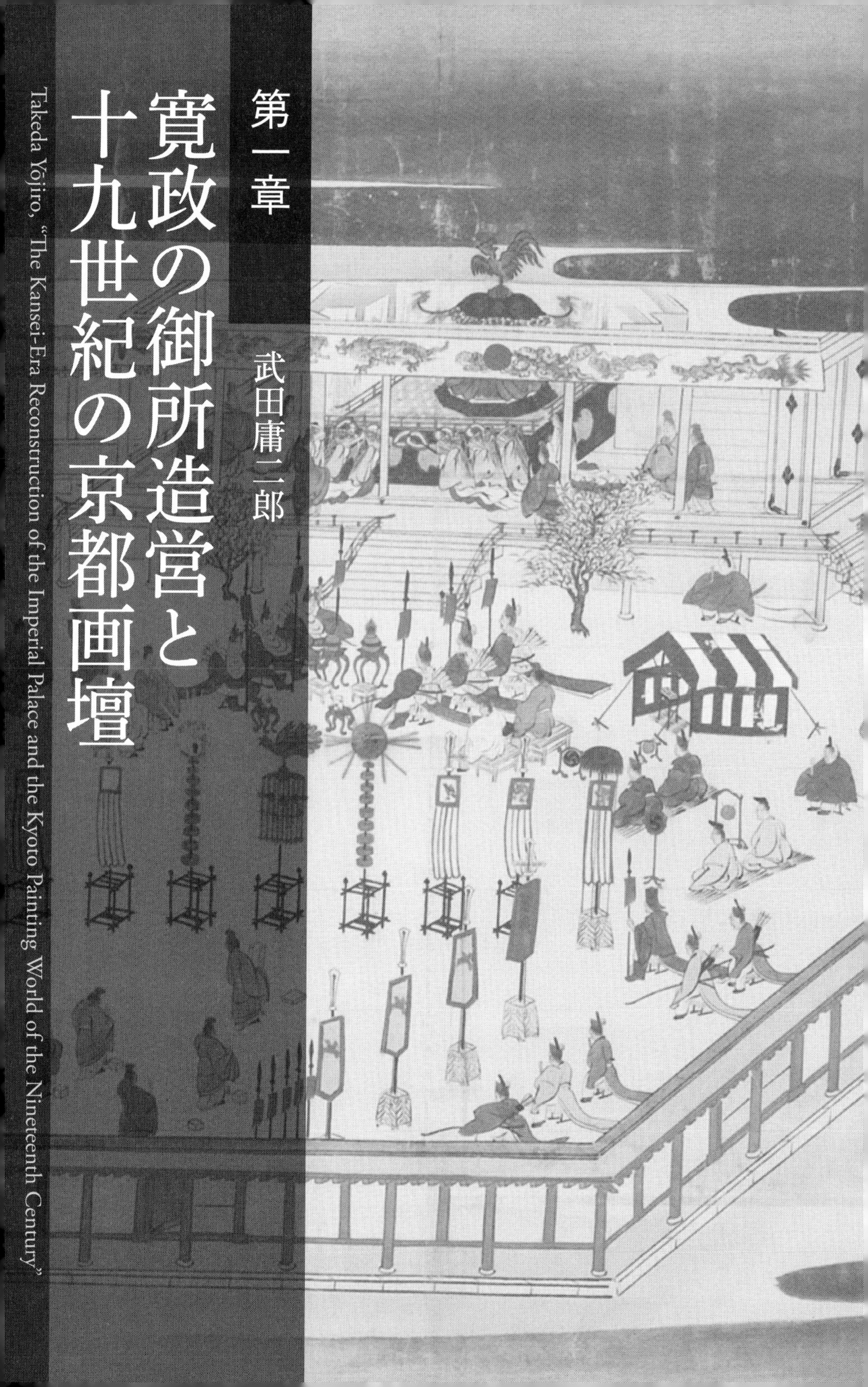

はじめに

天保十二年（一八四一）閏正月二十七日、その前年の十一月二十四日に崩御した上皇（諱を兼仁《ともひと》という）に、それまで長らく途絶えていた「天皇」号が贈られた。これが本章で取り上げる「光格天皇」（在位：安永八年〈一七七九〉～文化十四年〈一八一七〉、図1）である。天皇号の復活は、生前、上皇自身が強く望んだことであり、幕府も、新嘗祭・石清水八幡臨時祭などの朝儀復興に尽力した功績を認め、これを許した。以後、帝の崩御後に「何某天皇」と諡号《しごう》することが慣例となる。

◉図1 「光格天皇像」（泉涌寺蔵）

また、光格天皇は御所再建に際しても、朝儀の場である紫《し》宸殿《しんでん》および清涼殿《せいりょうでん》を古《いに》しえの規模に復すよう強く幕府に迫った。幕府は、折りからの飢饉によって財政が逼迫していたにもかかわらず、この天皇の要求を拒否することができなかった。天皇が有する伝統的支配の正当性を全国統治の拠り所としていた幕府にとって、これを拒絶することは、自らの権威失墜にも繋がることになるからである。

こうして始まった寛政の御所造営であったが、その障屏画作成には幕府の御絵師（御絵師は幕府職制上の呼称）がほとんど携わっていない。従来の研究では、その原因を「江戸狩野の衰勢」に求めてきた[1]。「粉本主義」[2]に凝り固まった江戸狩野は、やがて個性や独創性を失って精彩を欠き、御所障屏画を描く技量がなくなっていたというのである。しかし、この見解は、狩野派に対する偏見に基づく事実誤認であると言わざるを得ない。そもそも、朝儀の場を飾る障屏画に絵師の独創性や個性などといったものは必要とされないのである。

御所の障屏画は、本来決して目に見えることのない天皇の威光を可視化するために画かせるもので、それらは伝統を強く感じさせる由緒正しき図様でなければならなかったのである。そのため、粉本、古画、和漢の文献に典拠を求め、荘厳なる古しえの絵が再現されることになるのである。当然、担当絵師たちは、高い技術を要求されたが、個性・独創性といったものは不必要であるどころか、むしろ、邪魔でさえあった。そこには絵師の個性が入り込む余地などまったくなく、発注主である天皇や幕府の意に沿わなければ、即座に画き直しを命ぜられるのが実情であった。また、古画や粉本を手本とすることも上からの指示に従ったまでのことで、絵師の創意工夫によるのではない。ところが、個性がなければ芸術の名に値しないといういたって現代的な価値観が妨げとなり、今までの研究では、御所障屏画の本質を見誤っていたのである。

結論だけを先に言えば、寛政の御所造営に幕府の御絵師がほとんど携わっていないのは、もっぱら経済的理由に因った。そうとはいえ、この造営がその後の京都画壇に多大な影響を及ぼしたこともまた事実である。本章では、寛政の御所造営を機に京都画壇における身分内序列が再編されていく過程を明らかにする。

一　幕府御絵師と禁裏御絵師の組織比較

幕府御絵師

本題に入る前に、本節では、幕府御絵師の組織と禁裏御絵師のそれを比較しておきたい。

周知のごとく、慶長八年（一六〇三）、徳川家康は征夷大将軍に任じられ、江戸に幕府を開いた。しかし、圧倒的な軍事力によって全国制覇に成功した徳川政権は支配の理論的正当性が薄く、それゆえ、家康は天皇より征夷大将軍の任命を受け、進止権を委任される形で全国を統治したのである。言い換えるならば、家康は、天皇の持つ神聖性を拠り所に全国のあらゆる階層を包括したピラミッド型の身分秩序を再編成していったということになろう[3]。

以後、二七〇年ほども続いた徳川幕府がこのような朝幕関係を払拭することはついになかった。もっとも、天皇家のそれに匹敵するような伝統を築き、新たなる「支配の理論的正当性」を獲得しようとする努力は怠りなくなされた。その端的な例は、家康を「東照大権現」という神に祭り上げたことである。また、足利将軍家の例に範を取った饗応儀礼（式正の御成）を復活して武家による支配の継承を誇示したり、殿中でさまざまな年中行事・祭典を執り行うなどのこともした[4]。

かかる儀礼の場を飾る象徴的事物は伝統を強く感じさせるものでなければならなく、殿中や御所の障屛画もその範疇にある。そして、それらの絵を作成する絵師たちの仕事は、国家的権威の表象装置を創出することであったと言えよう。そのため、幕府は、たとえ火災など不測の事態が起きようとも自力でそれに対応できるよう、多くの絵師たちを抱え込んでいくのである[5]。

家康は、まず手始めに、狩野永徳州信（一説に重信・重種とも）[6]の子、光信の本領四〇〇石（父永徳が織田信長から与えられた三〇〇石〈所在不詳〉と豊臣秀吉から山城国愛宕郡大原郷[7]のうちに与えられた高一〇〇石の知行地）[8]と、京都元誓願寺町の屋敷地を安堵して御絵御用を勤めさせた。

その光信が、慶長九年に没すると、光信の長男、貞信に家督を継がせ、引き続き御用に当らせた。

翌十年、将軍職を秀忠に譲り、駿府に移った家康は、永徳の末弟の休白長信（御徒町狩野家の祖）を京都より召し、駿府での御用を仰せ付けた。さらに、休白は、江城の新営なって移徙した二代将軍秀忠に従い入府し、幕府の御用を勤めるようになった。この時、彼は法橋に叙され、一四人扶持を給されている。のち、老年に及んだ休白は帰京を願い出たが、それも叶わぬまま、承応三年（一六五四）江戸において病死した。

一方、光信の弟、孝信は、河内国に領地を有し、京都に居住して禁裏御用を勤めていたが、家康に召されて、幕府の御用をも仰せ付かるようになった。

鍛冶橋狩野

孝信の長男、探幽守信（鍛冶橋狩野の祖）は、慶長十七年（一六一二）、駿府に召され、家康に拝謁した。それから二年後には、秀忠の御前において「海棠之花下ニ猫」の図を画き、永徳の再来との褒詞を受けている。また、元和二年（一六一六）には、江戸城紅葉山の御宮に龍の絵を描き、これが慣例となって、以後、日光東照宮、寛永寺、増上寺の堂宇にも龍を描いた。

通説によれば、探幽が幕府御絵師となるのは、元和三年のことで、以後、寛永五年（一六二八）、二〇人扶持を給され、さらにそれから三六年後の寛文四年（一六六四）に至り、初めて二〇〇石の知行地を下賜されたとされる[9]。

これは、『古画備考』[10]所載の「狩野譜」に、「同《(元和)》三年月日不知新規被召出、御絵師被仰付、鍛冶橋御門外ニ而、屋敷拝領仕、惣領ニ御座候得共、父孝信遺跡相続不仕、別家ニ罷成候」「同《(寛永)》五年月日不知、御扶持二十人扶持拝領仕」、「同《(寛文)》四年月日相不知、河内国河内郡之内高二百石拝領仕、」との記載があることに拠るのだろう。しかし、「東照宮縁起絵巻」「禁裡御所紫宸殿賢聖障子」をはじめとする多くの作品を手がけ、数々の勤功を立ててきた探幽を、幕府が禄を与えないまま（扶持米は役に対する報酬、すなわち役料であって、家禄ではない）、長い間、放置したとは考えにくい。こうしたことは通常あり得ない。そこで、このことにつき、別の家譜により改めて考証してみたい。

狩野栄川院典信の門人、小林自閑斎が著した『狩野五家譜』[11]（文化九年序）には、「同《(元和)》四午年、不知月日、父孝信跡式被下置、時に十七歳にて相続被仰付」、「元和七酉年、月日不覚、鍛冶橋御門外居屋敷同神田松永町《(マヽ)》[12]にて拝領、京

都高辻にて屋敷拝領」「同《（寛永）》五戊申年、御扶持方二十人扶持被下置」「同《（寛永）》十三丙子年大猷院様蒙鈞明、東照宮様御縁起奉写、御褒美頂戴、御医師格法眼被仰付、宮内卿之号御免、御医師無官上席連於大広間、御流頂戴仕、御絵師へ御医師格被仰付候儀初而御座候、」「同《（寛文）》四甲辰年、河内国河内郡客坊村ニ而高弐百拾五石五斗九合知行頂戴仕候」とある。

これに従うならば、元和四年、十七歳でいったん、父孝信の家督を継いだ探幽は、同七年に鍛冶橋の屋敷を拝領して在府となったのを機に別家を立て、孝信の名跡を弟、尚信に譲ったことになる。これに基づき一つの仮説をたててみた。それは、

翌々元和九年に本家の貞信が没すると、探幽は、その貞信の家督（高四〇〇石の領地と京都元誓願寺町の屋敷）と父の家督（高一〇〇石[13]の領地と京都高辻の屋敷地）を改めて二人の弟に分配し直した。すなわち、孝信の家を継いだ尚信には、二〇〇石の領地および京都高辻の屋敷地の半分を、末弟の安信には、本家の名跡と山城国の一〇〇石の領地および京都元誓願寺町の屋敷を相続させ、自らは、河内国の高二〇〇石の土地と京都高辻の屋敷地の半分を引き継いだ。

というものである。この仮説の是非については、ひとまず置いておくことにして、話をもう少し進めよう。

寛永五年、探幽は二〇人扶持（一人扶持は一石八斗）を給され、同十三年には「東照宮縁起絵巻」を作成した功により将軍家光より褒美を貰っている。また、同十五年[14]には、絵師として初めて御医師格となり、法眼に叙されて御医師無官上席に連なった。すなわち、御目見得以上となったのである。ここでいう御目見得とは、単に将軍に謁見することを言うのではなく、礼席に列せられることを言う。すなわち、年始・五節句など嘉礼の日に登城して、将軍に拝謁できる家格を付与されたのである。絵師のような職能集団は、職人一統として御目見を許されるが、探幽の場合、御医師格という家格を与えられているので、明らかにこれとは違う。ちなみに法眼医師は二〇〇俵高である[15]。法眼医師が、その地位に似合う禄を支給されず、無足のままでいるなどということは絶対にない（通説に従えば、探幽は法印に叙された後も二年間、無足のまま放置されたことになる）。したがって、探幽の家禄は、遅くとも寛永十五年までに、二〇〇

俵（もしくは二〇〇石）になっていなければならないのである。しかも、もしこの時初めて二〇〇石の知行地を下賜されたのならば、そのように大事なことが記録から漏れているのは何とも解せない。やはり、探幽は、寛永十五年より前に知行二〇〇石を有していたと考えざるを得ないだろう。そうであるならば、右に示した仮説のように、元和九年、すでに先祖の遺領のうちの二〇〇石を継いだとするのが妥当なのではなかろうか。

また、通説では、元和三年を探幽の幕府御絵師拝命の年とするが、元和三年は、父孝信が存命中で、その父親を差し置いて若輩者の探幽（数え十六歳）が御絵師に取り立てられたというのは不自然に感じられる。したがって、やはりこれも、『狩野五家譜』の記事に従って、同七年とするのがよいのではなかろうか。もっとも、孝信の存命中に探幽が幕府御絵師を仰せ付けられたということも全く考えられない話ではない。『木挽町中橋両家譜』は、孝信が禁裏の画所預を勤めたとする。もしそうであった場合、たとえ幕府といえども、禁裏の御絵師を引き抜くことはできなかったであろう。いずれにしても、このことについては確証がないので明言を避けておこう。

ところで、「同四（寛文）甲辰年、河内国河内郡客坊村ニ而高弐百拾五石五斗九合知行頂戴仕候」という記事はいったい、何を意味するのであろうか。これについては、『東洋美術大観』第五冊[16]に、次のような文書（狩野探岳旧蔵）が載っている。

河内国河内郡五條村之内
客坊村
一高弐百拾五石五斗九合
内
拾五石五斗九合者　山年貢　定納
右之所、従去々年辰物成、探幽ニ被下置候間、可被相渡候、御老中御証文ハ御勘定所差置候ニ付、如此ニ候、
以上、
竹村八郎兵衛

寛文六年午四月廿一日　　設楽七左衛門
長谷川久兵衛
鈴木義兵衛殿

この文書は、竹村八郎兵衛以下三名の勘定組頭が代官鈴木義兵衛に宛てたもので、辰年（寛文四年）から、客坊村が探幽の領地となったので、同地を引き渡すよう命じたものである。おそらく、寛文四年に初めて探幽が二〇〇石の知行地を下賜されたとする根拠は、この文書であろう。しかし、これを、探幽が初めて知行取りとなった証左とすることはできない。推測するに、河内国の別の場所にあった領地が、この年、客坊村に移されたのであろう。そのように理解すれば、先に述べた疑問も解け、すべて辻褄が合う。ちなみに、客坊村が探幽の領地となった時、いっしょに山年貢（小物成）の徴収権が付与されているが、その分の一五石五斗九合は家禄の内に含まれない。表高は、あくまで二〇〇石である。

降って延宝二年（一六七四）、探幽が没すると、その跡を継いだ探信守政は父の遺領のうち、一〇〇石を弟探雪守定に割譲した。しかし、正徳四年（一七一四）、探雪とその嫡男探牛守睦が相次いで没したため、探雪家の一〇〇石は召し上げとなり、鍛冶橋狩野家の禄高は一〇〇石となってしまった。こうして、探幽以来、幕府御絵師主席の地位を保ってきた鍛冶橋狩野家は、その地位を木挽町狩野家に譲ることとなった。

一弐百石　河内　法眼　主馬子　狩野養朴 酉七十
一百拾五石余 弐拾人扶持　河内　探幽子　狩野探信

一百石拾五人扶持　山城	永真嫡孫	狩野永叔	酉五十三
一百石　河内	探幽子	狩野探雪	酉三十四
一弐拾人扶持	洞春養子	狩野洞春	酉五十一
一拾人扶持	春雪子	狩野春笑 岡沢	酉四十三
一拾人扶持	岡沢宇右衛門子	狩野春湖	酉六十
一拾人扶持	養朴子	狩野如川	酉五十 (年欠記)

（『御家人分限帳』[17]）

木挽町狩野

孝信の次男、主馬尚信（木挽町狩野家の祖）が父の家督を継いだ経緯については先に述べたので、ここでは略す。寛永六年（一六二九）、尚信は、家光より江戸竹川町に屋敷を拝領し、新たに二〇人扶持を給されている（安永六年〈一七七七〉栄川典信の時、竹川町の町屋敷を木挽町の武家屋敷と引き替えることとなったが、元の町屋敷も先祖伝来の土地であるという理由でそのまま据え置きとなった）。河内国のうちにあった領地二〇〇石は、正徳年中（一七一一～一六）、如川周信の時、武蔵国大里郡沼黒村および和田村に移され、さらにまた、文化十年（一八一三）伊川院栄信の時、武蔵国埼玉郡樋ノ口村に所替えとなった[18]。通説では、木挽町狩野家が始めて知行地を幕府より下賜されたのは、養朴常信の時、宝永七年（一七一〇）のこととされてきた。しかし、前に掲げた『御家人分限帳』の記載からも、それが誤りであることがわかる。ちなみに「狩野養朴　酉七十」の年は、宝永二年に当たる。

中橋狩野

孝信の三男、永真安信（中橋狩野家の祖）は、元和九年（一六二三）、貞信の遺領四〇〇石のうち、山城国愛宕郡大原郷の領地一〇〇石と京都元誓願寺町の屋敷地を継ぎ、寛永年中（一六二四～四四）には、江戸中橋に屋敷を下賜されると共に、十五人扶持の禄を加増されている。こうして、狩野三兄弟が揃って幕府の御絵師となったのである。それは、彼らがかつて足利義政の御用を勤めた狩野正信の直系であったことに起因すると言えよう。幕府が彼らを御絵師に召し抱えたのは、有職故実に精通した者たちを召して高家に取り立てたのと同様の理由なのではあるまいか。徳川氏は、こうした由緒正しき血統の者を尊んだのである。

こうして、江戸に召された狩野三兄弟ではあったが、その後も京都に屋敷を所持し、彼《か》の地における活動拠点としたのであった。

京都屋敷有之御絵師

一 百石ニ 弐拾人扶持　高辻新町東へ入ル町　狩野探信（探幽伜）

一 弐百石ニ 弐拾人扶持　同町　同　如川（尚信孫）

一 百石三升七勺　元誓願寺図子　狩野永叔（安信伜）

（『京都御役所向大概覚書』[19]）

その他の幕府御絵師

四代将軍家綱は、寛文七年（一六六七）、洞雲益信（駿河台狩野家の祖）に屋敷を下賜し、八年後の延宝三年（一六七五）には、春雪信之（山下町狩野家の祖）にも町屋敷を与えた。

また、五代綱吉の時代に至ると、さらに多くの絵師が幕府御絵師に取り立てられた。まず、天和二年（一六八二）、駿河台狩野家の洞雲益信に二〇人扶持の扶持米を給した。年は定かでないが、山下町狩野家の春雪信之が一〇人扶持を給されたのもこの頃と考えられる。

翌三年、綱吉は、住吉具慶広澄を江戸に召して御用を仰せ付け、一〇人扶持を給している。また、それから二年後の貞亨二年（一六八五）には稟米一〇〇俵を与え、幕府御絵師を仰せ付けた。さらに元禄四年（一六九一）には、一〇〇俵を加増して、奥医師並・二〇〇俵七人扶持とした。具慶の父、如慶広通は、旗本高木広次の子で[20]、京都に住して土佐の門人となり、もっぱら禁裏御用を勤めていたが、天海僧正の取りなしにより家康に拝謁し、のち、「東照宮縁起絵巻」「元三大師絵伝」「慈眼大師絵伝」などを作成した。そして、寛文二年には、後西天皇の勅命により住吉の姓を冒すことを許された。住吉の家は、具慶広澄の跡を内蔵允廣保が継いだが、その嫡男弘蓬《ひろとし》は画業を継がず、姓を高木に復した。住吉の名跡が絶えることを惜しんだ将軍吉宗は、享保十年（一七二五）、弘蓬の弟、内記広守を召し、幕府御絵師を仰せ付け、改めて広守に一〇人扶持を給した。しかし、住吉の家督を継ぐべき広守の実子が病気がちで画業も未熟であったため、安永六年（一七七七）、広守は、その名跡を弟子の板谷広当に継がせた[21]。それから四年後の天明元年（一七八一）、広当は、嫡子広行に住吉の家督を譲って、自らは元の板谷姓を名乗ることとなったが、翌二年、新規に召され幕府御絵師となり、五人扶持を給せられることとなった。

綱吉は、元禄九年から同十三年にかけて、柳雪秀信（小田原町狩野家）・梅雲為信（金杉片町狩野家）・寿石政信（猿屋町代地狩野家）、伯円方信（神田松永町狩野家）・洞元邦信（猿屋町代地狩野家分家）に、それぞれ屋敷を与えている。

また、木挽町狩野家、養朴常信の次子随川岑信（浜町狩野家祖）は、甲府城主時代の徳川家宣に召され、桜田御殿で

◉表1　寛政元年における江戸幕府御絵師

	家名	号・諱	禄高および役料
1	木挽町狩野	栄川院典信	二〇〇石および二〇人扶持
		養川惟信	二〇〇俵
2	鍛冶橋狩野	探牧守邦	一〇〇石および二〇人扶持
3	中橋狩野	永徳高信	一〇〇石および一五人扶持
4	浜町狩野	融川寛信	二〇〇俵および七人扶持
5	住吉	内記広行	一〇人扶持
6	駿河台狩野	春洞法眼美信	二〇人扶持
7	山下町狩野	春笑宣信	一〇人扶持
8	御徒町狩野	玉栄在信	五人扶持
9	麻布一本松狩野	休円為信	無
10	小田原町狩野	柳渓共信	五人扶持
11	猿屋町代地狩野	素川章信	五人扶持
12	神田松永町狩野	伯清因信	無
13	金杉片町狩野	梅軒員信	五人扶持
14	根岸五行松狩野	安仙自信	五人扶持
15	猿屋町代地狩野分家	洞琳由信	五人扶持

16	深川水場町狩野	梅笑師信	五人扶持
17	愛宕下狩野	探円守胤	無
18	板谷	慶舟広当	五人扶持

※1　寛政元年の武鑑により作成。
※2　一人扶持は米一石八斗。一俵は米四斗。
※3　江戸狩野の諸家は、屋敷の所在地をとって「鍛冶橋狩野」「木挽町狩野」「中橋狩野」などのように呼称されているが、その所在地は時代によって異なる。表の呼称は、広く一般に通用している『東洋美術大観』のそれに拠った。
※4　深川水場町狩野家の屋敷および扶持米拝領の時期については、『古画備考』所載の「狩野譜」に「寛政十二申年十二月六日、家業出精ニ付、五人扶持被下、享和二戌年屋敷被下」とあるが、寛政元年の武鑑には、表に示したとおりの記載があるので、「狩野譜」に見える年代が誤りであると考えられる。

御用を勤めていたが、宝永元年（一七〇四）、家宣が将軍綱吉の世子となったのに伴い、西丸に入り、西丸時計之間番となった。のち、西丸奥医師並に進んで、住吉家と同じく二〇〇俵七人扶持を与えられるに至る。家宣は岑信に松平姓を与えようとしたが、岑信が固辞したため、一字違いの松本姓を与えた（木挽町・中橋・鍛冶橋にこの浜町を加えた狩野四家は、代々奥御用〈奥絵師〉を勤める家柄で、幕府御絵師の序列では常に上位一〜四位までを占めた）。

そして、宝永八年、家宣は、小田原町狩野家、猿屋町代地狩野家、根岸御行松狩野家、金杉片町狩野家の四家に五人扶持を与えるとともに、休白長信以来、一四人扶持を与えられていた御徒町狩野家を五人扶持に改めたのであった。

ところで、これら幕府御絵師たちには、家禄、画料のほかにちょっとした副収入があった。拝領屋敷を町人などに貸して地代を稼ぐのである。安政三年（一八五六）編集の『諸向地面取調書』（史料一-1）によれば、幕府から拝領した屋敷地を他者に貸していないのは、二〇〇石の知行取である木挽町狩野のほか数家で、それ以外は拝領屋敷地の一部を貸すか、もしくは、その全部を貸し、自らはもっと安い所を借りるなどして、地代を稼いでいたのである。特に、住吉内記の場合、拝領屋敷の面積が一二六七坪にも及ぶので、そこから上がる地代も相当額に達したものと考えられる。

こうしたことは、御絵師に限らず、中下級旗本の間で広く行われていたことであった。これに対して幕府は、しばしば禁令を発したが、ほとんど効果がなく、半ば公然とこのようなことが行われ続けたのであった[22]。

絵所と画所預

一方、禁裏御絵師の待遇は幕府御絵師のそれに比し、きわめて劣悪であった。禁裏には、充分な家禄を支給して多くの絵師を抱え置くほどの財力がなかったのである。

禁裏御絵師の職制上の役職名に「絵所」と「画所預」がある[23]。このうち、絵所は蔵人所に属す絵仏師で、木村家一家のみがこの職に就き、その歴代当主の多くが了琢を名乗った。家禄は五石七升と低い[24]。

画所預は、朝廷の絵事を司る地下官人《じげかんじん》である。代々この職を勤めた土佐家は、光起以来、禁裏の常式御用・月扇御用・臨時御用などを勤める家である。元は一家であったが、宝暦四年（一七五四）、四代当主光芳の二男、光貞も画所預を仰せ付かり、画所預の家は二家となった。光貞が画所預に取り立てられた当初は、常式御用・臨時御用ばかりを勤めていたが、兄光淳が早逝した折、その嫡子光時がまだ幼年だったため、本家の職務であった月扇御用も引き継いだ。

光起以来、家禄はなく、画料のみを受け取ってきたが、享保九年（一七二四）、光芳が月扇料の名目で一〇人扶持（＝一八石）を受けてからは、代々これを給された。剃髪はせず、官位も僧位ではなく、俗官が与えられる。初階は従六位上（光芳以前は正六位下）で、最高、正四位下まで叙される家柄である[25]。

禁裏御抱絵師

禁裏には、これらとは別に、「御抱絵師」あるいは「御扶持人」と呼ばれる絵師と、それに準ずる絵師がいた。その

◉表2　寛政元年における禁裏御絵師

	絵師姓名	職　名	禄高および役料
1	土佐土佐守光貞	画所預	一〇人扶持
	土佐虎若丸光孚（光貞倅）		
2	土佐左近将監光時	画所預	一〇人扶持
3	鶴沢探索	御絵師	銀三〇枚および五人扶持
	鶴沢式部探泉（探索養子）※2		無
4	狩野縫殿介永俊	御絵師	無
5	木村了琢	絵所	五石七升

※1　一人扶持は米一石八斗。一俵は米四斗、銀一枚は金三分
※2　五十嵐公一「鶴澤探泉について—生まれ年と家督相続—」（『芸術文化研究』二一、大阪芸術大学大学院芸術研究科、二〇一七年）

一つ、鶴沢家は、狩野探幽の弟子、探山以来の「御扶持人」で、臨時御用のみを勤める家であった。また、年間銀三〇枚（＝金二二両二分）というわずかな額ではあるが、家禄もあった。さらに、明和八年（一七七一）、探索が月扇御用・常式御用を勤めるようになり、月扇料として五人扶持（＝九石）を新たに給された。

狩野山楽・山雪の系統を引くいわゆる京狩野家も、もともと臨時御用のみを勤める家であったが、明和八年、永良の代に、初めて月扇御用・常式御用を勤めるようになり、月扇料の名目で年間銀一五枚（＝金一一両一分）を支給された。しかし、その二代あとの永俊の時、月扇御用をご免となって再び常式御用の画料のみを受け取ることとなる。以上の五家（木村・土佐二家・鶴沢・狩野）が、本来の禁裏御絵師であると言える。

江戸時代も後期に至ると、これらの家の絵師たちは、「禁裏御内御絵師」を名乗ることが許されることとなった。し

かし、それだけでは手薄なので、ことあるごとに、絵を能くする地下官人（嶋田・座田・岸など）や土佐・狩野・鶴沢の門人（勝山・石田・吉田など）のうちから人選して不足を補ったのである。その中には、臨時御用のみならず、時には常式御用をも勤める者もいた。

二　御所造営の基本方針

天明の大飢饉と御所参り

左の記事は、岡山藩士湯浅善明が、松平定信執政時代の事跡を綴った『天明大政録』[26]からの抜萃である。

近年打ち続く凶作の処、去る午年（天明六年）関東洪水にて、御収納過半相減じ候上、御救い御普請、并《ならび》に在町御救い御手当少なからず、其《そ》の上吉凶に付ての御物入夥《おびただ》しき儀に付、御勝手向御差し支《つか》えに相成り申し候、

天明年間（一七八一〜八九）に入ると、連年凶作が続き、幕府の財政は逼迫した。さらに天明六年（一七八六）、関東を襲った大洪水が財政難に拍車をかけることとなる。崩壊した潅漑施設などの復旧工事、窮民の救援に莫大な費用を要したのである。

また、全国各地で餓死者が続出し、一揆・打ち壊しが頻発した。そうしたなか、京都では、五穀豊穣・現世安穏を願う人々が禁裏御所を囲む築地塀の周りを廻る「御所参り」[27]が流行《はや》ったという。

随筆『翁草』[28]の記事によると、「御所参り」が始まったのは、天明七年の六月初旬頃であったという。五穀豊穣・現世安穏を願う人々が、十二燈（＝燈明料）や供物を御所に献じ、その中には願いごとを書いた色紙が副えられている

ものもあった。参拝者の数は、日に日に増していき、同月半ばには、「布引《ぬのびき》」「戸渡りの蟻」のごとく、延々長蛇の列をなすに至る。広小路は立錐の余地もなく、参内する公家たちは数万に及ぶ参拝者を避けて道の端を通行した。禁裏御所や女院御所からは赤飯などが振る舞われ、有栖川宮邸など禁裏御所に隣接する公家屋敷の門前には給湯所が設けられた。光格天皇も参拝者を気遣って清涼殿の御簾を上げるということがあったという。庶民の窮状に有効な救済策を取ることができない幕府に業を煮やした民衆が、最後に頼ったのは、天孫の末裔たる光格天皇だったのである。

この年六月、関白鷹司輔平は、飢餓に苦しむ民を不憫に思った天皇の意を承けて、窮民救済を幕府に申し入れた。同月十四日、武家伝奏の油小路隆前と久我信光が京都所司代戸田忠寛のもとに口上書を提出し、窮民救済を訴えたのである。戸田は、江戸の老中にこれを報告し、その指示を仰いだ。左に示した史料は『天明大政録』などに収録された光格天皇の勅書[29]とされる文書である（原漢文）。

米価高穀、一統困窮して塗炭に落つ、安からず
宸襟思《おぼ》し召《め》さるるの間、万民安堵の懐《おも》いを成《な》す可《べ》き様《よう》、取り計らう可《べ》く、関白殿命ぜらるるに付、執達《しったつ》依《よ》って件《くだん》
の如《ごと》し、

月日　両伝奏

老中衆

おそらく、これは天皇の勅書ではなく、六月十四日に両武家伝奏から京都所司代戸田忠寛へ提出された老中衆宛ての口上書を写したものであろう。

それはともかくとして、天皇が民政に口を挟むなどということは前代未聞のことであった。こうして幕府の威厳は

地に墜ちたも同然となったのである。ここに明治維新における天皇親政の端緒を見ることができよう。

幕府の基本方針

翌天明八年（一七八八）正月二十九日の暁七ツ半時頃、宮川町四条下ル町より火災が発生した。火の手は強風に煽られ、瞬く間に京都市中を焼き尽くしたのであった。この大火により内裏が残らず炎上したことを聞かされた時の将軍家斉は、「去年《こぞ》のくれすでに御出入むずかしく、ことしの御不足之補《おぎな》ひかたもなきといふほどなるに、こたびの御物入うちかさなりなばいかゞあらん」（『宇下の人言』[30]）と、側用人加納久周を介して老中松平定信に尋ねて寄こしたという。「昨年の暮れ、すでにやりくりが難しくなって、今年の財源不足も補いようがないほどであるというのに、また、この度の造営で出費が嵩んでも大丈夫なのか」というのである。

この将軍の質問に対する定信の答えは、「惣《すべ》て禍《わざわ》にしたがひて、その処置宜《よろしき》を得《え》候ては、かへつて幸《さいわい》に成り侍《はべ》る事あり。考《かんがえ》候に此度之《こたびの》禍《わざわい》、かへつて御勝手御復古の御もといになるべきかもしれ候はず。少しも御くろうに思召《おぼしめ》され候はぬように」というものであった。「かへつて御勝手御復古の御もといになるべきかも」とはいったいどういう意味なのであろうか。それを知るためには、幕府の御所造営に対する考え方を理解しておかなければならないだろう。

安政の御所造営の際、幕府は、金銀米銭の献貢を広く一般に募る町触[31]を出している。時代が少し下るものではあるが、ここに示されている見解は江戸時代全般を通じて幕府が持っていた御所造営に対する考え方であったと言えるし、寛政の造営についての言及もあるので、その意訳を以下に示し、これにより幕府の御所造営に対する考え方を確認しておこう。

御所造営のことは、そもそも、寛政の造営の際、木材そのほか特別に上等なものを用いたわけではない。もっとも、宮様をはじめ諸人が品々の詮議を重ねた結果、御所の間取りはよくなったが、予算にかかわることなので、最上の御造営ではまったくなかった。いずれにしても、その造営から年数が立ち、徐々に破損箇所ができた。これまではそれも応急の修復で済ませてきた。今般、不測の天災で御所が炎上に及んだことは致し方ないが、天皇の身の回りの調度品やそのほか旧記などを焼失してしまったことは何とも口惜しい。この度の造営で新調する道具類は決して宝永度造営の時のようなものに戻すわけにいかない。寛政の造営の時と同様、ひたすら旧制に則ったものを新調し、奥向はもちろんそのほか諸方に至るまでの理弁を第一に考え、造立しようというのであるから、有り難い治世である。つらつら考えてみれば、[1]宮中大礼の品が、旧制に則ったおごさかな儀式を執り行う敷設にふさわしいものとなれば、先ず第一に、天皇の威厳を示す飾りになる。また、将軍の天皇に対する尊崇の御心も全国に知れ渡り、それが武運栄昌の祈願ともなる。今日、全国を統治する将軍のことゆえ、いかに困難な時節柄であっても、御所の造営は幕府が自力で成し遂げなければならないのは当然のことだが、財政難の折り、それは非常に困難である。そうは言っても、これは後代まで言い伝えられる事柄であるから、なおざりにはできない。[2]御所造営を簡略にすることは、天理に背くことであり、祖宗・家康に対しても趣意が立たない。[3]したがって、一段と手厚く造営することが職掌の専一に心がけるべきことであり、諸大名の志気も上がる。また、幕府の威光も格別に顕れるので、全国の民は貴となく賤となくあまねく承伏し、心の底より国恩を有りがたく感じることになる。万民が挙《こぞ》って造営の資材を献上してほしいので、そのことを国中に強く説きなさい。名聞利益などにいっさい拘わらず、それぞれ精一杯のものを献上すればよい。金銀はもちろん、そのほか何の品でもよいから、御所新造に役立つ品を封書にしたため、幕領は、その所の奉行職へ、私領は、大名、地頭、寺社、おのおのの領主へ提出しなさい。右のとおり、全国の民衆が一致して国恩に報いたことは、上の聞き及ぶところとなる上、冥加金が集まって御所造営が成就し、天皇が滞りなく還幸を済された暁には、献金した者の名前を、その貴賤にかかわらず総て竹帛に記し、天皇の叡聞に達せられるように沙汰があったので、万民がその趣意をよくわきまえ、瞬く間に全国各地から献貢された金銀米銭で御所が溢れかえるようにしたいものだ。

まず、注目すべきは、「宮中大礼の品が、旧制に則ったおごさかな儀式を執り行う敷設にふさわしいものとなれば、先ず第一に、天皇の威厳を示す飾りになる。また、将軍の天皇に対する尊崇の御心も全国に知れ渡り、それが武運栄昌の祈願ともなる。今日、全国を統治する将軍のことゆえ、いかに困難な時代であっても、御所の造営は幕府が自力で成し遂げなければならないのは当然のことだ（傍線①）」というくだりであろう。この文言に、天皇の威光を自らの権威付けに利用していた幕府の立場がよく表れている。

また、「御所造営を簡略にすることは、天理に背くことであり、祖宗・家康に対しても趣意が立たない。（傍線②）」とか、「一段と手厚く造営することが職掌の専一に心がけるべきことであり、諸大名の志気も上がる。また、幕府の威光も格別に顕れるので、全国の民は貴となく賤となくあまねく承伏し、心の底より国恩を有りがたく感じることになる。（傍線③）」といったことも書かれている。御所造営のことをなおざりにすれば、後代までの名折れとなり、逆に、天皇のために財を抛《なげう》ち、散財してみせることが幕府の威光を増すことに繋がるというのである。定信が言う「惣《すべ》て禍《わざわい》にしたがひて、その処置宜《よろしき》を得《え》候ては、かへつて幸《さいわい》に成り侍《はべ》る事あり。考候《かんがえ》に此度《こたび》之《の》禍《わざわい》、かへつて御勝手御復古の御もといになるべきかもしれ候はず」とは、まさにこうした意味で、御所造営のことも然るべく対処すれば、地に墜ちた幕府の威光も回復し、引いては、財政立て直しの契機になるというのであった。しかし、幕府の財政難は深刻で、大幅な経費の節約を計らざるを得なかった。

そうした幕府の思惑を余所《よそ》に、光格天皇は、紫宸殿・清涼殿など儀礼を執り行う施設を古しえの規模に復してほしいとの要望を出した。

天明八年四月、前権大納言広橋伊光は、京都所司代松平和泉守乗完《のりさだ》に書翰を送り、天皇の要望を伝えた。さらに松平乗完はそれを老中松平定信に送って指示を仰いだ。広橋伊光が送ったこの書翰の内容は、幸いなことに、書写されて『視聴草』（史料一－2）などに収録されている。

従来の研究では、この時、光格天皇が出した要望は、古制に則った様式の御所を造営してほしいというものであったとされる。しかし、天皇がこだわりをみせたのは、様式というよりは、むしろ、紫宸殿など朝儀を執り行う諸施設の規模であった。

天皇は、永く途絶していた朝儀の復興に熱心であったが、儀礼を復興しようにも式典の場となる諸施設が狭ければそれも叶わない。「御所の建物のすべてを旧制通りにせよとは言わないが、何としても紫宸殿・清涼殿および南門の柱間だけは旧制のように広く大きいものにしてほしい。それが叶うなら、材木の品質などについてはとやかく言わない」というのが天皇の主張である。天皇はこの申し入れに際し、新築図面まで用意していた。その時、松平乗完がみせられた図面類は、裏松古禅に命じて作らせたものであったと言われる。当初、定信は、この天皇の要望に難色を示した。しかし、「禁中并公家諸法度」[32]の中で、「禁秘鈔に載せる所御習学専要に候事」と謳う幕府がこれを拒否することはできなかった。


一天子諸藝能の事、第一御学問也。学ばざれば則ち古道を明らかにせず。而《しか》して政《まつりごと》を能《よく》し太平を致すは未《いま》だ之《こ》れ有ざる也。貞観政要の明文也。寛平遺誡に経史を窮《きわ》めずと雖《いえど》も、群書治要を誦習す可《べ》し、と云々《うんぬん》。和歌は光孝天皇自《よ》り未《いま》だ絶えず。綺語為《た》ると雖《いえど》も我が国の習俗也。棄置すべからずと云々。禁秘鈔に載せる所御習学専要に候事（原漢文）。


右の史料は、金地院崇伝の撰になると言われる「禁中并公家諸法度」の第一条目である。崇伝の撰とはいえ、この条目のほとんどが『禁秘鈔』[33]からの抜萃なのである。すなわち、天子の本義は、『禁秘鈔』に書かれたことを習学することであるというのであった。

『禁秘鈔』は、順徳天皇御撰の有職故実書で、成立は承久年間（一二一九～一二二一）頃とされる。禁中の殿舎・宝物・調度の由緒、恒例行事、臨時行事、神事作法などについて書かれている。

『禁秘鈔』に記載されている所を習学することが天皇の本義であるとする幕府が、光格天皇の朝儀復興の志を自ら砕くようでは幕府の面目が立たないことになる。

こうして、光格天皇の要求を受け入れざるを得なくなった定信であったが、経費が増えた分どこかで節減しなければならないという課題を突きつけられる格好となった。

そうした情況のなか、天明八年十二月、定信は御造営御用掛に、「幕府の威光が広大になるならば、多少の経費増大もやむを得ない。費用をあまり惜しんでは、かえて誹謗の種となり、しない方がましといった事態になっては幕府の威光に傷がつく。そうならないように、しかるべく処置するように」（史料一－3）という指示を与えている。

つまり、倹約第一、かつ、効果的に、というのが定信の考えであった。そして、御所の障屛画を担当する絵師を選定する時も、この方針に沿って、
① 絵師は原則的に現地調達する。
② 紫宸殿の賢聖障子だけは、幕府御絵師狩野栄川院に担当させる。
③ 賢聖障子は江戸表で画かせ京都に輸送して張り立てる。
という大枠が決定した。

宝永の御所造営では、永叔主信・永真憲信（中橋狩野）、探信守政（鍛冶橋狩野）、洞春義信・元仙方信（駿河台狩野）、柳雪秀信（小田原町狩野）ら幕府御絵師の他、その門人たちを多数京都に派遣している（賢聖障子の画を担当した木挽町狩野の常信だけは、当時七十四歳という高齢であったためか江戸において御用を勤めた）。

しかし、これでは、御絵師の旅費、滞在中にかかる諸経費が莫大に膨れあがってしまうし、木挽町狩野・鍛冶橋狩野・中橋狩野を始め格の高い御絵師に対しては割増画料を支払わなければならなかった。一方、京都画壇の絵師たちは、そのほとんどが町絵師で、幕府御絵師に比べ画料が低く抑えられるはずである（表3参照）。

そこで、寛政の御所造営では、禁裏御所の中で最も象徴的な建造物である「紫宸殿」のみ、幕府の御絵師、狩野栄川院に担当させることとし（宝永度の常信に倣って江戸において御用を勤めた）、それ以外の画は京都の絵師に仰せ付ける

●表3　承応度御所造営における画料割り増し金歩合比較表

絵師姓名	画料歩合
狩野探幽守信（鍛冶橋）	本途の三割　増
狩野永真安信（中橋）	同　二割　増
狩野養朴常信（木挽町）	同　一割五分増
狩野采女益信（駿河台）	同　一割　増
狩野源四郎時信（中橋部屋住）	同　五分増
狩野大学氏信（小田原町）	同　増減無
狩野外記秀信（猿屋町代地部屋住）	同　五分引
狩野興甫（興以倅）	同　一割　引
海北友雪（友松倅）	同　一割五分引
土佐左近将監光起	同　五割　引
住吉内記広通	同　一割五分引
雲谷等与	同　五割　引
雲谷等爾	同　一割　引
山本友我	同　一割五分引
衛士土佐	同　一割五分引
山本理兵衛	同　一割五分引
仲村安兵衛	同　一割五分引
武下源左衛門	同　一割五分引

※　西和夫『近世日本における建築積算技術の研究』（私家版、一九七二年。のち『建築研究の新視点—建築と障壁画—』、中央公論美術出版、一九九九年に再録）のデータに基づき作成。

ことにした。それが幕府の面目と威信を最低限保ちつつ、経費を節減する最善の方法だと考えたのである。

三　絵師の選定過程

身元糺

天明八年（一七八八）の九月末、御所造営御用絵師の願書受付が開始された。その間の事情については、造営御用掛りに任ぜられた禁裏執次（以下では「執次」と表記）、勢多大判事章純の手に成る『造内裏御指図御用記』[34]に詳しい。

それによると、願書は直接絵師が武家伝奏に提出することになっていたが、「御所御内の者（＝口向役人《くちむきやくにん》）」は別扱いで、いったん、執次へ提出し、そこから武家伝奏へ届けられた。この日、三谷逸記のほか、山根図書・竹内由右衛門の三名が執次へ願書を提出している。

口向役人とは、宮中における勝手向の世話を職とする地下官人《じげかんじん》のことで、その職種には執次・勘使・御膳番・修理職・御賄役・吟味役・板元・鍵番・奏者番・番頭・御花壇奉行・日記役・御使番・小間使があった。禁裏御所のみならず、仙洞御所、女院御所にもおのおのこの口向役人が配属されていた。また、地下官人の中には家禄がない者もあり、たとえ禄があってもそれはごく僅少なので、やむを得ず本来の役職とは別に口向へ勤仕したり、絵画などの諸芸を生業にしたりして生計を立てていた者が少なからずいた[35]。

こうして受付開始より七カ月あまりを経、願書が出揃った所で、画所預土佐土佐守光貞に禁裏より召しがあった。願書を提出した絵師たちの御用勤め履歴の有無を糺し、書面にして提出するようにとの仰せ渡しがあったのである。それは、常式御用、臨時御用、御月扇子御用、臨時御月扇子御用について、本人はもちろん、その先祖に溯って履歴の有無を調査しようというものであった。

しかし、この命に従って、三日後の五月六日、土佐光貞が提出した書面に禁裏は満足がいかなかったようで、同月十日、光貞は、改めて『身元紀』の提出を命じられた。その際、補佐役に鶴沢探索を当てることが併せて仰せ渡されている。これが京都画壇における絵師頭取の端緒である。

禁裏が絵師選定に当たって最も気に掛けていたことは、「身分」に関する事柄であった。「不相応の人体抔《など》へ仰せ付け、跡々にて評判も之《こ》れ有り候ては相済まず候」「万一不紀《ただ》しの儀之れ有り、後日不埒《ふらち》の身元の儀等露顕に及び候ては土佐守身分に掛り候事」などといった強い口調で身分紀の徹底を執拗に迫った。

こうして、この召しから八日後の五月十八日、『身元紀』が土佐光貞・鶴沢探索の両名によって提出された。執次がこれを熟覧したのち、禁裏御用履歴などについて勘使市野伴之進にその真偽の程を確認し、天皇へ上申された。しかし、このように入念な確認作業を経たにも拘わらず、この『身元紀』も再び差し戻しとなってしまう。

禁裏が問題にしたのは、初めて出願する絵師たちの「父親の職業」が不分明なことであった。それは「父何業等致し居り候の儀記さず候ては紀し候甲斐も之れ無く候」という徹底ぶりであった。こうして、同月廿六日には『身元紀』の三度目の提出となったが、またまた、次のような問題を指摘されてしまった。

駒井何某《なにがし》、是《こ》れは父は根付細工の町人にて、自分は画を好み、此の度願い候処、画業のみの旨書き上げ候えども、此のもの町分にて儒医にて帯刀致し候ものに候、然《しか》れば儒医本業にて候えば其の儀も書く可《べ》き事に候、

東本願寺の茶道之《こ》れ有り候類いに候えども、左様の儀にては相成り難き段申し聞け候処、其《そ》の趣、門跡へ達し之《こ》れ有り候処、元弟子にて画業を以て本願寺へ召し出され候ものにて候に付、此《こ》の度《たび》御家来放たれ、右の弟子にて画業のみ仕《つかまつ》り候由に付、願わせ候、か様外《ほか》にも之《こ》れ有り、随分相紀《ただ》し候事に候、

こうして、数度に亘る訂正の末、『身元糺』がようやく受理されたのは、調査開始から一月半を経た六月十九日のことであった。ちなみに、新日吉神宮に伝わる『禁中御用絵師任用願』(小沢廬庵文庫蔵)は、土佐光貞・鶴沢探索の両名によって、この時、作成された『身元糺』の写であると考えられる。

絵師の選定基準

そして、この『身元糺』に基づく書類審査で、採用人数七〇人中六四名(うち一名は無審査の禁裏絵所、木村了琢。了琢は願書の提出も不必要であった)の絵師が採用された(残る六名は席画による試験選考。受験資格を与えられた者二八名)。その採用基準は、

① 画家の血統
② 僧位の有無
③ 御用履歴の有無
④ 師匠が誰か、父親の職業は何か
⑤ 地下官人・口向役人であるか否か

といった所に重きが置かれた。以下では、①〜⑤について詳しくみていくこととしよう。

① 画所預・土佐の二家を始め、鶴沢・狩野といった禁裏御絵師は無条件で採用される。また、絵所木村了琢は御所造営に際しても願書を提出する必要がなかった。

② たとえ、技量のある絵師であっても、「不相応の人体」「不埒の身元」であれば不採用となる。逆に、勅許による僧位を得れば、たとえ出自が低い身分の者であっても、採用される可能性がきわめて高くなる。御所が焼けた天明八年(一七八八)正月晦日以降、翌寛政元年(一七八九)正月までの間に、八人(佐久間草偃・田中訥言・桃田栄雲・村上東洲・部関月・吉城元凌・大岡春山・大村豊泉)もの絵師が、「法橋」位を得、しかも、そのいずれもが御所造営の

願書を提出しているのは決して偶然ではない。この八名のうち、六名の父親は画家を本業としておらず、もちろん、先々代まで溯っても禁裏・仙洞・女院御所御用の履歴がない。採用に不安があったので、御用勤めに相応しい「位」を求めたのである。また、この八名のうち、蔀関月については、仁和寺の永宣旨（門跡寺院が発給する許状）によってすでに法橋位を取得していたにも関わらず、出願の間際になって改めて禁裏から僧位を取り直している事実のあることが指摘されている[36]。これは御所造営御用の願書提出に際し、永宣旨による僧位が正式なものとして認められなかったことを意味する。しかし、結局のところ蔀関月は落選の憂き目に逢う。それは出願間際に僧位を取り直したことが仁和寺に発覚し、事が拗《こじ》れたためであった。従来の研究では、いったん禁止された門跡寺院による永宣旨受領・叙位の公許が安永四年（一七七五）に再び許され、さらにそれが「宗教内補任的性質を払拭し、勅許受領と並ぶ国家の官位となった」[37]とされる。しかし、実際は御所造営御用の願書提出に際し永宣旨による僧位を正式なものとして認めないことによって、勅許による僧位と永宣旨によるそれとの差別化が図られていたのである。職人受領公許によって禁裏にもたらされる収益は決して侮《あなど》ることのできない相当な額に及んだと考えられるが、もし、勅許による僧位と永宣旨によるそれとがまったく同質のものとなってしまえば、朝廷の財政を脅かすことになる。したがって、こうした差別化が必要になってくるのである。関月の他にも、勅許による僧位を取得しながら選に洩れた画家が二人（吉村周南・雄川丘甫）いるが、その理由は今のところ不明である。しかし、勅許による僧位の取得者であれば、原則的に採用されたと見てよかろう。

③ 僧位を持たなくても本人に御用勤めの履歴がある場合は無条件で採用となる。また、本人に御用勤めの履歴がなくても、先代・先々代が御用を勤めていれば、原則的に採用となったようだ。

④ 僧位がなく、かつ、本人および先代・先々代にも御用勤の履歴がない絵師の場合、書類審査および席画による審査で採用される。しかし、絵師としての技量にも増して大事なことは、師匠が誰であるか、父親の職業が何であるかであった。そもそも、願書は御用勤めを希望する絵師の師匠が取りまとめて提出することになっていたの

で、禁裏と強い繋がりを持つ絵師を師としなければ願書すら受理されないことになる。そのため、土佐・鶴沢など禁裏と繋がりの強い絵師と、画技伝授などの実態を伴わない擬制的師弟関係を結ぶ者も少なからずいたようだ。一つの例をあげるならば、山本数馬守礼の場合がある。山本数馬は、元の名を亀岡主水といい、その師は山本探川守業である[38]。数馬はその養嗣子となったが、養父の死によって後ろ盾を失った彼は、当時京都画壇に重きを為していた円山応挙を師と仰ぐようになったのである。しかし、この二人の間には、画技伝授の実態はない。

また、書類審査で採用になった一五人の「父親の職業」は、絵師（三名）・医者（四名）・郷士（一名）・神主（一名）・陪臣（一名）・手跡指南（二名）・地下官人（一名）・職人（二名）という内訳になっており、商人・百姓の子供はまったく含まれていない。商人の子一四名、百姓の子八名、計二二名の出願者中、採用された者は、席画によるわずか三名（商人二名・百姓一名）にすぎない。

⑤ 地下官人および口向役人は原則的に採用される。重数馬と座田宮内少丞の二人だけが、外見上、不採用となっている。しかし、そのうち、重数馬については、体調不良により願い取り下げの後、死去していることが『造内裏御指図御用記』の記事から判明する。一方、座田宮内少丞については、その提出書類が執次を経由しないため、不採用の理由を明らかにし得ないが、当時六六歳という高齢であった彼も重数馬同様、自ら願いを取り下げた可能性が強い。安永五年に「御屏風御画御用」を勤めた履歴を持ち、息子・中務少録も採用されている彼が、そうでもない限り、不採用になる理由はまったく見当たらない。採用された一〇名の者の身分を明らかにすると、嶋田主計頭（元直）は院庁官で、当時、従四位下の位にあった。画所預土佐光貞のこの時の位が正五位下であるから、嶋田元直のそれは破格の高位であると言える。絵師としてかなりの名声があったが、絵事を以て朝廷に仕えている訳ではない。また、嶋田内匠権助は元直の嫡男敏直である。座田中務少録・左京大属は、ともに院雑色で、本職は上賀茂社氏人。三沢左近生・山根図書は禁裏御内、すなわち、禁裏御所付の口向役人、竹内由右衛門・三谷逸記は仙洞御内（＝後桜町院付の口向役人）、山本右近は大女院御内（＝青綺門院付の口向役人）、岸雅楽介は有栖川宮

家来である。前述したように、地下官人の中には、家禄がない者もあり、また、たとえ家禄があっても、それはきわめて低いもので、やむを得ず口向へ勤仕したり、絵画などの諸芸によって生計を立てていた者が少なからずいた。地下官人を御造営御用に採用するのは、身元が確かなことに加え、そうした貧しい下級役人を救済するという意味もあったようである。多くの絵師を抱え置くほどの財力を持ち合わせない朝廷にとって、数多くの京都絵師を採用してもらえることは、願ったり叶ったりの事であったと言える。裏を返せば、幕府にとっても、京都絵師に造営御用を任すことは、朝廷側に恩を売ることになり、結果的に「損して得取る」の恰好となったのである。

以上見てきたごとく、京都絵師の選定は、朝廷側に一任する形が取られた。しかし、絵師の任命後、造営費用を低く抑えようとする幕府と京都絵師との間に画料をめぐる確執が生じ、それ以降、幕府は細かく口を挟むようになる。それについては次節で詳しく述べることにしたい。

四　画料をめぐる確執

京都絵師の画料割り増し要求

寛政元年（一七八九）十月五日、総勢七〇名の絵師の選任と担当場所の申し渡しがあった。幕府は、この時点まで絵師の選定について、ほとんど不介入の方針を取っていた。ところが、そののち予期せぬ事態が生じ、口を挟まざるを得ない事態に陥ることとなる。土佐・鶴沢をはじめとする京都の絵師たちが画料の割り増しを要求してきたのである。その間の事情については、藤岡通夫氏の『京都御所』[39]にも一部引用されている『寛政内裏造事記』（史料一－4）に詳しいので、以下これにより事の顛末を概観しよう。

絵師選任の申し渡しがあった寛政元年十月五日から同年十二月までの期間に、御用掛りの菅沼下野守定喜と村垣左太夫軌文とは、老中松平定信に宛て書翰を送った。

その書翰の内容は、「京都の絵師たちが、本途に定めるところの画料よりも高い金額を要求し、且つ金泥箔砂子も多分に受け取りたいと主張しているので、いっそのこと、賢聖障子《けんじようのそうじ》の絵同様、常御殿其の外絵の間の絵も、江戸の絵師に画かせて京都で張り立ててはいかがか。輸送費はかかるが、どのみち賢聖障子の絵は江戸から送るのだから、それと同じようにしたらどうか、天皇のお好みがある場合もやはり江戸で認めれば入用が安く済むのではないか」といったことを打診するものであった。

松平定信の対応策

それに対し定信は、同年十二月、京都所司代太田資愛を介して菅沼・村垣の両名へ指示を与えている。

京都の絵師たちの主張は、「延享四年（一七四七）の桜町院仙洞御所修復時以来、宝永度画料の五割増に当たる壱坪につき銀三百七拾五匁を受け取ってきた。この度も同様の額を貰いたい」というものであった。京都の絵師たちが画料の五割増を要求した根拠は、吹き替え（＝貨幣改鋳）による「通用銀」の品質低下にあった。定信は、「通用銀の品質が高下することによって画料も変動するのならば、通用銀の品質が上がった享保期に、なぜ画料が下がらなかったのか。絵師たちがそのまま五割増の料金を請け取ってきたのは不当なことで、改正しなければならない。したがって、この度の御造営御用では、壱坪につき銀弐百五拾目という江戸の本途に定めるところの画料しか支払わない方針である」とし、さらに「万一、愚図る者があれば、不埒なことであるから、その者は此の度の御用から外す。もし、多数の京都絵師が不服を申し立て、御用に差し支えるようなら、関東の絵師へ仰付ける」とも述べている。これは京都絵師に対するあからさまな恫喝であった。絵師を現地調達することによって経費を節減しようという当初の方針を貫徹するためには、こうした厳しい態度で臨む必要があったのである。しかし、薄禄の京都絵師たちにとって画料の高下は死活問題であり、いかに脅かされようが、定信の提示をそう易々と承諾するわけにはいかなかった。そのため、請書の提出が延び延びになった。

こうしたなか、翌寛政二年二月、幕府は、追い打ちをかけるように京都絵師の身元などについて難癖を付けてきた。「御所造営御用を仰せ付かる画師たちは画道の冥加につきることはもちろん、その遺業が後世に遺り、世上の評判も高まることであろう。それなのに、画技および身元などのいかがわしい者が造営御用に加わるようでは御上の為にならない。この度御用を勤めることとなった絵師七一人のうちには、仰せ付け以後に死亡した者、あるいは画技が未熟であったり、幼年の者であったりして御用が勤められないのに名目のみ加わっている者がいるということを聞く。そのようなことでは御上を欺くに等しく、大変不埒なことだ。御用絵師の中にそのようないかがわしい者がいないか調べよ」といって揺さぶりをかけてきたのである。

土佐光貞・鶴沢探索の頭取二名が請書を提出したのは、定信の達しがあってから四カ月後の寛政二年四月であった。こうして、京都絵師たちは定信の恫喝に屈し、一坪につき銀二五〇目という江戸の本途に定めるところの画料で御用を勤めることを渋々承諾した。しかし、なお諸色道具・内夫人足などの提供を求めた。これに対し、幕府は、「御手伝い普請ではない幕府皆入用の造営では、内夫人足・諸式共に支払わないのが決まりであるから、皆御入用であるこの度の御用も、内夫人足・諸色ともに支給することはできない」と、京都絵師の要求を拒否した。もっとも、画料の割り増しについては、「格別に出精し、きちんと吟味を受けるなどのことがあった場合はそれを上申する。そうはいっても、その節にいたって評議のうえ、割り増し金が支給されないこともある」と、含みを持たしている。

これを遡ること五カ月前の寛政元年十二月、すでに幕府は大工諸職人一統に対し、七パーセントの割増金が支払われることを表明していた。絵師たちに対しても心掛け次第ではこれを適用する可能性があると言っているのである。

そして、寛政二年の十二月には、御用掛、大工諸職人一統へ褒美の下賜が仰せ渡された。

松平越中守殿より命ぜられ、趣柳生主膳守へ仰せ渡さる。
酉十二月十六日　七歩増　銀一千貫目に付き、七十貫目／米同千石に付き、七十石　割増、
戌十二月五日　米一千石、金一万両
右大大工および諸職人一統下し置かる。

右に掲げた史料は、『吹塵録』[40]からの抜粋であるが、割増金の歩合は、七歩（銀一〇〇〇貫目に付、七〇貫目。米一〇〇〇石に付、七〇石＝七パーセント）で、その他に褒美として御用掛および大工諸職人一統は米一〇〇〇石と金一万両を下賜されたことがわかる。もちろん、この「大工諸職人一統」の中には絵師も含まれている。では京都絵師たちは、どの位の金を、この時、手にしたのであろうか。『造内裏御指図御用記』などの記事によって探ってみよう。

（寛政二年十二月五日）

一　　土佐土佐守

今般　御所の御造営御画御用滞り無く相勤め有り難き仕合に存じ奉り候、然る処一昨廿三日、東御役所に於いて御造営奉行衆立会の上別紙の通り御書付を以て申し渡され、此の度夫々御取調にて相定り割り方御画料の外に御手当として、御増銀一統え十五貫目下し置かれ、土佐土佐守・探索へは別段に御褒美として白銀十枚宛下し置かれ、頂戴仕り有り難き仕合に存じ奉り候、仍て御届御礼申し上げ候、以上、

戌十二月五日　　土佐土佐守
鶴沢探索

戌十二月三日東御所に於いて、御造営奉行衆立合の上、仰せ渡し書付の写　　土佐土佐守

鶴沢探索

褒美金については、土佐土佐守・鶴沢探索へ「御褒美として白銀十枚宛下し置かる」とある。白銀一枚は金三分であるから、二人合わせて一五両の褒美をもらったことになる。

次に割増金については、「御増銀一統え十五貫目下し置かれ」とある。

また、『御所向御絵之間帳』[41]によれば、寛政の造営の節、絵師に支払われた絵料・絵具料・金箔料の総額は、銀一九一貫三八五匁七分八厘七毛であったという。この額の七パーセントは、一三貫三九七匁あまりであるから、実際には少し多く絵師たちに割増金が支払われたことがわかる。

銀一九一貫三八五匁七分八厘七毛に御増銀一五貫を足した二〇六貫三八五匁七分八厘七毛が寛政の造営に要した障屏画作成費用ということになる。これを金（金一両＝銀六〇匁）に換算すると、三四三九両あまりとなる。もし、京都絵師たちの要求どおり、本途の五割増で彼らに画料を支払っていればさらに一七一九両あまりの金が余分に必要だったわけであるから、それでは京都絵師を雇う意味がなくなってしまう。しかし、幕府は、今まで見てきたような経緯で、一七〇〇両以上の金を浮かせ、障屏画作成費用の倹約に成功したのであった。

巷間の評判

定信の徹底した節約ぶりは巷間でも話題となり、次のような内容の歌謡（『翁草』）が京童の間に流行《はや》ったという。

この度の御所造営では、すでに廃れた古制の数々を考証して再興なさった。古い儀式の舞台は建ったけど、なにかにつけて、金主の幕府は金を出し渋り、禁裏への付け届けも絶え果てた。雑費を減らして朝儀の再興に金を使おうと、賢者たちが考えついたのは節約で、天皇の玉座も算盤珠の台と化す。それに引きかえ、六條大路の築地

（＝禁裏御所）は、前例のない大盤振る舞い。白川侯（＝松平定信）は、商売の棚卸しから曲独楽などの大道芸、果ては博打に至るまでを規制して、幾度となく出される触れに追いつく間もなく、陣笠（＝二条城在番の役人）は市中を取り締まって廻り、めったやたらに人を引っ括るという怖い噂。下鴨神社の神職、梨木某は訴訟を起こして江戸に召喚され、寝耳に水の大騒ぎ。下鴨神社中の迷惑に、それにも増して困ったことは、幕府が普請費用をまけさせたうえ、前代未聞の画料値切り。

以上見てきたごとく、幕府が関東の御絵師を京都に派遣しなかったのは、彼らの技量が劣っていたからではなかった。でき得ることなら、関東の絵師たちを大挙して京都に登らせ、幕府の威光を強烈に誇示したかったに違いない。しかし、内裏造営が幕府の威厳を示す千載一遇の好機であることを知りつつも、逼迫した財政状態がそれを許さなかったのであった。

五　画様の治定と粉本

粉本主義

従来の研究においては、狩野派の絵師について、彼らが粉本《ふんぽん》（手本とする古画の摸写・画稿の類いを言う）に拘泥するあまり、やがて、それがないと絵をまともに画くことさえできなくなってしまったとし、これを「粉本主義」と言い習わしてきた。こうしたことの証左として、よく引き合いに出されるのが、「嵩鶴画談」〔42〕に載っている狩野安信に関する次の逸話である。

安信は慶長十八年に生れて貞享二年乙丑《いっちゅう》九月四日卒《しゅっ》す年七十三、伝聞明暦三正月十八日大火其《その》時安信年四十五歳居宅并《ならびに》絵本土蔵共《とも》に焼失いたし、古来相伝《そうでん》候古画摹本《もほん》等無残回禄《のこらずかいろく》いたし候、安信嘆息無限如此《かぎりなくかくのごとく》相伝絵本無拠《よんどころなく》焼失候上は、御絵御用向被仰付《おおせつけられ》候ても相勤《あいつとめ》候儀相成《あいなり》かたく、一家族申談《もうしだんじ》御絵師御免願上候処、格別之御趣意にて已後何方《いごいずかた》に伝り有之候名画にても拝借願上次第、上より御威光を以拝借被仰付候間、写取置御絵御用向相勤、丹青相属申付候様被仰付、一安信感涙を流し難有《ありがたく》御請いたして、已後《いご》諸向より被請《こわれ》候画を断正し、古画を摹《も》し申《もうす》事のみ生界骨折《しょうがいほねおり》申候、于今其《いまにその》衣門《えもん》祐清に伝たる摹本皆悉《ことごと》く安信一代に出来《しゅったい》いたし、其比《そのころ》門生も多く有之《これあり》、摹之《これをもずは》安信懇切によつて古来より相伝和漢名画之部尽く摹写いたし、狩野氏中興と可謂《いうべき》人なり、

明暦の大火によって先祖伝来の古画模本をすべて失った狩野安信は、もはや御絵師を勤めるわけにはいかないと、一族相談のうえ、御絵師御免を幕府に願い出た。しかし、どこにある名画でも借用を願い出れば、将軍の威光をもって借り上げるから、それを写せばよいと言われ、そのまま御絵師の職に留まった。以後、安信は他所からの注文をいっさい断り、摸写に励んだというのである。

従来の説では、この逸話をもって、安信のことを粉本がなければ絵もまともに画けない絵師であるとした[43]。しかし、「嵩鶴画談」の記述は、安信のことをそのような情けない絵師だと言っているわけではない。「狩野氏中興と謂《い》う可《べ》き人なり」と称えているくらいなのだから、安信に対する評価はむしろその逆であろう。

御絵師は、由緒正しき図様の絵を画くに当り、その典拠を示さなければならず、先祖伝来の粉本はそうした意味において必要不可欠なものであったのだ。火災などの際には我が身に代えてでも死守しなければならない。それにもかかわらず、粉本を焼失させてしまったうえは御絵師を勤める資格がないと、安信は御絵師御免を願い出たのであって、粉本がなければ絵を画くことができないわけでは決してないのである。

粉本

粉本が大切なものであることは、狩野に限った話ではなく、土佐であろうと、円山であろうと、公的な御用を勤める絵師ならば事情はいっしょで、彼らにとって粉本を集めることは義務でさえあったと言っても決して過言ではない。

寛政の造営で、御小座敷下之間および御涼所上之間の障屛画を担当することになっていた山本数馬が、寛政二年（一七九〇）二月二十六日、仕事に着手することなく死去した。その折、数馬の後を引き継いで御用を勤めたいと願い出た野村右衛門少志嘉業（山本家の先代当主探川の実子）の願書には、「未熟不調法の私儀に御座候えども、伝来の狩野絵本所持仕《つかまつ》り罷《まか》り在り、古代の格式認《したた》め様筆記仕《つかまつ》り」（『造内裏御指図御用記』）とあり、狩野から伝授された粉本の存在を示して古代の格式に則った絵が画けることを強調している。これによっても禁裏御用を勤める絵師にとって先祖伝来の粉本がいかに重要であったかが理解できよう。

古画

天明八年（一七八八）五月十九日、画所預土佐光貞は、禁裏の求めに応じて古図の写五通（賢聖障子のうち杜如晦ほか二名の図・竹台の図〈図2〉・石灰壇塵壺の図・櫛形窓の図〈図3〉・日華門月華門の図〈図4〉）を提出した（『造内裏御指図御用記』）。これら禁裏御絵師が提出した古図の写に加え、御物や諸家・神社仏閣が所持する古画、絵巻物などに基づき、障屛画の図様が決められていくのである。

また、土佐光貞は、「春日権現縁絵巻」「伴大納言絵詞」「石山寺縁起絵巻」「鳴戸中将絵巻」「臨時祭絵巻」の摸写も禁裏より命ぜられている。

このうち、「伴大納言絵詞」は、清涼殿昆明池障子《こんめいいちのしょうじ》の図様（図5〜7）を決めかねている時、小浜藩主酒井忠貫の撲従武久内蔵助が所持する「伴大納言絵詞」（出光美術館蔵、図8）[44]が良質本で、その画中に描かれた昆明池障子が鮮明であるとの情報が裏松固禅よりもたらされ、天覧に供されることとなったのであった。同絵巻の付属文書には次のよ

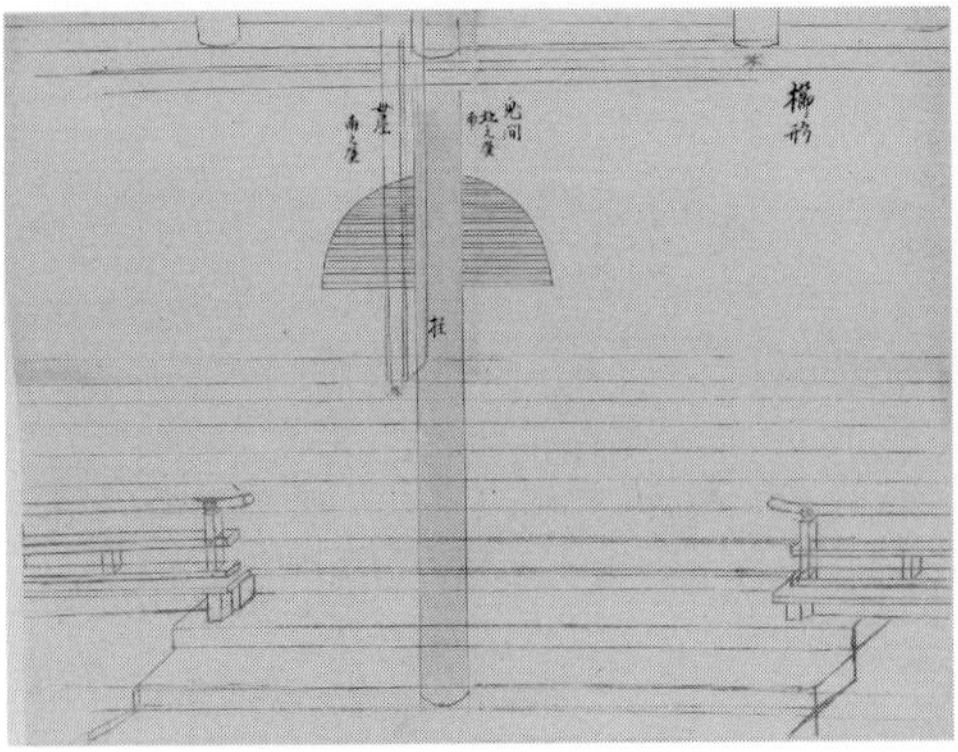

◉図 3 「櫛形窓図」（「造内裏御用粉本」より、京都市立芸術大学芸術資料館蔵）

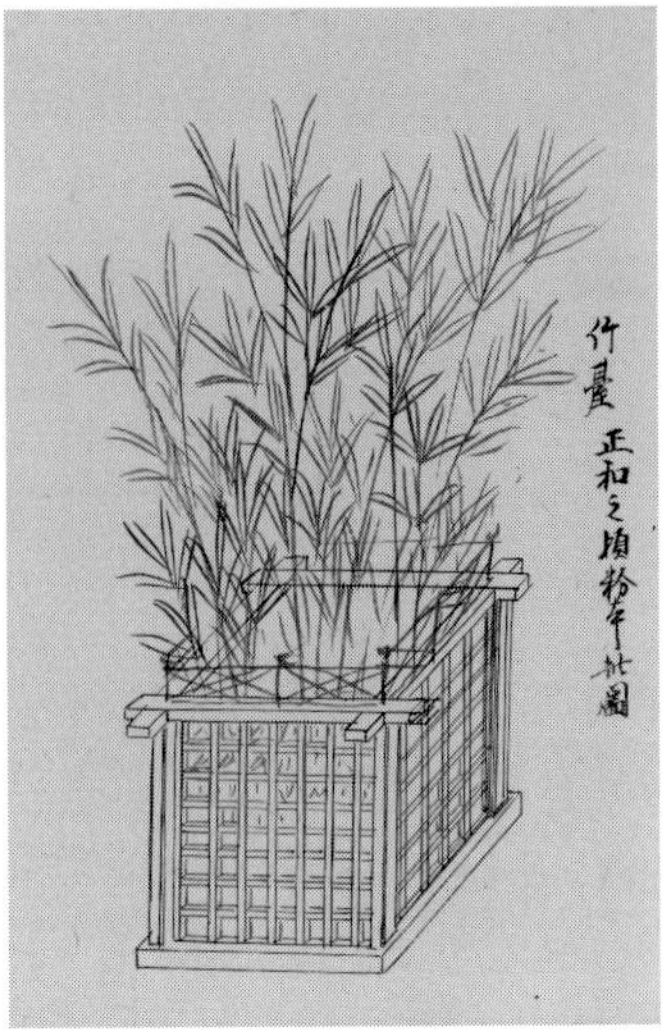

◉図 2 「竹台図」（「造内裏御用粉本」より、京都市立芸術大学芸術資料館蔵）

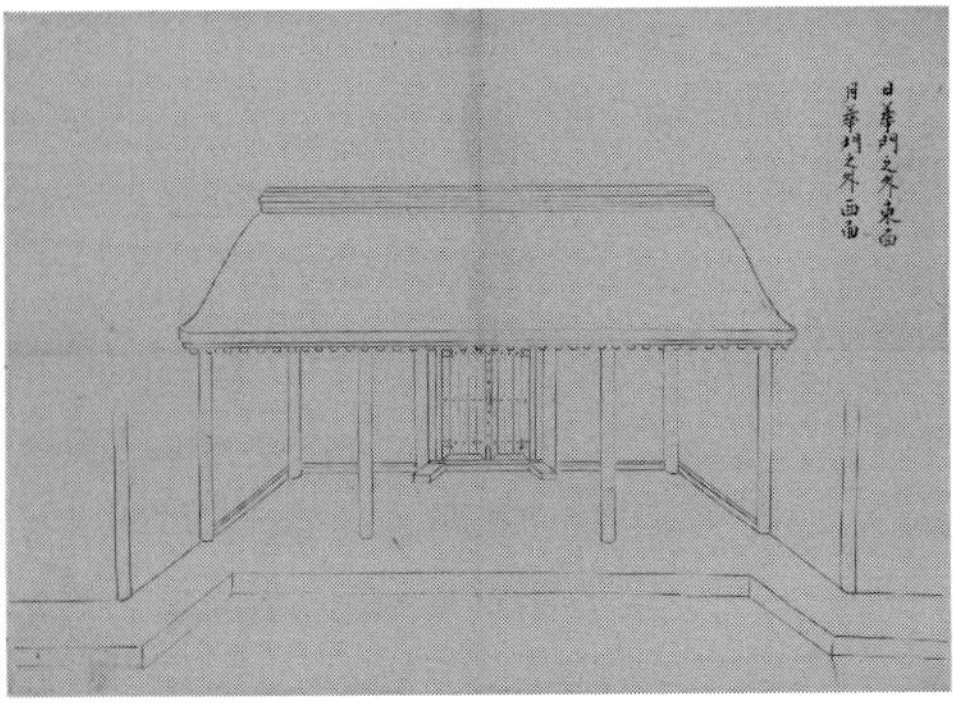

◉図 4 「日華門月華門図」（「造内裏御用粉本」より、京都市立芸術大学芸術資料館蔵）

うにある。

伴善男絵巻物

右造　内裡《だいり》の節、秘府の画図は勿《もち》論《ろん》、諸家伝来の旧図偏《あまね》く之《こ》れを召され、種類許多《あまた》有ると雖《いえ》ども、摸写或いは麁略《そりゃく》にして信に拠《よ》るに足らざる処なり、裏松入道固禅、酒井修理大夫（忠貫）の僕従所蔵の古画図分明為《な》る由嘗《かつ》て伝聞する旨言上《ごんじょう》す、之《こ》れに依《よ》り酒井家由緒有るに就《つ》き、召し進らせらる可《べ》きの由　仰せを蒙らせらる、乃《すなわ》ち速かに　天覧に備えらるるの処、画品殊絶にして数百年を経《へ》ると雖えども欠損無くして、古時の制作粲然《さんぜん》たり、考《かんが》う可き也、仍《よ》て画所（土佐光貞）に下し新写させる可《べ》きの処、元来秘蔵にして閫《こん》外に出さずと雖えども、不慮の内命喜懼《きく》に堪《た》えず、奏覧の旨言

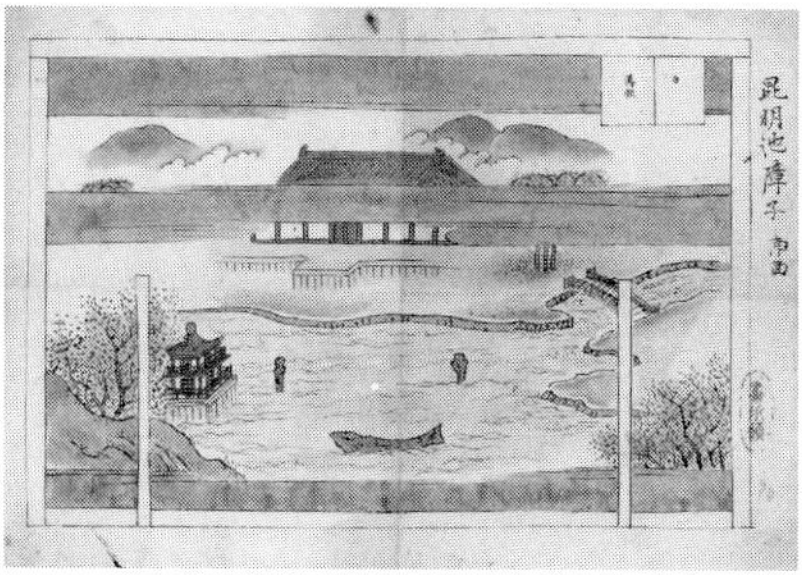

●図5　土佐光貞筆「昆明池図」(「清涼殿弘廂昆明池障子」より、京都市立芸術大学芸術資料館蔵)

●図6　土佐光清筆「昆明池図」(「清涼殿弘廂昆明池障子」より、京都市立芸術大学芸術資料館蔵)

●図7　土佐光清筆「昆明池障子」(宮内庁京都事務所蔵)

●図8　「伴大納言絵巻」上巻、清涼殿広廂に控える人物(出光美術館蔵)

上せらるの間、則《すなわ》ち近臣久世(通根)宰相に仰せられ　公務の暇に之《こ》れを摸写せしむるも精密細画にして施工容易ならず、已向《いこう》漆捌星霜《しちはちせいそう》にして其の工を卒《お》える。因《よっ》て返し給い畢《おわ》んぬ、宇内《うだい》の罕物《かんぶつ》なるも敢《あ》えて愛嗇《あいしょく》せず、永く天覧を歴《ふ》れば　叡感斜《えいかんなな》めならず、神妙為《た》るの旨御沙汰に候、弥《いよ》いよ秘賞を為《な》す可《べ》きの旨宜《よろ》しく示伝せしめ給うべく候也、

四月廿六日

(六条)有庸
(鷲尾)隆建
(甘露寺)篤長
(広橋)伊光
(今出川)実種
久我殿

この「伴大納言絵巻」は、画所(預)土佐光貞に摸写させることとなったが、その完成に要した歳月は、実に「漆捌《しちはち》星霜(＝七・八年)」にも及んだのであった。

色紙形

障屏画の大まかな図様が決まると、担当絵師によって草案が作られ、これで良いものか伺いがたてられる。草案に何も問題がなければ、「伺いの通り御治定」という付札を貼った草案が絵師のもとへ返され、絵師は下絵作成に取り掛かることになる。反対に、訂正すべき箇所があった場合は、訂正の指示を記した付札を貼って草案が戻され、画き直しとなった。たとえ図様に取り立てて問題がなくても、典拠を質されることもある。寛政の造営の折、恒枝専蔵が画いた長橋局御三之間の「雪中鷹狩の図」は、「何に拠ってこの図を画いたのか」と、その典拠を質されている。これに対して、土佐光貞は、「何かに拠ったということはなく、土佐家伝来の鷹狩の図やその他もろもろの絵を取り混ぜて画いたものだ」と回答した（『造内裏御指図御用記』）。このように御所障屏画の作成に際しては、一々その典拠を示す必要があったのである。

また、清涼殿の障子に貼る色紙形の地紋を画いた土佐光貞は、「一方、古図には蝶鳥之《こ》れ無く候処、蝶鳥を認《したた》め、一方は蝶鳥一ツ宛《づつ》之れ有り候処、数多《あまた》認め候、此の儀は古図を以て認め候哉《や》」と糾明され、結局、古図のとおりに画き直すよう命じられたのであった。ここでいう古図とは、土佐家に伝来する「定家卿像」の上に貼られた色紙形である。先に土佐光貞が提出した色紙形泥絵古図の写五通のうち、この図が採用されたのであった（『造内裏御指図御用記』）。光貞は良かれと思い、古図の文様を自分なりにアレンジして提出したのだが、それが余計であった。御用絵作成において、絵師の独創性とか創意といったものは不要であるどころか、却って邪魔なものでさえあったのである。色紙形の地紋でさえ、このような始末であるから、障屏画の図様ともなれば、さらに厳格な吟味がなされるのは必定であろう。極端な話、障屏画の図様は、土佐が画こうと、狩野が画こうと、円山が画こうと皆同じで、さほどの違いはないのである。

清涼殿御手水之間小障子

◉図9　土佐光文筆「猫・竹雀図」（「清涼殿朝餉御手水間小障子」より、京都市立芸術大学芸術資料館蔵）

次に、清涼殿御手水之間の小障子[45]（猫障子）を例に、障屏画の図様決定の過程を見てみよう。

御手水之間の小障子は、朝餉《あさがれい》之間との境に仕切りとして置かれるもので、朝餉之間側の面に「猫」が画かれる。そのため、「猫障子」の一名がある（図9・10）。この小障子は、元来、二枚引戸の襖障子であったが、寛政の造営の折、衝立障子に変更された。「柵に御撫物《なでもの》（＝けがれを除く禊ぎや祈禱に使用する身代わりの人形《ひとがた》）を置く。鼠にくはせじがために猫をかく」（『禁腋秘抄』）というのが、この小障子に猫を画く理由であるという。

この絵に関しては、当初、手本とすべき古図が見つからなかったようだ。寛政元年（一七八九）五月二十四日、土佐土佐守光貞は御所に召されて、御用掛土山淡路守武辰より次のように申し渡された。

清少納言記云、すのこからうらんのわたりに、いとおかしげなる猫のあか《赤》きくびつな《網》にしろ《白》きふだ《札》つきて、いかりのを《緒》くひつきてひきありくも、なまめいたる、右の心を加え、猫を画き上る可《べ》く候旨仰せ出され、右書き写させ本紙返上、明日上ぐ可く候旨御請け申し上る、（『造内裏御指図御用記』）

『清少納言記』すなわち『枕草子』の第八十五段「なまめかしきもの」の中に見える記述を考慮して猫の図を画き、提出せよというのである。翌日、光貞は、この絵の担当者である土佐光時が画いた猫の絵を提出した。

それは、簀子縁の高欄近くに白い札を付けた猫が赤い綱で碇に繋がれている図であった。光貞の説明では、「いかりは碇のことだと注釈書にある。猫はおもりの碇に赤い綱で繋がれ、その綱が物に引掛《ひっかか》て自由にならず、怒っているのだ」ということであった。光貞の言う注釈書とは、当時最もよく読まれていた北村季吟の『春曙抄』であろうか。

◉図10 「猫小障子」（宮内庁京都事務所蔵）

提出されたこの猫の画に対しては、次のような天皇の御好が伝えられた。

一右猫の画簀子高欄等之れ無く、猫和《なごや》か成る体にて蹲踞《うずくま》り居《お》り候体、猫大さ今日の画の程に画き上ぐ可きの旨、仰せ出ださる、土佐土佐守へ申し渡す、御請申し上げ、今日上げ候画の裏に只今の御好の通り席画致し、御覧に入る、御治定、明日上ぐ可き旨御請け申し上ぐ、明日左近将監を以て上げ候筈、（『造内裏御指図御用記』）

要するに「簀子高欄を図様から除き、猫は和やかに踞《うずくま》っている図様にしてほしい」というのである。それを聞いた光貞は、天皇の御前において、この日提出した草案の裏に御好どおりの図様を画いてみせ、これが治定となった。そしてその翌日には、土佐光時が画いた下絵が光貞より提出された。

それから一週間ほどを経た六月朔日、また御所に召された光貞は、一巻の絵巻物を見せられる。猫に首玉（＝飾り首輪）を掛けてほしいということで、その参考とすべく、くだんの絵巻物を見せられたのであった。

その折、光貞は、光時が首玉を画かなかった理由について、「この間、提出した猫の図は、首玉を掛けるつもりが始めからなく、綱を猫の首筋より手の付け根のところへ筋違いに掛けた。確たる典拠はないが、女三宮が猫に引き綱を付けたのと同じように画いたのだ」と説明している。「女三宮が猫に引き綱を付けた」という話は、『源氏物語』第三十四帖「若菜・上」に出てくる話である（図11）。『源氏物語』では、これほど具体的に綱の付け方を記述しているわけではないので、その場面を描いた何か別の絵を参考にしたのであろう。

◉図11 「源氏物語図屛風」左隻「若紫上」部分（フリーア美術館蔵）

この日光貞が見せられた絵巻物の図でも、綱の先に碇が付けられている様子がはっきりと見て取れなかった。そこで光貞は、とりあえず、この時見せられた絵巻物の図のとおりに首玉を画き、その首玉に結んだ綱の先に碇を付けた図様にすることを約して帰った。

そして翌二日、首玉を掛けた猫に画き替えた下絵が再提出された。ところが、それから四〇日程を経た同年閏六月十二日、土佐光貞が碇に繋がれた猫の古図を見つけ、画き直しの図二様を新たに修理職へ提出することとなった。この時、提出された二様の図のうち、一様はそれまでどおりの猫が和やかに踞る図で、もう一様は怒気を含んだ草案の図に近いものであったと考えられる。光貞が新たに見つけ出した古図には猫の怒った様子が描かれていたのであろう。こうして、同月二十三日、ようやくこの小障子の図様が治定となった。治定となったその図様は、もの凄い形相で爪を剥き出しにし、今まさに何かを引っ掻こうとして左前足をあげている姿であった。天皇の御好より古画の図様が優先されるかたちとなったのである。

しかし、寛政二年九月二十五日になって、「御手水之間小障子猫いかりの緒之れ除く可し、猫計り画く可し」との命があり、またまた図様が変更になった（『造内裏御指図御用記』）。おそらくこれも天皇の御好による変更だったのであろう。撫物《なでもの》を鼠に喰われないように番をする猫が碇に繋がれていては具合が悪いということなのだろうか。ちなみに、土佐光時が画いたこの猫障子は、嘉永の火災の折も難を逃れたが、損傷が著しかったため、安政の造営の時、土佐光文によって元のとおりに画き直されている。

紫宸殿障屏画

紫宸殿の身舎《もや》には、天皇の高御座《たかみくら》が安置され、ここで、即位の礼をはじめとする朝儀が挙行される。高御座の背面には中国殷代から唐代に至るまでの功臣たちを画いた「賢聖障子《けんじようのそうじ》」（口絵2・図12）[46]が立てられる。これは、寛平年中（八八九〜九八）、宇多天皇の時に始められたもので（絵師は巨勢金岡であったと伝えられる）、漢の武帝が築いた麒麟閣に、宣帝が一一人の功臣像を画かせたのに倣ったのだという。

「賢聖障子」には、一間四人ずつ、東に四間、西に四間、都合三二人の功臣を配す。また、中央の戸間には、獅子狛犬一対、その上に負文亀を画く[47]。これは「負書之亀本文心／書を負うの亀本文の心（『禁秘抄』）」、すなわち『書経』「洪範篇」（＝洪範九疇）の説く天地の大法を表している。

寛政の造営の際、禁裏御所の中で最も象徴的な建造物であるこの紫宸殿の障屏画を幕府の御絵師に担当させることが当初からの既定路線だったことはすでに述べたところであるが、狩野栄川院にその正式な仰せ渡しがあったのは、他の絵師同様、寛政元年十月五日であったと考えられる。

紫宸殿の障屏画を幕府の御絵師に担当させることを前もって知らされていなかった禁裏は、天明八年（一七八八）五月十九日、土佐光貞に、賢聖障子の古図写を提出させている（『造内裏御指図御用記』）。しかし、それは半身の像三図のみであった。しかもそのうち正体しているのは「杜如晦《とじょかい》」と覚しき人物の図だけで、残る二人の図像は半面（横向）でそれが誰なのかさえもわからないという代物であった。

さらに禁裏は、寛政元年（一七八九）正月にも、土佐光貞に負文亀の図を画いて提出するよう命じている。

これに対し光貞は、「負文亀の画き方を知らず、伝来の図もないので、画くことはできない」と、その提出を断った。するると、御用掛りから、「桜町天皇の時、負文亀の図を画いて奉ったと聞き及んだが、それはいったいいかなることか」と問い質しがあった。その際、光貞は、「桜町天皇に奉った図というのは、いわゆる河図《かと》であるが、賢聖障子の負文亀はこれと異なるので、どのように画いて良いのかわからない」と答えている。

光貞の言う「河図」とは、中国古代の帝王、伏犠《ふっき》の時代に黄河の中から出現した龍馬の背に書いてあった図を言う。一方、負文亀は、中国夏王朝の祖とされる禹《う》が洪水を治めた時、洛水から現れた神亀のことで、その背にあった文を洛書と言う。

そこで御用掛りはやむなく、緑色の毛をした亀を頭が東を向くように画いて提出させることにしたのであった（『造内裏御指図御用記』）。

一方、狩野栄川院は、紫宸殿障屏画の考証学的検証を担当する幕府御儒者、柴野栗山のもとを尋ねたり、先祖伝来の粉本を参考にするなどして草案の作成に取り掛かった。

そして、翌二年二月には、草案が治定となったらしく、下絵の作成を命ぜられている。

寛政二戌（元酉）

二月五日

狩野栄川院

禁裏御造営に付、

紫宸殿賢聖御障子の絵相認む可く候、右の通り之れ申し渡す、

狩野栄川院え

賢聖御障子御絵様小伝写し相渡し候間、下絵認め、彩色の処は此の処何色々認め分け、相伺わる可く候、上京の儀は追て相達す可く候、

同廿六日

(『御造営手留』[48])

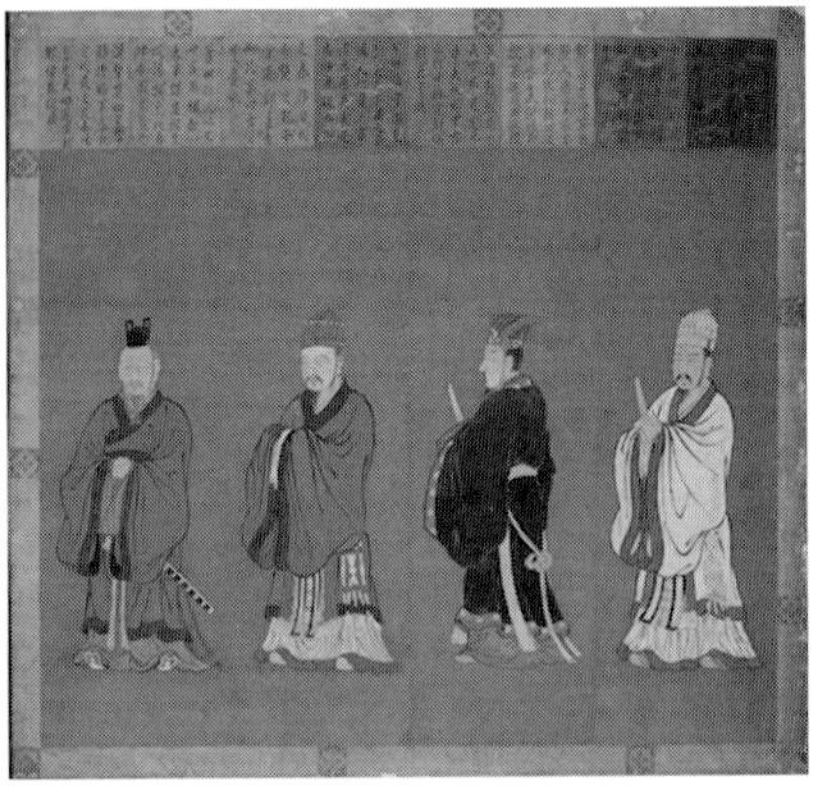

●図 12　住吉広行筆「賢聖障子」（宮内庁京都事務所蔵）

この時、栄川院が作成した図様は、先祖伝来の粉本をほぼ踏襲するものであった。たとえば、賢聖障子中央の戸間に画かれるべき負文亀の図は、探幽以来書き継がれてきた蓬莱山の図になっていた。その後間もなく、栄川院の下絵も完成に至ったようである。

柴野栗山のこだわり

ところが、同年八月十六日、その栄川院が江戸で急死した。本来ならば、この仕事を継ぐべきは栄川院典信の嫡男、養川惟信であろうが、彼がそれを仰せ付かることはついになかった。定信の側近、水野為長が書いた『よしの冊子』[49]には、これに関して次のような記事がある。

一賢聖御障子画、洞春住吉へ被仰付候由。極彩色ニ懸り候てハ十分住吉よろしかるべき由。併養川ハ力を落したであろうとさた仕候由養川名人ニ候へ共、只利口の絵にて中々父にハ及申間敷由。養川洞春同家ニハ候へ共、一体中あしく御座候由。此度右之絵被仰付候当日、わざ〱養川奥より出候て住吉ニ逢、何卒貴様ニ被仰付様にしたい。洞春ハ一体賢聖の旨ニ合ぬ男也と申候由、さすれば少々姦物にも可有之哉、とさた仕候由。住吉方へ栄川の下絵も下り、且又先年御絵形も相下り候由。住吉先年の御絵形此度栄川院の下絵を拝見中々此位の御下絵ニハ負ハすまいと申候由。賢聖の間の御絵、先年ハ土佐家ニて相認候処、探幽、養朴など名画出候て、二百四五十年も土佐家相やミ、狩野家の物ニ相居候所、此度被仰付候ハヽ、誠ニ難有共何共恐入、たとへ此上不被仰付候共、御撰ニ相成候が難有事と申居候のさた。

この記事の月日は不詳であるが、文中に「わざ〱養川奥より出候て住吉ニ逢」とあり、この時、養川が登城していたことがわかる。したがって、この記事は、父栄川院の忌が明けた寛政二年十月二日から、住吉内記広行が栄川院の後任を正式に仰せ付かった同年十二月八日までの間の出来事を記したものと考えられる。

常信—栄川院と木挽町狩野によって引き継がれた紫宸殿障屛画の作成は、慣例からいって、当然、養川がその後を任されるべきものであった。しかし、それがそうはならなかったのであるから、定信が言うように、養川もさぞや「力を落とした（＝落胆した）」ことであろう。

養川不採用の理由については、「養川名人ニ候へ共、只利口の絵にて中々父にハ及申《およびもうす》間敷《まじく》」とあるので、定信が彼をあまり高く評価していなかったことも原因の一つとしてあげられようが、ことはそれほど単純ではなかったようだ。

柴野栗山は、その大半が古画の踏襲で、考証学的に誤りも多い栄川の下絵に不満を抱いていた。特に、賢聖三二人の服装、持ち物、負文亀の図様には疑義を持ち、それが晴れぬまま見切り発車の形で栄川の画いた草案が治定となったことに悔いを残していたのだった。もしも養川にこの仕事を継がせたならば、父親の遺した下絵を踏襲するに違いない。栗山は栄川院の死を図様見直しの好機と把えたのであろう。そこで、養川以外の御絵師にこの御用を仰せ付けることを定信に進言し、ろくな詮議もなされないまま治定となっていた「賢聖御障子画」の検証を続行したのであった。

賢聖御障子中央負文亀の下絵、先達て狩野栄川院認め相伺い候処、右下絵の通り御治定之《こ》れ有り候えども、右は関東にて得と穿鑿も之れ無き儀故、猶又此の度柴野彦助相糺し候、

（『負文亀説』国立国会図書館蔵）

一賢聖御障子服之義ニ付、彦助《(栗山)》大さハぎ《(騒ぎの)》由。栄川院抔《など》も度々彦助へ参候由。伊豆侯《(松平信明)》ニ何か御書物御ざ候て、答ニて先ヅ見合《みあわせ》、認《したため》候共さた仕《つかまつり》候由、併《しかし》委《くわし》くしれる物《(知れるもの哉)》かとさた仕候由。併彦助ハ僻《へい》ゆへ、小言を申《もうし》ながら、嬉しがりさはぎ《(騒ぎ)》候由のさた。

（『よしの冊子』）

栗山のこだわりは、考証学的にその図様に誤りがないかというところにあった。たとえ、それが古い図様であっても、考証学的に誤りがあれば、改めるべきであるというのが彼の考え方である。栗山は『賢聖障子名臣冠服考証』[50]の中で、「幸いなるや、馬周、房玄齢、杜如晦の三図粉本を伝う。描法観る可し。章服皆唐志に合《がっ》す。仮令《たとい》寛平の旧《ふる》きに非ずとも亦《ま》た焉《これ》に依《よ》る可《べ》し」と述べている。こうして、賢聖御障子の図様は、栗山の飽くなき検証に基づいた由緒正しき図様に改められることとなったのである。

栄川院の後任選び

一方、栄川院の後任を誰にするかという問題は、御絵師たちの利害がからむ複雑な問題だった。紫宸殿障屏画の作成という栄誉に浴すことができた絵師は、必然的にその地位が上がることになる。安易に後任を選べば、幕府御絵師の身分内序列が乱れることにもなりかねなかったのである。

ここで注目したいのは、栄川院の後任として候補に挙がったのが、駿河台狩野家の洞春美信と住吉家の内記広行であったという事実（『よしの冊子』）である。

御絵師の序列からすれば、中橋家の永徳高信、鍛冶橋家の探牧守邦、浜町家の閑川昆信といった所に落ち着くはずであるが、これらの奥絵師たちは候補にすら挙げられていない。

木挽町・中橋・鍛冶橋・浜町の狩野四家は代々奥御用を勤め、僧位・職格をも与えられる家柄で、幕府御絵師の序列では常に上位一～四位までをこの四家で占める。また、この四家のまとまりの中では、家督・年齢・謹功といったことにより随時序列の変動が起きるが、これらの家に続く駿河台狩野と住吉に越されることはないという[51]。もし、「賢聖御障子画」を中橋・鍛冶橋・浜町の何れかに仰せ付けたとしたら、その謹功によって、そこの家だけが突出した存在になってしまう。この三家のどこに仰付けても遺恨が残ることは必定であるから、「賢聖御障子画」を担当しても上位四家の席順を飛び越えることの決してない駿河台狩野と住吉のいずれかから栄川院の後任を選ぼうと幕府は考えたのではなかろうか。少なくとも、養川は、同姓の洞春が「賢聖御障子画」を担当すれば、その謹功によって自家の立場を脅かす存在になるのではないかと恐れていたようだ。「何卒貴様（住吉内記）ニ被仰付様にしたい。洞春ハ一体賢聖の旨ニ合ぬ男也」という言葉の真意はまさにそこにあったと言えよう。表絵師の洞春に対してさえ、こうした反応を示すのであるから、相手が中橋、鍛冶橋、浜町であったならば、幕府御絵師集団内の秩序は混乱を極め、収拾がつかなくなったことであろう。住吉内記を栄川院の後任に選んだのは、こうした混乱を回避するための苦肉の策だったのである。

六　寛政の造営後の京都画壇

画家師分議定書盟約

財政上の理由で御所造営御用に参加できなかった幕府御絵師に代わって京都の絵師たちが多数、御絵御用を勤めたことは、その後の彼らの地位や名声に大きく影響を与えることとなった。

御所の障屏画は、のちに修復が必要となった場合や、損傷が激しくて画き直さなければならなくなった場合、原則としてその絵の筆者自身がそれを担当し、すでに本人が死亡している場合も、その家筋の者（跡取り。跡取りがいない場合は、その師家か弟子）が代役を勤めることになっていた（第二章参照）。したがって、一度、御所の障屏画作成を拝命すれば、その家筋の絵師は禁裏御用を勤め続けられることになるのである。

小規模造営の場合、京都の絵師だけで賄うことがそれ以前にもあったが、寛政の造営のような大規模造営の場合、幕府御絵師が大挙して上洛し御用を勤めるのが慣例だっただけに、この寛政の造営を契機に禁裏御用を京都絵師たちがほぼ独占する形となったことは、京都画壇にとって多きな意味があったと言えよう。

文政七年（一八二四）閏八月、土佐光禄は、画家師分の者どもを参集し、「画家師分議定書盟約」を策定した。そして、師分画師には盟約を承諾したことの証しとして、「御達御請書」に署名捺印を求めている。

左に示したのは、島田貞彦「近世に於ける京都画界の組織と内裏御造営」[52]および、同「内裏御造営の御絵御用に就いて」[53]に紹介されている「御達御請書」を意訳したものである。

画家師分議定書盟約

頭取　土佐左近将監（光禄）
頭取　鶴沢探春
土佐土佐守（光字）　土佐豊前介（光清）
鶴沢式部（探龍）　勝山図書（琢道）
狩野山月（内匠）　狩野洞玉（影山）

右の面々は全員、官位の有無あるいは老若に拘わらず、その本家の首席たる者たちである。

依て差し上げる達しの御請書

一御所の御絵御用につき願書などを差し出す時、門人の届出については、それぞれの師家が両頭取へ申し入れなければならない。

一御絵御用を仰せ付られた際は何事によらず、両頭取を指し置いて御用懸りへ直訴などしては決していけない。

一御用絵が完成するという時は、前もって両頭取に知らせ、伺い下絵との照合のため、完成した絵を両頭取に預けなさい。その際、たとえ疲労で臥せっていようとも、照合が済んだか否かの確認を直接両頭取に会ってとり、代理人に任せてはいけない。

一師家の者は、常々門人たちへ教諭していることではあろうが、それでもなお不法を働く者がいると聞くので、師家たちは、互いに知らせ合い、門人たちが不法を働かないようにしなさい。

一それぞれの師家口伝などにつき、門人たちが互いに誹謗し合い、恨みを持つようなことをさせないようにしなさい。

一師家の教諭に背き破門になった画師を、元の師家へ断わらないで門人にしてはいけない。

一師家が、自らの門人として届け出た画師を破門にしたら、早々に届け出なさい。また、両頭取はもちろん師家の者たちへも廻状をもってそのことを知らせなさい。

一画事業のことについては、師家から許可がないうちに、絵の具料などと称して謝儀を請けて絵を画いてはいけない。これに似通ったことをして、後日に露見した場合は、しっかりと糾明し、そうした良からぬ行為をさせてはいけない。

一仕官した者は別として、帯刀が許される身分でもない画師に、旅行などの折り、師家の名を笠に着て帯刀するようなことを決してさせてはいけない。

一師家の者はもちろん、門人であっても、改名・転宅・旅行・死去などのことがあった場合、これまた届け出なさい。

文政七年甲申年後八月

狩野縫殿介（永岳）　勝山按察使（琢文）
狩野左近（正英）　円山主水（応瑞）
島田内匠頭（敏直）　岸越前介（駒）
原在中　山本探淵
呉（松村）景文　東洋
岡本豊彦

●表4　文政七年における京都絵師師家一覧

	絵師　姓名	略　　歴
1	土佐左近将監（光禄）	画所預・土佐宗家の当主。寛政の造営御用を勤めた光時の子。
2	鶴沢探春	鶴沢家の当主。寛政の造営御用を勤めた探索の孫。
3	土佐土佐守（光孚）	画所預・土佐守家の当主。光貞の子。寛政の造営の際は、十一歳で御用を勤めた。当時の名は虎若丸。
4	土佐豊前介（光清）	光孚の倅。
5	鶴沢式部（探龍）	探春の倅。一説に弟とも。探春の跡を継ぎ、同家六代目の当主となっている。
6	勝山図書（琢道）	勝山琢眼の弟。のち、その養子となる。寛政の造営の時、十四歳で御用を勤めた。勝山家は、狩野正栄門人・琢舟に始まる家で、琢舟の跡は、琢眼＝琢道—琢文と続く（＝は養子、—は実子。以下同じ）。
7	狩野山月（内匠）	この狩野家は、永納の二男永梢以来、代々東本願寺絵所を勤める家である。寛政の造営の時、初めて禁裏御用を勤めた。宗家ではないものの、文政七年の段階では、一族の長老として「本家主席」の列に名を連ねている。
8	狩野洞玉（永章）	本姓影山。狩野永俊の弟子。永俊の養嗣子・永岳の実父である。
9	狩野縫殿介（永岳）	狩野家当主。永俊の養嗣子。実父は狩野永章。
10	勝山按察使（琢文）	琢眼の倅。
11	狩野左近（正英）	狩野正栄家当主。正栄至信の弟子・高向伊織。至信の養嗣子正栄匡信（旧姓土肥）が廃嫡になった跡を継いだと考えられる。
12	円山主水（応瑞）	応挙の倅。寛政の造営の時、父応挙とともに禁裏御用を勤めた。当時は右近を名乗る。

13	島田内匠頭（敏直）	円山応挙弟子。寛永度御造営の時、始めて禁裏御用を勤めた。
14	岸越前介（駒）	幼少より絵を好んだが、名のある師匠をもたず、諸国を周遊して画技を磨いた。のち、下京仏光寺の障屏を画いたのが有栖川宮の目にとまり、同家の家来となった。寛政の造営の際、有栖川宮家来として初めて禁裏御用を勤めた。また、享和元年には、禁裏衛士官佐伯正恭の株を買って地下官人となり、禁裏との結びつきを強めた。
15	原在中	円山応挙弟子。寛政の造営の時、初めて禁裏御用を勤めた。
16	山本探淵	山本守礼の養嗣子。山本家は、狩野探幽の弟子・素程守次（理兵衛）に始まる絵師の家で、素程の跡は、素軒守常（理兵衛）＝宗川守房（数馬）―探川守業（数馬）＝久珂守礼（亀岡主水・数馬）＝探淵―探斎、と続く。探川守業には実子があったが、それには山本家を継がせず、弟子の亀岡主水を養子とした。実子嘉業は、母の実家・禁裏御使番野村家の養子となり、野村嘉業（右衛門少志）と名乗ったが、享和元年に歿している。また、寛政二年に亡くなった数馬（亀岡主水守礼）の跡を継いだ探淵なるこの絵師は、恐らく数馬の弟子の誰かであろう。寛政の造営御用を勤めた彼の弟子二人（橋本左内・笹井源太郎）のうち、笹井源太郎は、のち、数馬の実家・亀岡家の家督を継いで亀岡規礼と名乗っている。したがってもう一人の弟子・橋本左内が探淵である可能性が高い。
17	呉景文	本姓松村。松村月渓（呉春）の弟。月渓は寛政十二年の御三間御殿造営に祭し、初めて禁裏御用を勤めた。大西酔月の門人ながら、円山応挙の画風を慕い深い親交をもった。天明の大火後、応挙と同居して画道を討論し、奥旨を悟ったといわれる。禁裏御用を勤めることが出来たのも、応挙の伝手に拠るものであろう。
18	東洋	狩野梅笑門人。寛政十二年、御三間御殿造営の時、初めて禁裏御用を勤める。
19	岡本豊彦	松村月渓呉春の弟子。文化十三年、仙洞中宮御殿新築の節、初めて禁裏御用を勤めた。

※　略歴は、主に『古画備考』『東洋美術大観』「禁中御用絵師任用願（身元記）」に拠ったが、その他の参考文献については、章末に列挙した。

この盟約の成立が寛政の造営を契機としていることは、その内容からも明らかである。条目は、御所御用に関するものに限らず、他派の口伝を誹謗しないこと、師家の許可がない者に絵の具料などの名目で画料を受け取らせないこと、他家を破門になった絵師を元の師家に断りなく弟子にしてはいけないことなど、京都画壇の秩序全般に及ぶ。

また、署名が官位の有無・年齢および家筋によって決められた席順に随っていることが注目される。前段には、狩野左近将監光禄・鶴沢探春の両頭取を筆頭に、八名の宗家もしくはそれに準ずる立場にあった絵師たちが、後段には、狩野永岳以下岡本豊彦まで一一名が師家一統として名を連ねており、当時の京都画壇の序列を示している。十九世紀京都画壇の身分内序列は、禁裏御用勤めによって得られる権益を梃子に、こうして再編されることとなったのであった。

『平安人物志』

京都画壇における絵師の序列を知るのに便利な史料として、広く利用されているものに『平安人物志』がある。しかし、この『平安人物志』は、あくまで民間の書肆が出版したものにすぎず、京都画壇における絵師の序列を正確に示しているとは言い難い。もっとも、巷間における絵師の知名度を如実に反映しているのは間違いない。殊に、寛政の造営を挟み、その前後で内容が一変することは興味深い。

寛政の造営以前に出版された三冊、すなわち、「明和五年（一七六八）版」「安永四年（一七七五）版」「天明二年（一七八二）版」の『平安人物志』には、土佐、鶴沢、狩野をはじめとする禁裏御絵師の名前がない。それに比して、寛政の造営後はじめて上梓された「文化十年（一八一三）版」の『平安人物志』では、土佐光時を筆頭に土佐光孚、鶴沢探泉、鶴沢探春、狩野永俊といった禁裏御絵師たちがその上位に名を連ねている。これは、寛政の造営によって、禁裏御絵師の存在が衆人の注目するところとなった結果であると言えよう。

一方、円山応挙の名は、明和五年版の『平安人物志』からすでに見えている。彼が禁裏御用を勤めたのは、安永九年（一七八〇）光格天皇即位の時、御内儀上分の金屏風「牡丹孔雀図」一双を画いたのが最初であるから[54]、寛政の造営以前に出版された上記三冊の『平安人物志』に見える禁裏御用の経験者は、「天明二年版」の応挙のみということになる。また、その門人については、「明和五年版」に原在中が、「安永四年版」に島田元直（地下官人）、原在中、源琦（＝駒井幸之助）の三名が、そして、「天明二年版」には、上記三名に加え、山本守礼（養父探川死去後、応挙門人を称した）と長沢芦雪、三谷逸記の名が認められ、応挙を含めると、七名の円山派絵師がこの冊に掲載されている。たかが七名といえども、二八名中の七名であるから、天明二年の時点で円山派が京都画壇の一大勢力となっていたことがわかる。しかも、寛政の造営では、右の七人すべてが採用で、その他にも、中村平右衛門、秀雪亭、端野東四郎、富左近将監の四名が御用を仰せ付かっている。

　これは、すでに京都画壇に確固たる地位を築きつつあった応挙が、権威と結び付くことによって、自派の更なる繁栄を図ったものと理解できよう。寛政の造営は、庶民の関心も高く、禁裏御絵師に対する巷間の評価をも一変させたことを『平安人物志』からも読み取ることができるのである。

おわりに

　美術品市場が広く一般に開かれた現代社会では、自作の絵を売ることにより生計を立てている画家も少なくない。これに比せば、近世身分制社会における絵画の需要は決して多いとは言えない。それゆえ、江戸時代における絵師の場合、幕府御用・禁裏御用などの公的事業に携われるか否かが自家の繁栄を左右することとなる。

　また、オリジナリティーが尊重される現代にあっては、画家の個性、独創性といったものが強く求められる。一方、近世における御用絵は、今まで述べてきたごとく、伝統的な由緒正しき図様のものでなければならず、画家の個性が出ては却って不都合だった。それが証拠に、御所や殿中の障屏画には落款がない。古色蒼然とした雰囲気が損なわれるのを嫌って、発注主が落款を入れさせないのである（御用絵の場合、落款を入れる・入れないの別、またその書き方については、すべて発注主の意向に従わなければならなかった）。この点で、御用絵は、庶民階級に属す人々の需要に応えて制作される俗の絵や、私的な嗜好品として発注される絵画などとその性格を大きく異にするのである。それは、本章で取り上げた江戸時代後期に限った話でなく、幕初、すなわち、探幽の時代から首尾一貫していた。

ある美術作品について語ろうとする時、その作品が何のために作られたのか、それを画いた作家はどのような立場にあったのか、また、その作家が生きた時代はいかなるものであったのか、といったことを斟酌することなく、ただ闇雲に、作家論、作品論を展開しても、その本質に迫ることは、決してできないのである。筆者が、『天皇の美術史』とのシリーズ名を冠される本書の中で、直接美術に関係のない事柄に、かくも多くの紙面を割いているのは、あくまで、「天皇の美術」の本質に迫らんがためとご理解いただければ幸いである。

注

〔1〕 榊原吉郎「土佐派と京都御所」（『土佐派絵画資料目録三　内裏造営粉本』京都市立芸術大学芸術資料館、一九九二年）。

〔2〕 本章第五節のうち「粉本主義」の項参照。

〔3〕 宮地正人「朝幕関係からみた幕藩制国家の特質」（『人民の歴史学』四二、一九七五年。のち『天皇の政治的研究』校倉書房、一九八一年に再録）。

〔4〕 佐藤豊三「将軍家の『御成』について」六〜九（『金鯱叢書』七・八・十一・十二、一九七九〜八五年）。武田庸二郎「徳川家綱の茶湯について―身分制社会における饗応と贈答―」（村上直編『幕藩制社会の地域的展開』雄山閣出版、一九九六年）。二木謙一「江戸幕府将軍拝謁儀礼と大名の格式」（『日本歴史』六一八、一九九九年）。

〔5〕 尾本師子「江戸幕府御絵師の身分と格式」（武田庸二郎他編『近世御用絵師の史的研究』思文閣出版、二〇〇八年）。朝日美砂子「狩野派と名古屋城四〇〇年」（『開府四〇〇年記念　名古屋城特別展「狩野派と名古屋城四〇〇年」』展覧会図録、二

〇一〇年）。

［6］狩野祐清・狩野養川院筆『木挽町中橋両家譜』（寛政十年、慶応義塾図書館蔵）。この系図では、重種もしくは重信になっており、州信の諱は見られない。

［7］田中敏雄「狩野探幽と河内国」（『芸術』一七、大阪芸術大学、一九九四年）

［8］前掲注6『木挽町中橋両家譜』。同書に「織田信長江州安土城を築給ふ時、殿中画之間依命画之処、織田信長感悦不斜、直ニ被叙法印《（眼）》、知行三百石被下候、」「太閤秀吉ゟ知行百石山城国大原都《（郷）》之内ニ而拝領仕候、」とある。

［9］榊原悟『狩野探幽―御用絵師の肖像』臨川書店、二〇一四年。

［10］思文閣出版、一九七〇年復刻。

［11］『日本画論大観』アルス、一九二九年に所収。この家譜には、誤りがあり信用できないとの指摘がある。しかし、そんなことを言い出したら、ほかの諸本にも大なり小なり誤りはあるので、現存する狩野の系図・家譜は何一つ信用できないことになってしまう。そうであるならば、それらを比較して、正しい記述はどれなのかを検証していくべきだろう。

［12］鍛冶橋狩野家が所持した神田松永町の屋敷地は探幽が拝領したものではなく、元禄年間に拝領屋敷の一部が上知となった代替地として下賜されたものである（『拝領屋鋪幷抱屋鋪明細帳』天保十三年、狩野文庫蔵）。

［13］孝信の領地一〇〇石というのは、狩野三兄弟の禄高の合計五〇〇石から貞信の遺領分四〇〇石を引き、導き出された数値である。

［14］探幽が法眼に叙された時期については、『徳川実紀』に、寛永十三年と寛政十五年の二カ所にこの記載がある。また、狩野家の「家譜」の多くがこれを寛永十三年のこととする。しかし、『隔蓂記』寛永十六年正月十五日の条に、「自狩野采女、状来。（中略）狩野采女法眼被　仰付候由、中来也」とあることと、『江戸幕府日記　姫路本』寛永十六年正月元旦の記事にも「同縁側ニ而狩野探幽、後藤家、本阿弥家、呉服士、蒔絵師進物前ニ一同御礼申上、太田備中守出雲守披露之」の記事があり、それ以前に探幽が礼席に列なった記事が見られないことにより、探幽が法眼に叙された時期は寛永十五年が正しいと考えられる。ちなみに、探幽以外の御絵師は、翌二日に、職人一統として御目見している。

［15］前掲注5、尾本論文。

［16］審美書院、一九〇九年。

〔17〕内閣文庫蔵。『日本史料選書』二三、近藤出版社、一九八四年。
〔18〕埼玉県立歴史と民俗の博物館編『狩野派と橋本雅邦―そして、近代絵画へ―』展覧会図録、二〇一三年。
〔19〕清文堂出版、一九八八年。
〔20〕巻三百二十（続群書類従完成会、一九六四年）。東京国立博物館蔵『由緒書』（板谷家伝来資料所収）。
〔21〕東京国立博物館編『平成二三〜二七年度科学研究費補助金成果報告書　板谷家を中心とした江戸幕府御用絵師に関する総合的研究』二〇一六年。
〔22〕大賀妙子「幕末、幕臣たちの〝住宅事情〟」（『近世国家と明治維新』三省堂、一九八九年）。
〔23〕同じ「えどころ」という発音であっても、「えどころ」の場合、絵の字を、「えどころあずかり」の場合、画の字を当てて区別した。『地下家伝』でも、「えどころあずかり」の場合、画の字を当てている。
〔24〕大西芳雄「絵仏師木村了琢―東照宮深秘の壁画―」（『東京国立博物館紀要』一〇、一九七四年）。
〔25〕松尾芳樹「近世土佐派記録集一」（『京都市立芸術大学芸術資料館年報』三、一九九三年）。
〔26〕『日本経済叢書　十五』日本経済叢書刊行会、一九一五年。
〔27〕森田登代子「近世民衆、天皇即位の礼拝見」（笠松和比古編『公家と武家Ⅲ―王権と儀礼の比較文明史的考察―』思文閣出版、二〇〇六年）。高木博志『近代天皇制と古都』岩波書店、二〇〇六年。藤田覚『近世政治史と天皇』吉川弘文館、一九九九年。同『江戸時代の天皇』講談社、二〇一一年。
〔28〕『翁草』巻之百十六（『日本随筆大成』第三期一二巻、日本随筆大成刊行会、一九三一年）。
〔29〕藤田覚『幕末の天皇』講談社学術文庫二一五七、講談社、二〇一三年。
〔30〕『宇下の人言』岩波文庫五二〇、岩波書店、一九四二年。
〔31〕『幕末御触書集成』一、岩波書店、一九九二年。
〔32〕『徳川禁令考』創文社、一九五九年。
〔33〕『群書類従』第二六輯、続群書類従完成会、一九八七年。
〔34〕宮内庁書陵部蔵。
〔35〕下橋敬長『幕末の宮廷』（羽倉敬尚注『東洋文庫』三五三、平凡社、一九七九年）。

〔36〕山本ゆかり「永宣旨による絵師の僧位再考―勅許による僧位との差異をめぐって」（前掲注5、武田他編書所収）。
〔37〕山口和夫「職人受領の近世的展開」（『日本歴史』五〇五、一九九〇年）。
〔38〕相見香雨「山本素軒並に山本家の歴代を録す」（『日本美術協会報告』五九、一九四一年。のち『相見香雨集』三、青裳堂書店、一九九二年に再録）。福田道宏「山本守礼事績考―地下官人をめざす絵師たちの研究序説―」（『京都造形大学紀要』一六、二〇一一年）。
〔39〕彰国社、一九五六年。
〔40〕『勝海舟全集』六、勁草書房、一九七四年。
〔41〕東京都立中央図書館蔵。
〔42〕前掲注11、『日本画論大観』に所収。
〔43〕河野元昭「粉本と模写」（『講座日本美術史二　形態の伝承』東京大学出版会、二〇〇五年）。
〔44〕黒田泰三『新編名宝日本の美術一二　伴大納言絵巻』小学館、一九九一年。岩間香「寛政度復古内裏における昆明池障子の復元過程―裏松固禅と土佐光貞の関与―」（『摂大人文科学』一九、二〇一二年）。
〔45〕岩間香・中嶋節子・植松清志・谷直樹「復古様式の造営における絵師の役割―寛政度内裏に関する研究（一）」（『日本建築学会計画系論文集』五八〇、二〇〇四年）。
〔46〕鎌田純子「賢聖障子の研究―寛政度を中心に―」（『金鯱叢書』三五、二〇〇九年）。川本重雄・川本桂子・三浦正幸「賢聖障子の研究―仁和寺蔵慶長度賢聖障子を中心に―（上）（下）」（『国華』一〇二八・一〇二九、一九七九年）。
〔47〕鎌田純子「寛政度賢聖障子における「文負亀」の復興をめぐって」（小林忠先生古稀記念会編『豊饒の日本美術―小林忠先生古稀記念論集』、二〇一二年）。
〔48〕内閣文庫蔵。
〔49〕『随筆百花苑』八・九、中央公論社、一九八〇・八一年。
〔50〕国立国会図書館蔵。
〔51〕江口恒明「江戸後期における幕府御絵師の名順と身分編成」（前掲注5、武田他編書所収）。
〔52〕『歴史地理』二四―一、一九一三年。

[53]『京都美術』三一、一九一四年。

[54]「禁中御用絵師任用願」（廬庵文庫蔵）。「天明六年改御屏風目録」（同蔵）。

参考文献

《論文》

吉江久彌「江戸文通控―江戸狩野と所領大原間の往復文書の記録―」（『人文科学論集』仏教大学文学部、一九六九年）

梅田康夫「地下官人考」（大竹秀男・服藤弘司編『幕藩国家の法と支配』有斐閣、一九八四年）

島田武彦『近世復古清涼殿の研究』思文閣出版、一九八七年

脇坂　淳「京狩野家資料」（『大阪市立美術館紀要』九、一九八九年）

榊原吉郎・岩間香・大須賀潔・松尾芳樹編『土佐派絵画資料目録（三）内裏造営粉本』京都市立芸術大学資料館、一九九二年

真保　亨「王朝美の伝統―紫宸殿・清涼殿・諸大夫の間・小御所の美術―」（『皇室の至宝　六御物　障屏・調度一』、毎日新聞社　一九九二年

松尾芳樹「近世土佐派記録集（一）」（『京都市立芸術大学芸術資料館年報』三、一九九三年）

福田道宏「近世後期「春日絵所」考―天保五年、在照への「絵所」職譲渡をめぐって―」（『美術史研究』三九、早稲田大学史学会、二〇〇一年）

詫間直樹「裏松固禅の著作活動について―『大内裏図考証』の編集過程を中心に―」（『書陵部紀要』五五、二〇〇四年）

岩間香・植松清志・谷直樹「寛政度復古清涼殿の内部空間と名所絵障子」（『建築史学』四四、建築史学会、二〇〇五年）

佐々木丞平・佐々木正子『京都御所障壁画―常御殿と御学問所―』展覧会図録、京都国立博物館、二〇〇七年

福田道宏「紀伊藩御絵師笹川遊泉の由緒について―寛政度内裏造営御用の拝命と紀伊藩登用をめぐって―」（武田庸二郎・江口恒明・鎌田純子編『近世御用絵師の史的研究』思文閣出版、二〇〇八年）

福田道宏「狩野正栄事績考」（『京都造形大学紀要』一三、二〇〇九年）

福田道宏「研究ノート　近世、御所の小規模造営・調度新調における絵師の御用について―宝永・享保の春宮を例に―」（『京都造形大学紀要』一五、二〇一〇年）

五十嵐公一『近世京都画壇のネットワーク—注文主と絵師—』吉川弘文館、二〇一〇年
村　和明『近世の朝廷制度と朝幕関係』東京大学出版会、二〇一三年
岸　泰子『近世の禁裏と都市空間』思文閣出版、二〇一四年
江口恒明「寛政二年以降の京都画壇における絵師の身分秩序」（『神戸大学美術史論集』一七、二〇一七年）

《図録》
栃木県立博物館編『天海僧正と東照権現』展覧会図録、一九九四年
京都大学文学部博物館編『江戸期の京都画壇—鶴澤派を中心として—』展覧会図録、一九九六年
京都文化博物館編『京の絵師は百花繚乱—『平安人物志』にみえる江戸時代の京都画壇—』展覧会図録、一九九八年
江戸東京博物館編『狩野派の三百年』展覧会図録、一九九七年
栃木県立博物館編『京都・日光・例幣使—光格天皇と幻の将軍—』展覧会図録、二〇〇一年
京都文化博物館編『近世京都の狩野派展』展覧会図録、二〇〇四年
徳川美術館編『徳川美術館名品集　四　桃山・江戸絵画の美』、二〇〇八年
兵庫県立博物館編『彩—鶴澤派から応挙まで—』展覧会図録、二〇一〇年
京都国立博物館編『京都御所障壁画—常御殿と御学問所—』展覧会図録、二〇〇七年
黒川古文化研究所編『円山応挙の門人たち』展覧会図録、二〇一四年

第二章

禁裏御用と絵師の「由緒」・「伝統」

江口恒明

Eguchi Tsuneaki, "Pedigree and Tradition: Painters-in-Attendance to the Imperial Palace"

はじめに

第一章では、障壁画担当絵師の選考が、京都画壇における身分秩序の再編の契機となったことを論じている。そこで本章では、寛政の造営以後、光格上皇・仁孝天皇の時代を中心に身分秩序再編の様相をたどることにしたい。

寛政二年（一七九〇）の御所造営では、幕府の狩野家絵師に代わって、京都町絵師の多くが禁裏の御用へ進出した[1]。これは、天皇のための絵画の担い手が大きく変化したことを意味する。

それまで禁裏の障壁画に狩野家の絵師が任用され続けた理由は、単に大規模な絵画制作を組織的に行える職能集団であったということだけに止まらない。歴代の狩野家絵師は、天皇や室町将軍家をはじめ、さまざまな権力者の絵画制作に携わってきた。そうした血統の良さや先祖伝来の粉本を有して、「由緒」や「伝統」を纏った彼らを時の為政者たちは重用したのであった。

ところが、寛政の造営では、財政上の理由により幕府御絵師《おえし》たちを京都に派遣することができなくなってしまった。そのため、権威の中心に最も近く、御所の障壁画を描くに相応しい御絵師の代わりとして、京都の絵師たちが採用されたのであった。その際、担当絵師たちの出自と経歴が改めて問われることとなり、これが京都画壇における絵師たちの序列再編の端緒となったのである。その後の京都画壇における身分秩序は、主として禁裏障壁画の新規制作・修復の御用配分において維持されていった。

寛政の造営以後、次の全面造営が行われる安政二年（一八五五）までの間に、規模の小さい造営が頻繁に行われ[2]、それにともなって禁裏障壁画の新規制作と修復も随時なされた。このことは、一般にあまり知られていない。こうした機会には、寛政の造営で御用を勤めた京都絵師の中から担当者が選ばれたのである。

また、光格・仁孝の両帝は、自身の権威に関わる朝廷儀礼の再興に力を注いだ天皇として知られる[3]。第一章で論じられた障壁画の制作と同様、そうした儀礼の実施にあたっては先例や典拠の詳細な調査が行われ、古制を正しく伝える文献や粉本《ふんぽん》が参照された。しかし、寛政の造営でも、典拠となる粉本を十全に揃えたとは言い難かった。たとえば賢聖障子《けんじょうのそうじ》のように、残存する粉本が乏しいなかで制作せざるを得ない場合もあった。これに懲りた幕府や禁裏は、御所障壁画制作に際し、その典拠となるべき粉本の収集を喫緊の要事として認識するようになる。そうした中、禁裏の御用絵師は、再興された儀礼の式次第を絵に写したり、儀礼の道具の書き起こし図を描くなどの仕事を担うようになった。

一方、寛政の造営以降、禁裏御用を勤める機会が減少した幕府御絵師も、京都との関わりが完全に途絶えたわけではなく、江戸において禁裏のための絵画を制作した。

そもそも、天皇の権威上昇が社会全体の関心となっていた時代に[4]、中世以来の「由緒」や「伝統」を纏う御絵師たちが不要になるなどということは論理的に考えられないのである。

そこでまず、本章の第一節では、障壁画の新規制作・修復の事例から、御用の配分が、権威の中心と絵師自らとの距離（身分秩序）を再確認させることとなり、その序列が制度的にも確定されていくことを明らかにする。

また、第二節では約三八〇年ぶりに再興された石清水臨時祭《いわしみずりんじさい》の記録図制作を事例に、寛政の造営以降、後世の範とすべき絵画への関心が宮廷社会に広まったことと、儀礼に関わる仕事に携わった絵師が自らの身分内序列を上昇させていったことを論じる。

最後に、第三節では、将軍の異例な高位任官の返礼として制作された「銭形屏風」の進献を題材に、寛政の造営以降における幕府御絵師の禁裏御用について検討する。

一　禁裏障壁画と身分秩序の維持

禁裏・仙洞御所の小規模造営

図1は文化十四年（一八一七）に改定出版された禁裏図（内裏図）である[5]。中心に描かれているのが皇族に宛てられた建物で、これらは、即位や退位、入内、薨去などがあると、必要に応じて新築されたり、取り壊されたりした。皇族の地位の変更に応じて、禁裏御所内および周辺の景観も少しずつ変化したのである。

はじめに、この図により御所建築の概要を確認しておこう。禁裏御所（天皇の御殿）を中心にし、その東南には仙洞御所（上皇の御殿）があり、禁裏御所の周囲には、天皇と血縁関係にある人物のために宛てられた土地や、公家の居宅があった。また、禁裏御所・仙洞御所敷地内の北側は、皇后・皇太后の諸御殿が占めている。

造営にあたっては、既存の御殿を修復して用いる場合（模様替）があり、また、主の死などによって使用されなくなった建物でもそのまま毀さずに残しておくこと（空御殿）もあった。さらに、これらの建物に付随する調度と障壁画の新規制作・修復も随時なされた。そして、その制作や修復を担当したのは、寛政の造営に携わった京都の絵師であった。実際に誰がどの場所を担当したのかについては、国立公文書館内閣文庫所蔵『御造営手留』に所収の「歴代修繕沿革禁裏御殿向御絵襖筆者」（以下、「歴代修繕沿革」と略す）から、その詳細を知ることができる。

この史料には、寛政二年（一七九〇）から安政二年（一八五五）に至るまでの六五年間に、禁裏諸御殿において障壁画の修復を担当した絵師の名前一覧が部屋別に記されており、従来の研究でほとんど知られていなかった修復御用の履歴が明らかになるばかりでなく、修復の実施年次や画題なども判明する[6]。

これによると、どの障壁画も一回から三回程度、修復の手が入っていることがわかる。また、修復担当絵師の変遷

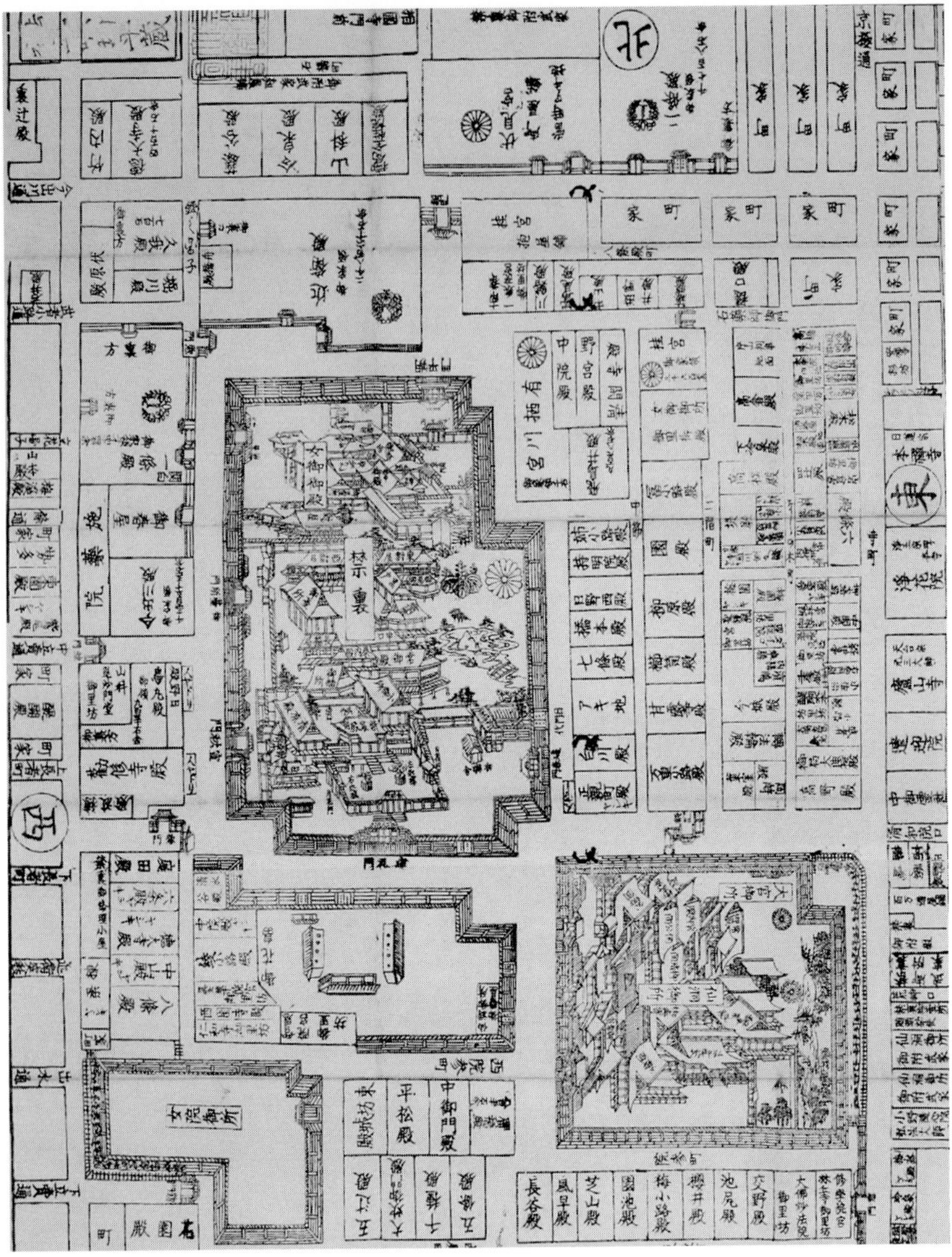

◉図1 「内裏図」(早稲田大学図書館蔵)

を眺めると、寛政の造営に参加した土佐・鶴沢・狩野・円山といった特定の師家の絵師とその門人たちに御用が集中して配分される傾向を見てとれる。寛政の造営で御用を勤めた絵師たち、すなわち身分秩序の上位にいる絵師に引き続き仕事が回ってきていると考えられるのである。

以下では、寛政五年の皇后御殿造営、文化十年（一八一三）と弘化三年（一八四六）の禁裏常御殿修復の事例から、実際にどのように障壁画の制作がなされたかを通じて、絵師の任用方法と身分秩序が再構築される仕組みを検証していく。

寛政五年皇后御殿の造営

光格中宮（欣子内親王）御殿の造営（寛政五～六年〈一七九三～九四〉）は、寛政の造営以後、最初に行われた御殿の新築である。この事例では、①寛政の造営に準拠した造営が行われたこと、②絵師任用の最終的な権限が幕府にあったこと、の二点を確認しておきたい。

この造営は、寛政三年（一七九一）六月に欣子内親王の入内が決まったことを受け、寛政五年の後半から翌六年にかけて実施された。その内容については、『禁裏御所御用日記』の二四〇～二四二冊に収められる「皇后御殿御指図御用記」および「皇后御殿御造営方ヨリ窺書」から、おおよそのことを知ることができる（以下、「皇后御用記」「窺書」と略す。皇后御殿の造営についてはとくに断らない限り「皇后御殿御指図御用記」に拠った）[7]。

通例、造営の実施が決まると、最初に御用掛の諸役が任命されて、人事的な体制が整えられる。

寛政三年の末、議奏の中山愛親、勧修寺経逸、甘露寺篤長、千種有政が御用掛に任命された。議奏は天皇に近侍して幅広い政務に携わり、天皇への奏上を担当する朝廷運営上の要職である。

また、御所建築の営繕を日常的に司る役を修理職《しゅりしき》という。御所造営に際しては、修理職からも御用掛が任命される。大きな造営にあたっては、これに奉行職がつく。この時の修理職奉行は日野資枝、高丘紹季、大原重尹の三名であった。

さらに、禁裏仙洞の奥向（家政）の雑役に携わる口向役人《くちむきやくにん》を統括する執次《とりつぎ》（執次を代々勤める家は全部で一一家あった）からも御用掛が任命されて造営の実務を担う。この造営では、町口是村（美濃守）、勢多章純（大判事）の二名の執次がその役を勤めた。

朝廷機構全体の統制は関白の職務であったが、幕府と直接、折衝するのは武家伝奏《ぶけてんそう》であった。障壁画の制作においては、担当絵師の任用や画題の決定まで幕府の承認を得なければならず、武家伝奏が折衝の窓口となったのである。この時期、正親町公明と万里小路政房が武家伝奏を勤めていた。

幕府側からは、在京役人の京都町奉行菅沼定喜（下野守）と禁裏付《きんりつき》有田貞勝（播磨守）、京都代官内藤重三郎が御用掛を勤め、江戸の勘定方から、御勘定米田吉太夫、支配勘定久保寺喜久蔵の二名が御用掛として上京した。しかし、寛政の造営のように老中が惣奉行に任命されたり、作事奉行・勘定奉行が上京することはなかった。このような惣奉行のいない造営では、京都町奉行が全体を統括した。町奉行の権限を超える案件は、所司代を通じて老中の裁可を受ける。また、老中や町奉行の通達や問合せは、他の事項と同じく禁裏付によって武家伝奏へ伝達された。

出願から制作まで

障壁画の制作に先立ち、寛政四年（一七九二）三月六日から四月一日にかけて、合計五七名の絵師が御用を承りたい旨、願書を提出した。提出者のほとんどが寛政の造営でも出願した絵師である[8]。

個々の担当絵師が最終的に決まるのは寛政五年四月であったが、同年正月十七日の段階では、禁裏付からの伺いに一二名の担当絵師が挙がっていた（「窺書」）。ところが何らかの事情で担当絵師の増員が検討され、最終的には倍以上の二六名の絵師が任用された。

正月十七日、幕府は、禁裏付を通じて「名前の挙がっている絵師は先の造営で御用を勤め、画業・身元の知れる者たちなので、今回の造営でも御用を勤めるのか」と尋ねてきた。これにより、絵師の任用基準が寛政の造営に準じていることがわかる。

ところが、このときの出願者の中に、円山応挙の名がなかった。三月九日、土佐光貞・鶴沢探索は、修理職奉行の日野・大原にその理由を問われた。これに対して応挙は、病気のために期限内に御用が勤められないことにでもなれば、不届きの至りであるから、倅の応瑞、弟子ともども出願を遠慮した旨、土佐・鶴沢を通じて翌日回答している（史料二-1）。寛政四年は、応挙の最晩年にあたり、眼病を患っていたとされる[9]。結局、期限を過ぎていたものの出願が許され、三月十一日には、応挙と応瑞が遅延を詫びたうえ、願書を提出している。

円山応挙にこうした問合せがあったのは、第一に寛政の造営に携わった者を中心に筆者を選ぶという基本方針があったためである。また、これに加えて、安永九年（一七八〇）以来、禁裏御用を勤めてきた円山応挙の禁中における評価が高かったことが大きく影響したのではなかろうか。実力者応挙とその一門が挙って願書を提出しなかったことが、著しくバランスを欠く非常事態と見なされたのであろう。

こうして、四月十八日、造営御用掛の勧修寺から絵師の人数が二六名になったことが禁裏付の有田へも伝えられた。ただし、これは内々の決定で、関東への伺いが済まないと、仰せ渡しができないとしている。

そして、その二カ月後の六月十八日には、禁裏付より、造営にかかる入用や障壁画の担当者について、江戸の裁可が済んだこと、二十日には京都町奉行役所において申渡しがあること、さらに二十一日には禁裏において申渡しの予定が組まれていることなどが伝えられた。ただし、絵様（画題、図柄など広く「絵の内容」を指す意味で使われる）についてはまだ治定《じじょう》していないので、追って仰せ付けることとなった。

史料二-2は十八日の通達内容を書面で示したものである。ここには、土佐・鶴沢が、寛政の造営同様、中心となって御用を取り扱うことも記されている。この二家は「絵師頭取」または「頭取」と呼ばれ、御用を勤める「絵師一統」

を統括する役で、他の絵師とは別格に扱われた。絵の担当者の治定に際し、絵師頭取の土佐・鶴沢の両名は、御用に関する取り締まりを達せられるのが、寛政の造営以来、慣例となっていた。

また、二十一日の御所における御用申渡しも寛政の例に則って行われた。土佐・鶴沢両家（土佐守・左近将監・探索・探泉）は、膳部部屋において修理職・執次（勢多・町口）同席のうえ、土佐家ついで鶴沢家の順に、奉行衆から申し渡された。つづいて地下官人の三名（嶋田主計頭・同内匠権助・木村了琢）が、休息所中ノ間において、修理職・土佐・鶴沢同席のうえ、執次から申し渡されている。その他の絵師は、土佐・鶴沢から申し渡された。このように、制作の都度、絵師の地位に応じて別々の申し渡しが行われるのである。

さらに、二十九日には、各部屋の画題が決定し禁裏付へ伝えられた。三日後の五日には絵師から請書が提出されている。

そのあと、寛政の造営と同様に伺下絵の内容に関する問い合わせや書き直しの指示もあった。伺下絵は、絵師が御用掛へ提出する下絵のことで、関白・天皇までが絵の内容を確認し、最終的な許可を得るものであった。（史料二－3）は、その一例である。土佐光貞は飛香舎代《ひぎょうしゃだい》母屋、光時は同東庇を担当することになっていたが、十一月十六日に修理職奉行から下絵の内容を質されている。

質問事項は三点に及び、このうちの「白河関の人物に武具があってよいのか、これには寄所（典拠）があって描いたのか」という質問に対して、十八日、光貞・光時は「六条道場歓喜光寺什物の「一遍上人画巻物」の中に白河関の図があり、この古図を典拠としてこの度の御絵様にあうように描いた。もっとも関屋の人物の体、干殿甲冑武具などは古図のとおり認《したた》めた」と回答し、「一遍上人絵伝」の絵様に従い、とくに甲冑武具は古図のままである旨を強調している（図2）。ちなみに、このときの下絵が京都市立芸術大学芸術資料館に残されている（図3）[10]。これが伺下絵そのものなのか否かについては不明だが、この二つを見ると、絵巻の白河関の段、建物にふたりの人物が座る場面から、人物の服装、体の向き、弓矢の位置と本数まで、それを正確に引き写していることがわかる。このように、伺下絵提出

◉図2　「一遍上人絵伝」第5巻第3段、白河関(清浄光寺〈遊行寺〉蔵)

◉図3　「皇后御殿下絵」(「飛香舎名所絵下絵」より、京都市立芸術大学芸術資料館蔵)

から絵様の最終決定までに詳細な指示があり、モチーフにも逐一典拠を求められるのである。

この間、九月十九日には、土佐・鶴沢より石田遊汀死去の知らせがあった。翌日これを受けて、代わりの筆者の検討がなされている。その結果、石田遊汀の担当であった常御殿二間を、吉田大炊が担当するよう変更となった。それにともない、当初、吉田大炊に割り当てられていた若宮御殿二間を、幽汀の弟子、栢半兵衛が担当することとなった[11]。

「皇后御用記」は、寛政五年の十二月で終わっており、張り立て（完成した絵を所定の場所に取り付ける作業）の記事などは見られないが、翌六年二月十三日には上棟式、同十八日には地鎮祭の日をむかえている。

造営の経緯は以上のようなものであった。それは、寛政の造営にほぼ準拠するものである。すなわち、はじめに願書が提出され、それが済むと選考が行われる。選考は伝奏、御用掛の議奏・修理職奉行などの間で協議された。また、任用された絵師も有力な師家の絵師、すなわち第一章で言及された禁裏御絵師とその門人たちがほとんどを占めた（史料二－2）。絵の内容に伝統的な正しさが求められる点も、寛政の造営の時と、当然ながら変わりがない。

寛政の造営と異なる点は、絵師の選考に関して幕府の直接的な関与が見られないことである。選考結果の絵師一覧が禁裏付へ伝えられるのみで、幕府はこれを追認している。ただし、関東へ伺ったのち正式な決定となっており、最終的な決定権は従来どおり、幕府が保持していたのであった。

常御殿障壁画の修復①

続いて修復の事例を見てみよう。寛政の造営以降、禁裏常御殿の修復造営は、文化十年（一八一三）、天保三年（一八三二）、弘化三年（一八四六）の計三度行われた。

このうち、文化十年の修復は、寛政の造営以降はじめてまとまった形で障壁画に手を入れた造営である。その詳細については、当時の武家伝奏、六条有庸による『公武御用日記』（東北大学図書館狩野文庫蔵。以下、内題に従って『有庸卿記』と略し、文化十年の修復については断りのない限りこの史料に拠った）、同山科忠言の『山科忠言卿伝奏記』（宮内庁書陵部所蔵。以下、『忠言記』と略す）に詳しい。

御殿の修復は文化十年正月二日、京都所司代が参内して行う年頭挨拶時に、武家伝奏から清涼殿と常御殿《つねのごてん》の屋根葺替などの要望を所司代へ申し入れたことに始まり、二カ月後の三月一日には常御殿のみの修復を幕府が認めた。『有庸卿記』に、御用掛任命の記事はないが、このとき、議奏の甘露寺国長・豊岡和資・花山院愛徳・烏丸資董が御用掛となり、修理職奉行には冷泉為全が就任した。また、幕府側で造営に関わったのは、京都町奉行三橋成方（飛騨守）、禁裏付渡辺胤（阿波守）などであった。

それから約一〇カ月後の九月三十日、天皇が学問所へ渡御し、修復作業が始まった。障壁画の修復は翌月十二日に仰せ出され、同十五日には、修復担当の絵師が決定している。

修復担当者の人選

では、担当絵師の人選はどのようになされたのだろうか。十月十五日の記事から、寛政二年（一七九〇）造営の担当絵師と文化十年（一八一三）修復時の担当絵師との関係を次頁の表1に示した。

ここで確認しておきたいのは、修復の担当絵師が、本人あるいは前任者の血縁・師弟関係にある者に限られている点である。担当絵師の交代はさまざまな要因で生じるが、原則として次の優先順位で決定される。

（1）新規制作時の担当絵師本人が修復も担当する。
（2）新規制作時担当絵師が死去している場合、その家督相続人が担当する。
（3）①本人が死去していて相続人がない場合、もしくは、②本人が生存していても京都に不在の場合、師家の者が担当する。

文化十年の修復の場合、七割以上が（1）か（2）に該当するが、（3）①の相続人がいない場合に当たるのは、杉山元春、中村平右衛門、佐野龍雲、山本右近の担当箇所である。これらの場合、いずれも師家の絵師が担当することとなった。

また、（3）②本人不在のケースとしては、田中訥言と笹川遊泉の二名が挙げられる。田中訥言は文化九年から十一年頃まで、頻繁に名古屋と京都を往来していた[12]。十月十五日の記載を見るに、おそらくこの時点で名古屋に居を移していたのであろう。笹川遊泉は文化九年以降、紀伊藩に御絵師として取り立てられて、同地に移住していた可能性が高い[13]。

こうして、同月二十日、佐野龍雲の代わりを土佐光時（伯耆守）、田中訥言の代わりを土佐光孚（土佐守）が勤めることが決まった。土佐家は本家と分家の二家で画所預を勤めていたため、十月十五日の段階では、光時・光孚のうちどちらが担当するか決めかねていたらしく、この日（二十日）の報告となったのであろう。

さらに二十八日には、禁裏付が、奥文鳴の死去を知らせ、その代わりを誰にするか尋ねてきた（史料二−4）。これを受けて両伝奏は、奥文鳴の師家は円山家であるので、応瑞に交替させてよいものかを関白へ伺ったうえ、十一月一日

◉表1　禁裏常御殿障壁画担当絵師（寛政二年・文化十年）

担当箇所	寛政二年（新規）	文化十年（修復）	絵師同士の関係・備考
上段	狩野縫殿助（永俊）	狩野縫殿助（永俊）	本人
中段	鶴沢式部	鶴沢探泉	本人　探泉に改称
下段	狩野蔵之進	狩野因幡目	本人　寛政六年、任因幡目
剣璽間	鶴沢探索	鶴沢探泉	子　探泉が相続
御寝間	石田遊汀	石田友汀	子　友汀が相続
一間	円山主水（応挙）	円山主水（応瑞）	子　応瑞が相続
二間	嶋田主計頭	嶋田主計頭	本人
三間	円山右近（応瑞）	円山主水（応瑞）	本人　主水に改称
清間	吉田大炊	吉田元椿	本人　元椿に改称
四間（次間）	杉山元春	吉田元椿	師家　相続人無し
申口廿四帖間	江村春甫	江村春景	子　春景が相続
申口三十帖間	恒枝専蔵	恒枝金吾	子　金吾が相続
御小座敷	円山主水（応挙）	円山主水（応瑞）	子　応瑞が相続
御小座敷下間	岸雅楽助	岸越前介	本人　文化五年、任越前介
落長押間	中村平右衛門	円山主水（応瑞）	師家　相続人無し
杉戸	佐久間草偃	佐久間草偃	本人

杉戸	佐野龍雲	土佐伯耆守か土佐守	師家　相続人無し
杉戸	田中訥言	土佐伯耆守か土佐守	師家　他国
杉戸	奥源次郎	奥　文鳴	本人　文鳴に改称
杉戸	木嶋元常	木嶋元常	本人
杉戸	笹川遊泉	狩野左近	師家　不在
杉戸	狩野内匠	狩野山月	本人　剃髪し山月と改称
杉戸	山本右近	鶴沢探泉	師家　相続人無し

には禁裏付へ師家に交替の旨、返答している。奥文鳴には長子がいたが[14]、この時わずか三歳であったため対象外とされたようだ。このように造営や修復の御用の最中に絵師本人が死去したり、病気のために御用を勤められないことも多々あった。奥文鳴の場合も、原則のとおりに選ばれたのである。

修復方法の検討

実際の修復作業は十月に入ってから始まった。担当絵師の選考に先立ち、十月十日に町奉行と禁裏付が立ち会いのうえ、見分が行われている。その内容は、関白にも言上された。見分には絵師頭取である土佐光孚と鶴沢探泉も同行している。その結果に基づき、修復の具体的な方法＝仕様について上申するのも彼ら絵師頭取の役目だったのである。十一月一日には、従来の絵は御賞翫の絵であるので、書替えはせず繕いとするよう議奏から絵師頭取へ達せられた。

しかし、一部については改めて検討すべき箇所があった。十一月六日、絵師頭取から御小座敷の襖と小襖および一間・御寝間の小襖について「煤出《すすだ》し」をすると、痛みや劣化が著しくなることが報告されている。修復に関する記述で頻出する「煤出し」とは、表装を外して本紙と裏打ち紙の状態とし、これを水で湿らせて、埃や汚れを落とすことをいう[15]。煤出しをする場合、一間・御小座敷・御寝間の三部屋の小襖は絹地なので縮んでしまうし、御小座敷北間は墨絵なので損耗が激しくなるだろう、というのが絵師頭取の見解であった。

二日後の同月八日、頭取の見解を受けた御用掛の協議結果が戻ってきた。御小座敷北間は煤出し繕いのままとし、御寝間は煤出しを施さず、そのままの繕いとする。また、六日の伺いにはなかったものの、一間は小襖を含むすべてを書替えとする方針が出され、禁裏付と関白に示された。次いで十日には、「一間だけならば書替えとしてよいが、絵師が言うには下絵の伺いと張り立ての期間を除き、制作に四〇日かかるとのことなので、早々に仰せ付けてほしい」との回答が町奉行より禁裏付を通じて届いた。

こうして、十二日には円山主水（応瑞）へ書替えが仰せ渡され（史料二－4）、仕立てはそのまま、画題は「春草木（取り合わせにより鳥を加える）」と決められた。また、同間の小襖は、新規制作時と同じ仕立て・画題で、書替えすることとなった。

以上のように、一間は当初、繕いの予定であったが、協議を重ねた結果、書替えとなった。その理由は、他所との取り合わせが見苦しくなると予想されたためであった。そして、二十一日には、その下絵の伺いも済んでいる。

こうしたことから、修復は最終的に周囲との取り合わせや見栄えが重要な問題であったことがわかる。絵師や経師の見解を参考にしながら、修理職奉行や議奏が協議し、関白へも協議内容を示したうえで、修復の仕様が決定される。また、最終的には幕府側の許可を得なければならないことも確認できる。絵師の任用は言うまでもなく、修復の仕様すら、幕府の許しなくして決められなかったのである。

『有庸卿記』には、これ以降、できあがった絵の張り立てなどに関する記事は見られないが、翌年の二月五日には、御殿の引き渡しが完了している。

常御殿障壁画の修復②

三度目の修復にあたる弘化三年（一八四六）の造営については、『徳大寺実堅武家伝奏記録』に詳しい（東京大学史料編纂所蔵。以下、この史料の引用には『徳大寺』と略し、冊番号を示す）。この時、新規制作（寛政の造営）の時点からすでに五〇年あまりが経過していた。その間に、絵師もほとんどが代替わりし、寛政の造営を経験したのは土佐光孚ただひとりとなっていた。この五〇余年の期間中、常御殿以外でも多くの新規制作と修復が実施されている。その際、寛政の造営時に始まった御用の配分方法が先例となって、これが繰り返されることとなる。さらに、それらが制度化していくことにより、やがて、絵師にとっての「伝統」「由緒」と認識されるようになるのである。

弘化三年五月、清涼殿および常御殿の屋根葺替え、畳・襖の張替え等々の要望が、所司代へ出された。この時は、文化十年（一八一三）の造営と違って、常御殿のみならず清涼殿の修復も認められた（『徳大寺』九四）。当時の武家伝奏は、徳大寺実堅と坊城俊明であった。幕府側では、京都町奉行の伊奈斯綏（遠江守）、禁裏付の明楽茂正（大隅守）が御用掛を勤めた。

大まかな工期が決まったのち、十月頃から修復が本格的に始まった。六月から十月中旬にかけて、二八名の御用願書が提出され[16]、十一月十八日には一四名の担当絵師が決まった[17]。このとき、画所預土佐光孚（土佐守）、同光禄（三河守）、御扶持人鶴沢探龍は願書を提出していない。他にも願書未提出で狩野永岳（縫殿介）が採用されている。

狩野永岳の嘆願

永岳は、同年四月十二日に大坂城本丸御殿などの障壁画修復御用のため大坂へ下っていた。大坂城では前年十一月から本丸ほかの惣修復が行われていた[18]。長期の在坂が予想されるためか、弘化三年（一八四六）三月、永岳は、暇願いに添えて今後の禁裏御用の勤め方に関する要望書を、勘使所あてに提出したのである（『徳大寺』九六）。

その要望書の内容は、「毎月の御月扇御用は、格別遠方でもないので大坂で認《したた》めて調進したい。また、臨時の御用などが生じた場合でも差し支えはないので、それも勤めたい」というものであった。はたして、同年十月十二日、清涼殿、常御殿とも書替えと繕いの箇所が決まり（『徳大寺』一〇五）、十一月には常御殿の書替えなどを永岳が担当することとなった。

大坂にいた永岳は、帰京して京都の御用を勤めたいと大坂の掛り役人へ願い出た。ところが、それがすぐに叶えられなかったため、土佐・鶴沢の所へ門人を遣わして事の次第を説明させた。

永岳によれば、「大坂の掛り役人は、自分たちの裁量では決められないことなので、関東へ伺いが済んでから京都御用を仰せ付ける、という。これに対し、「関東へ伺っていては日数がかかってしまい、折角御用を仰せ付かっておきながら、こうしたことで御用が勤められなくては大変嘆かわしい。それならば、大坂に別の御用場（アトリエ）を構えて京都の御用を勤めたい」と申し入れたが、これも聞き入れられず、困惑している」とのことであった。永岳は、頭取に窮状を訴えて、事態の打開をはかったのである（『徳大寺』一〇六）。

ちなみに、障壁画を遠隔地で完成させ、それを搬送して実際の建物に張り立てる方法は、寛政四年（一七九二）に幕府御絵師の住吉広行が描いた紫宸殿の賢聖障子《けんじょうのそうじ》と同じく、当時は一般的な制作方法であった。

土佐・鶴沢は永岳の取扱いを武家伝奏に伺うこととした。これを受け、武家伝奏と京都町奉行の間で永岳呼び戻しについて協議がなされた。その結果、三月に永岳が願い出た内容を再度確認したところ、呼び戻し前提の仰せ付けなので、その旨、大坂町奉行へ掛合うこととなった。そこで大坂町奉行は、永岳に聞き取りを行うことにした。

史料二－5は、その際の大坂町奉行からの返書である。京都で修復の作業をしても大坂城の御用に差し支えがないかを永岳に尋ねたところ、弟子を残せば、差し支えなく勤められるとの返答だったので、ひとまず彼を帰京させようとの判断が下されたのであった。

こうして、永岳は、京都・大坂町奉行の協議が終わってようやく京都に戻ることができた。禁裏と大坂城の御用が同時期に重なることは滅多になかったと考えられる。文化十年（一八一三）の例で見たように、絵師の京都不在は禁裏御用を勤めるうえで不利に働く。そのため、永岳は、大坂へ出立する前にあらかじめ布石を打っておいたのだろう。

このことは、武家伝奏（禁裏側）が承諾したとあっても、京都・大坂町奉行（幕府側）が認めなければ、京都へ戻ることもままならなかったことを物語るものである。

修復の仕様と画料

このように担当絵師の選考が進む中、文化十年（一八一三）の時と同様に修復仕様の検討が並行してなされた。まず、弘化三年（一八四六）十月十二日、常御殿二間・御寝間は小襖ともに書替え、剣璽間《けんじのま》・御小座敷《おこざしき》・清間《きよのま》・一間の各小襖は手入なしということに決定され、その他の繕いと書替えについては、担当絵師が決まり次第追って通達することとなった（『徳大寺』一〇六）。さらに十一月十八日には、最終的な担当絵師と各部屋の修復仕様が決まった。『徳大寺』には、その際の修復仕様が詳細に記されているので、表2に示しておく。

しかし、実際に修復作業を始めてみると、損耗が思いのほか激しい個所のあることが判明した。そのため、十一月二十一日には、京都町奉行伊奈遠江守が、修復方法変更の是非を打診してきた。

史料二‐6によれば、常御殿のうち、清間の西側東面襖二枚・御小座敷上之間の床張付および違棚の二間・四間の西側東面襖四枚については、「煤出し」の作業をしたが、摺損じあるいは染み汚れが激しいことがわかった。そこで絵師頭取に見分させたところ、絹地の汚れについては、たとえ修復したとしても「お目障り」の程度が予想できないという。しかし、部屋のすべてを書替えにするわけにはいかないので、全体を「書替え」とするのは、御寝間と二間だけにし、ほかの部屋は、名目上「繕い」にして、問題のあった場所のみ元形どおりの絵様で書き直させるというのである。

ところで、当時、障壁画の画料は「本途《ほんと》」と呼ばれる一坪あたりの基準額に従って支払われていた[19]。絵の画題や彩色の方法によって画料の高下が設定され、筆者の身分に応じた割増しや割引きがあった。かつ、金箔金泥紺青《きんぱくきんでいこんじょう》など

◉表2　禁裏常御殿障壁画弘化度修復仕様

区分	部屋	画題	担当絵師	仕様
繕い	剣璽間	四季花鳥	鶴沢探龍	其マ、張直シ砂子共繕
	剣璽間床張付	錦花鳥	鶴沢探龍	其マ、張直シ砂子共繕
	清間	住吉景	吉田元鎮	煤出シ繕
	上段	東桐竹鳳凰／北尭任賢図治	狩野永岳	煤出シ砂子共繕
	中段	大禹戒酒防微	鶴沢探龍	煤出シ砂子共繕
	下段	高宗夢錫良弼	狩野越前目	煤出シ砂子共繕但遣戸裏ハ其マ、張直シ砂子共繕
	御小座敷上之間	香炉峰雪	岸越前介	煤出シ繕
	御小座敷次之間	峨眉山月	岡本亮彦	煤出シ繕
	南庇（落長押間）	四君子	織田信彦	煤出シ繕
	一間	春秋耕作	原　在照	煤出シ砂子共繕
	三間	深山	呉　玉文	煤出シ砂子共繕
	四間（次間）	大沢	吉村孝文	煤出シ繕
	申口北間（三十帖間）	馬	原　在照	煤出シ繕但北側遣戸裏ハ其ママ張直繕
	申口南間（二十四帖間）	虎	岸越前介	煤出シ繕但遣戸裏ハ其ママ張直繕
書替え	二間	南有嘉魚詩意	中島来章	砂子極彩色
	御寝間	梅竹群雀草花	狩野永岳	雲取砂子泥引中彩色

	御寝間小襖	四季松花鳥／子共(供)遊	狩野永岳	砂子泥引
手入れ無し	剣璽間小襖	春夏花鳥／秋冬花鳥	鶴沢故探索	
	御小座敷小襖	小鳥／雉	円山故応挙	
	清間小襖	春野雲雀／秋野鶉	吉田故大炊	
	一間小襖	河図／洛書	原故在中	
杉戸	南庇西方	戴安道／帰去来	円山応立	極彩色
	南御椽座敷東方	海棠瑠璃鳥／芙蓉翡翠	土佐土佐守	極彩色
	西御椽座敷南方	花山馬／桃林牛	鶴沢探龍	中彩色
	西御椽座敷中仕切	柳山鵲／芍薬白鷴	狩野永岳	中彩色
	西御椽座敷北方	東坡／山谷	鶴沢探龍	中彩色
	北御椽座敷	竹鶏／紅葉鹿	鶴沢探龍	中彩色
	東御椽座敷北方	車胤／孫康	土佐参河守	極彩色
	東御椽座敷南方	散手貴徳／抜頭還城楽	土佐土佐守	極彩色

の材料も本途に従って決められた数量が支給された。また、修復の場合は「歩通り」といって本途に対する修復費用の割合が決められる。仮に「三分（歩）繕」とあれば、本途に示される基準額の三〇パーセントを意味し[20]、三割分の画料と材料が絵師の手に渡ることになった。

この時、清間以下の部屋の「歩通り」は、すでに決定しており、町奉行は、いまさら増額が見込まれる繕いの再見積りをさせなかった。部屋全体の書き直しは認めらないどころか「歩通り」にしたがった分の画料しか払わないが、出

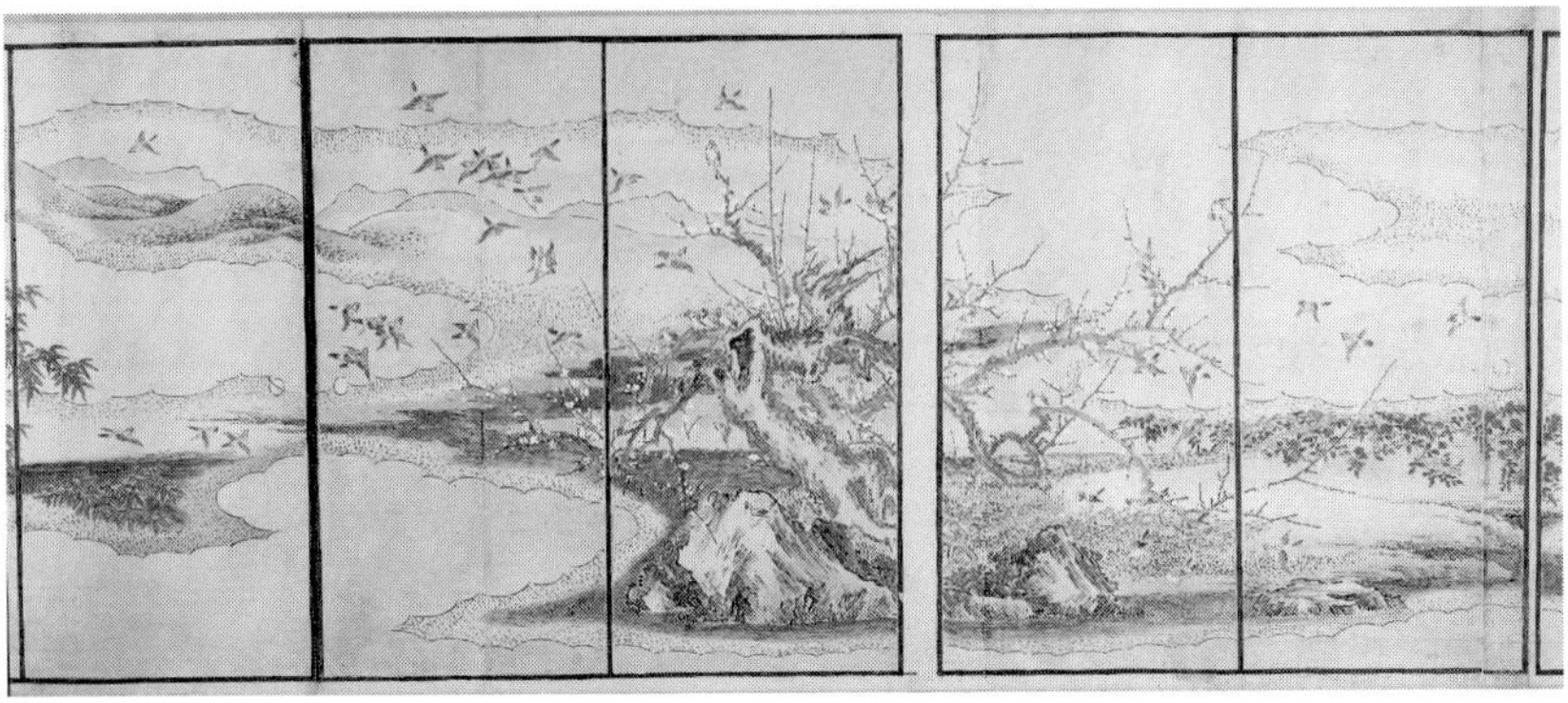

◉図4　円山応挙筆「梅竹雀図巻」(山形美術館蔵)

来栄えに関わる個所は新たに書き直せ」と通達し、絵師に泣いてもらったことになる。この例のように、修復の場合、出来栄えの予想に従って、一部だけを元の絵様のまま書替えとすることもありえたのである。

結局、弘化三年の修復で全面書替えに決まったのは、御寝間(狩野永岳担当)と二間(中島来章担当)の二ヵ所であった。ただし「歴代修繕沿革」を見ると、二間は繕いで担当も円山応立となっており、異同があるが、おそらく「歴代修繕沿革」の誤りと見てよいだろう[21]。

また、両名の伺下絵と見られる絵巻が山形美術館に所蔵されている。「梅竹雀図巻」(図4)および「松竹山水図巻」(図5)がそれで、「禁裏常御殿襖絵」という箱書きがあり、絵様も『徳大寺』に記された画題とその注記に一致している[22]。

このあと、翌弘化四年正月六日に御寝間と二間の伺下絵が提出されて、二月八日に修復の検分と御殿の引き渡しが行われた。以上のように文化十年の修復とほぼ同様の過程をたどったことがわかる。

新規の制作から五〇余年が経過し、各襖の修復履歴は書き直された箇所、新規制作の時点から手の入っていない箇所などさまざまであった。また、絵の損耗の状態も襖ごとに異

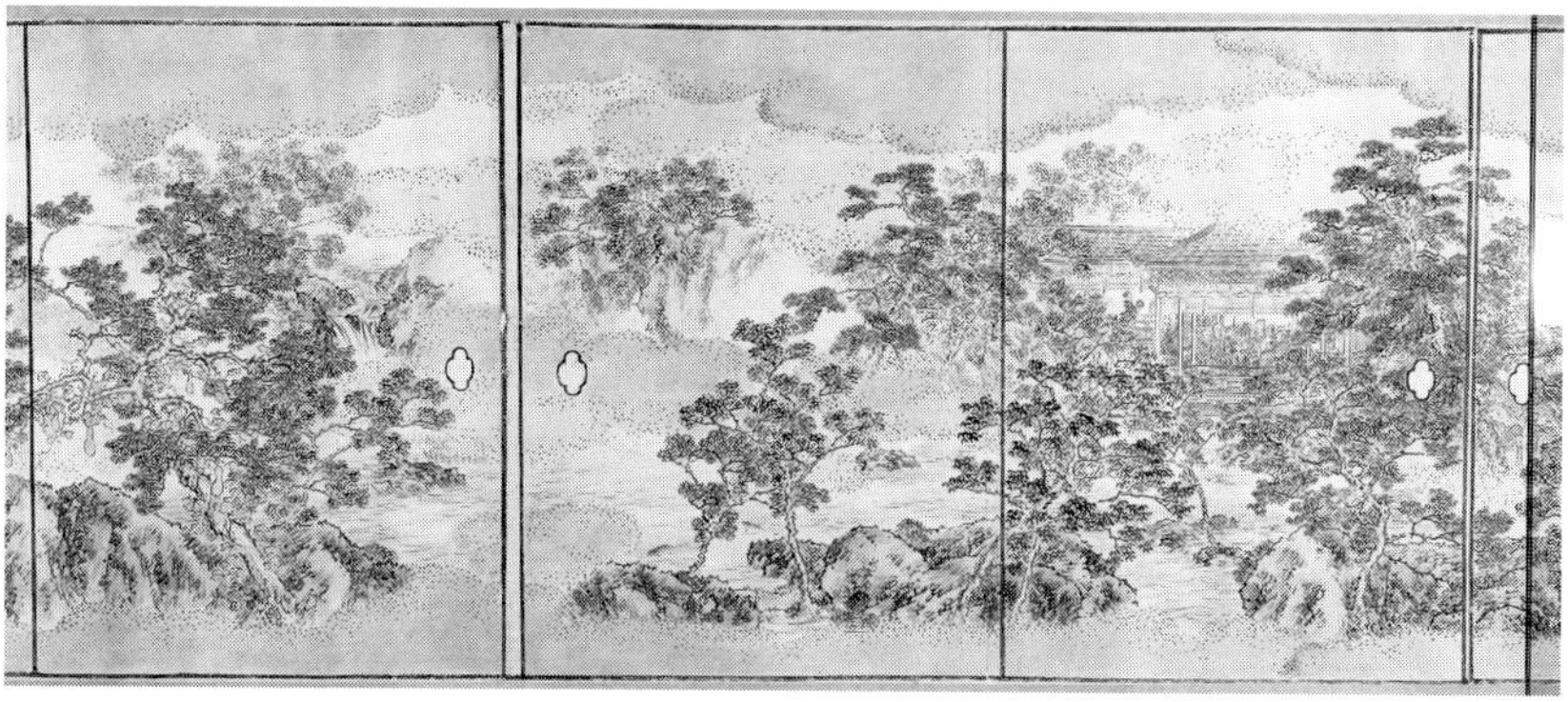

●図5　中島来章筆「松竹山水図巻」（山形美術館蔵）

なっていた。そうした状況で、新規制作時や前回の修復を担当した絵師本人やその子孫は、今回も御用を勤める可能性が高かった。中には、それを予想して行動を取る絵師もいた。弘化三年には、御用配分の先例が蓄積されたことにより、寛政の造営で再編された身分秩序の制度化が進展していたと言えよう。

御用配分の例外

修復の場合の人選は、文化十年（一八一三）の事例で確認したような三つの原則に従っている。表3は二回目の修復である天保三年（一八三二）も含めた禁裏常御殿障壁画の担当絵師一覧である。新規制作と三回目の修復担当絵師を比較すると、有力師家の絵師に担当が収斂していく傾向を見て取ることができるだろう。とくに杉戸は、寛政二年（一七九〇）の造営では、田中訥言、奥源次郎ら「誰々門人」と肩書して願書を提出した絵師たちが担当しているが、弘化三年（一八四六）には、土佐・鶴沢・狩野・円山の四師家当主になっている。

表3のうち、天保三年の書替え担当絵師など、修復担当絵師任用の三原則に従っていない場所も見られる。そうした変更の要因のひとつに挙げられるのは、決定した担当絵師が病

◉表3　禁裏常御殿修復担当絵師と画題

	寛政二		文化十		天保三		弘化三	
	筆者	画題	筆者	画題	筆者	画題	筆者	画題
上段	狩野永俊	西面桐竹鳳凰／尭任賢図治	狩野永俊		狩野永岳		狩野永岳	
中段	鶴沢探泉	大禹戒酒防微	鶴沢探泉		鶴沢探春		鶴澤探龍	
下段	狩野士信	高宗夢錫良弼	狩野士信		狩野士信		狩野文信	
剣璽間	鶴沢探索	四季花鳥	鶴沢探泉		鶴沢探春		鶴澤探龍	
同床張付	鶴沢探索	錦花鳥	鶴沢探泉		鶴沢探春		鶴澤探龍	
同小襖	鶴沢探索	春夏花鳥／秋冬花鳥	鶴沢探泉		鶴沢探春		**鶴澤故探索**	
御寝間	石田遊汀	真四季山水	石田友汀		長沢芦洲	鶴	狩野永岳	梅竹群雀草花
同南小襖	石田遊汀	南都八景	石田友汀		長沢芦洲	西湖八景	狩野永岳	四季松花鳥
同北小襖	石田遊汀	十二月花鳥	石田友汀		長沢芦洲	唐子遊	狩野永岳	子共(供)遊
一間	円山応挙	詩之心	円山応瑞	春草木	**不明**	**春秋耕作ヵ**	原　在照	
同小襖	円山応挙	四季松竹	円山応瑞	四季松竹	原　在中	河図洛書	原故在中	
二間	嶋田元直	詩之心	嶋田主計頭		円山応震	画題不明	**中島来章**	**南有嘉魚詩意**
三間	円山応瑞	四季海辺	円山応瑞		呉　景文	深山	呉　玉文	
清間	吉田元椿	住吉之景	吉田元椿		吉田大炊*		吉田元鎮	
同小襖	吉田元椿	春野雲雀／秋野鶉	吉田元椿		吉田大炊*		**吉田故大炊**	

四間（次間）	杉山元春	四季草花	吉田元椿		吉村孝敬	大澤	吉村孝文	
申口二十四帖間	江村春甫	松牡丹	江村春景		岸 岱	虎	岸 岱	
申口三十帖間	恒枝専蔵	竹菊	恒枝金吾		原 在明	馬	原 在照	
御小座敷上之間	円山応挙	梁苑雪	円山応瑞		岸 駒	香炉峰雪	岸 岱	
同小襖	円山応挙	小鳥／雉	円山応瑞		円山応震		**円山故応挙**	
御小座敷次之間	岸 駒	庚楼月	岸 駒		岡本豊彦	峨眉山月	岡本亮彦	
落長押間	中村平右衛門	梅	円山応瑞		東 寅	四君子	織田信彦	
南御椽座敷東方杉戸	田中訥言	海棠瑠璃鳥／木芙蓉翡翠	土佐光孚		土佐光孚		土佐光孚	
南庇西方杉戸	奥源次郎	戴安道／帰去来之辞	円山応瑞		円山応震		円山応立	
西御椽座敷南方杉戸	山本右近	花山鳥／桃林牛	鶴沢探泉		鶴沢探春		鶴沢探龍	
西御椽座敷中仕切杉戸	狩野内匠	柳ニ山鵲／芍薬白鷴	狩野山月		狩野内匠		狩野永岳	
西御椽座敷北方杉戸	笹川遊泉	東坡／山谷	**狩野左近**		鶴沢探春		鶴沢探龍	
北御椽座敷杉戸	木嶋元常	竹鶏／紅葉鹿	木嶋元常		鶴沢探春		鶴沢探龍	
東御椽座敷北方杉戸	佐野龍雲	車胤／孫康	土佐光時		土佐光禄		土佐光禄	
東御椽座敷南方杉戸	佐久間草偃	散牛貴徳／抜頭還城楽	佐久間草偃		不明		土佐光孚	

参照した史料は次のとおり。寛政二・天保三：『御造営手留』、文化十：『有庸卿記』、弘化三：『徳大寺実堅武家伝奏記録』
『御造営手留』には、文化十年、弘化三年の記載もあるが、一部異同がみられるため右記参照史料の内容を採用した。
太字は『御造営手留』と異同のある箇所、網掛けは書替えとなった箇所を示す。＊を付した吉田大炊には「元琛」と注記がある。詳細は注6江口論文参照。

気や死去などの理由により急遽御用を勤められなくなった場合である。この場合、御用を仰せ渡された絵師の中から代わりの者を選ぶ。先述のとおり、皇后御殿造営では、石田遊汀が死去したため、栢半兵衛（石田友汀）が勤めることとなった。また、常御殿の文化十年の修復では、奥文鳴が死去し、円山応瑞が、これに代わって担当することとなった。

こうした場合、担当絵師が抜けた穴を別の絵師が埋めるだけでなく、その穴を埋めた絵師がもともと担当していた個所に、さらに別の絵師がスライドして担当することがある。寛政五年の例では、死去した遊汀の担当個所であった皇后御殿二間を吉田大炊に変更し、もともと吉田大炊に割り当てられていた若宮御殿二間を石田友汀が担当した。

もっとも、この方法は、すでに寛政の造営で用いられていた。寛政元年十月四日の御用仰せ渡しの後、山本探川、桃田三笑、須磨想三郎、谷川元庸の四名が病気や死去により御用を勤めることができなくなったが、翌年五月には都合八ヵ所八名の担当者が変更になっている（『造内裏御指図御用記』寛政二年五月十七日）。

また、このとき谷川元庸の師、吉田元陳は、「代りの担当者を同門の木島元常にしてほしい」と修理職奉行に願い出た。この結果、要望どおり木島元常が代役となった。しかし、修理職奉行は、六月十二日に元陳へ願書を差し返したうえで、「この変更が、先の願い出によって決定したものではない」と土佐を通じてわざわざ通達している（『造内裏御指図御用記』寛政二年六月十二日）。つまり、絵師への仰渡しが済んだ後、新たに絵師を追加することはなく、師匠からの出願が考慮されるわけでもないことを念押ししたのであった。

修復の場合も、寛政の造営で実施された方法が踏襲されたことがわかる。このように、絵師の任用が終わった後、何らかの理由によって、急遽御用を勤められない絵師が出ると、玉突き式に担当箇所が変更されたと考えてよいだろう。

身分秩序を支える論理

ここまで、担当絵師の人選、修復方法やその費用、絵様への注文など、いくつかの角度から小規模造営の実態を見てきた。どの小規模造営も基本的に寛政の造営を踏襲していたことが確認された。とくに、担当絵師の人選に注目すると、修復の場合はおおむね前述した三つの原則のとおりに決まり、新規制作の場合も有力師家の絵師が優先されている。

造営のたびに、原則どおりに御用の配分が繰り返され制度化されてくると、それが身分階層の大枠を次第に強固なものにしていった。すなわち、禁裏御絵師（土佐・鶴沢・狩野）を上位として、文政七年（一八二四）の「画家師分議定書盟約」（第一章参照）に名を連ねる師家と地下官人の絵師、さらにその下には師家の門人たちというように、おおまかな階層ができあがったのである。

絵師の身分秩序は、血統の良さ（家筋）と、それに連なる門流（流儀）という論理が根底にあって成り立っていたと言える。幕府御絵師と禁裏御絵師（土佐・鶴沢・狩野）は、古くから続く家筋の絵師であり、彼らのようにもともと「由緒」や「伝統」を有する絵師が禁裏御用では重用された。彼らの門人は伝統ある家筋に連なる門流の絵師ということになる。こうした家筋があるか、門流に属していなければ、そもそも願書の提出すらままならなかった。新興の京都絵師の中には、門流に属するために有力な師家と擬制的な師弟関係を取り結ぶ者もあった。それが、僧位を叙されたり、御用を拝命することに繋がった。他方で、次節で詳述するように、地下官人の家督を相続し、宮中儀礼に関わる仕事をして身分内序列を上昇させる絵師もいた。

したがって御用の配分が繰り返され、制度化されることで、禁裏御用を勤める絵師としての相応しさや、伝統的権威に連なる者としての「由緒」や「伝統」が形成されていった。こうして、京都画壇の中心に、最重要の仕事として禁裏御用が位置することとなったのである。

二　宮中儀礼の記録図の制作

儀礼の再興と典拠

禁裏の御用絵師が携わった宮中の画事は、前節で見たような障壁画制作に限らない。清涼殿など一部の御殿に復古的な造営がなされた後もさまざまな朝儀が再興される中、それらを記録するための絵画制作にも彼らは携わったのである。

儀礼の再興にあたっては、必ず古い制度や儀礼の様子を伝える文献・絵画が参照された。古い時代の絵巻物や絵師の家に伝来する粉本《ふんぽん》は、儀礼そのものや、それに関連する装束・道具・建築の内部装飾などを目に見えるかたちで伝えているので、典拠として非常に重視された。

寛政の造営でも、典拠となるものが全国から集められ、その後も粉本の収集は続けられた。第一章で言及されたように、酒井家所蔵の「伴大納言絵巻」は、造営が成ったあとも数年にわたって模写されている。幕府においても松平定信や御絵師を中心に、粉本の収集と故実の調査が盛んに行われた。

ところで、光格天皇の即位後、さまざまな宮中儀礼が復興していったが、その中でも石清水臨時祭《いわしみずりんじさい》の再興は光格天皇の宿願であった。その再興は文化十年（一八一三）に至ってようやく実現した。その際も当然ことながら典拠となる古画・文献が集められている。この時、「東遊《あずまあそび》」と呼ばれる舞も古譜に基づいて改定され、その道具や装束にも考証学的な正しさが求められた。そしてまた、再興された儀礼の様子を記録した絵巻も制作されたのである。「石清水臨時祭再興図絵」がそれである。

この絵巻を制作したのは、新興の京都絵師、原在明であった。原家は地下官人《じげかんじん》の地位を得て宮中での活動の基盤を築いた絵師のひとりである。さらに、有職に詳しい絵師という評判を梃子に、儀礼に関わる仕事を多数勤め、禁裏御用絵師の中での地位を高めていったのである。

宮中での原家の位置

新興の京都絵師の中には、地下官人の新規補任、養子縁組みなどによって、その家を継いだ者がいる。地下官人とは朝廷の下級官吏のことで、宮中儀礼に参列するのが主な役目であった[23]。地下官人の家は常時、復興・新設されてその数を徐々に増やした。そして、彼らが儀礼の復興を支えたのである。原家は岸家とともに寛政の造営以降、地下官人の家を相続した絵師として知られている[24]。

本節のはじめに、原家の身分と宮中での地位がどのようなものであったかを確認しておこう。

原家初代在中のもともとの身分は町人で、小浜の造酒商の二男として生まれた。彼は、幼年より画の修行をし、やや長じて円山応挙の門人となった。寛政の造営の際、はじめて禁裏の御用を勤め、のちに有職に詳しい家として名声

●図6　原家系図

- 在中　寛延三年(一七五〇)～天保八年(一八三七)
  - 在正　安永七年(一七七九)～文化七年(一八一〇)
  - 在明(伊勢　縫殿寮史生)　天明元年(一七八一)～天保十五年(一八四四)
    - 在謙(大島　右馬寮)　文化十年(一八一三)～明治十六年(一八八三)
    - 在照　文化十年(一八一三)～明治四年(一八七一)
  - 在親(梅戸　花山院家諸大夫)　寛政七年(一七九五)～明治十六年(一八八三)
  - 在善　?～天保七年(一八三六)

があがり、儀礼の記録図の制作を諸方から依頼されるようになる。

　初代の在中は任官していないが、その二男在明は遅くとも寛政三年（一七九一）までに縫殿寮《ぬいどのりょう》史生《ししょう》伊勢家の養子となり、同年正七位下に叙されている。のち若狭目に進み、さらに従六位下に叙された。在中の長男在正が勘当されたことにより、弟の在明は、伊勢の姓を原に改めて、本家を継ぐ形を取った。のち、正六位上・内舎人《うどねり》兼大和介に累進している。三男在親は、花山院家諸大夫《しょだいぶ》梅戸家の養子に入り、正四位下に叙され、紀伊守に任ぜられた。原家の家督を継いだ在明には実子の在謙があったが、彼は右馬寮《うめりょう》大島家の養子となった。また、在明の跡は養子の在照が継いでいる。このように、原家の人々は複数の地下官人の養子となって、宮中における活動の基盤を築いたのである。

　原家のこうした活動は寛政の造営をきっかけとしてなされている。在中は、明和五年（一七六八）版の『平安人物志』以降、同書へ継続して収載されていることからもわかるように、民間によく知られた絵師であった。しかも宮中にもその評判は届いていた。そうはいっても、寛政の造営の際、町人身分の在中には、僧位もなく、父の生業も絵師でなかったため、席画《せきが》試験を受けなければならなかった。

　寛政元年五月二十六日、絵師選考における身元調査の記事によると、「原在中は、以前から聞き及んでいる人物本人なのか、その子などではないのか」と問い質されている。これに対して頭取の土佐光貞は、同一人物である旨回答した（『造内裏御指図御用記』寛政元年六月二十六日）。この時点で在中は、禁裏御用を勤めたことがないものの、すでに宮中にも名の知れ渡った町絵師であった。しかしながら、初めて御用を勤めるにあたり、評判が高い割に歳が若すぎるのが不可解に感ぜられたために、「彼は本物の在中なのか」と問い質されたのであろう。

　右に述べたように、初代在中の時は、禁裏御用を勤めるにも席画試験を受けなければならないような状況であったが、孫の在照の代になると、禁裏御用絵師の中で原家が重要な位置を占めるようになっていた。

　弘化三年（一八四六）の常御殿《つねのごてん》修復および孝明天皇の即位御用（屏風の制作）に際し、在照は、常御殿修復御用のみ出願し、即位御用の方は差し控えることにした。その理由は、「近来、ことのほか忙しく、御用を仰せ付けられても完成が間に合わず、日延べした挙げ句にお断りするような事にでもなっては恐れ多いことなので」というものであった(『日次雑記』、史料二-7)。

ところが、後日、造営御用掛の中山から「御即位御用にあたりさまざまな絵師から願書が差出されているが、原家はこれまで三代連綿と御用を勤めてきた家にもかかわらず提出がない。何らか差し支えの由があるのか」という問合せがきた。これに対し、在照は急ぎ願書を提出して、御即位御用の方も勤めることにした。ところが、その時点で願書提出期限はとっくに過ぎていた。それにもかかわらず、在照の出願は認められ、両御用を拝命することとなった。在照は、これを「天皇の思し召しによるのだろう」と、『日次雑記』に記している。

そのことは、寛政五年の皇后御殿造営時における円山応挙の場合とまったく同様であり、弘化三年の時点で原家が円山家に肩を並べるまでの存在になっていたことを物語るものであろう。

原家による宮中儀礼の記録図

原家の宮中における地位の向上は、子を地下官人の養子に出すことに加えて、儀礼に関わる御用を勤めることでなされていったと考えられる。寛政の造営以後、禁裏やその周辺から原家に依頼された仕事にはどのようなものがあったのか検討してみたい。

享和二年(一八〇二)から文化七年(一八一〇)までの記録によれば、彼らをとりまく人間関係や絵の依頼先、仕事の内容が判明するという[25]。その中には、禅林寺本「融通念仏縁起絵巻」の模写の制作や、有職故実に関する禁裏周辺からの問合せへの回答なども含まれる。在明は故実家として著名な松岡辰方と山田以文に学んだとされ[26]、この頃すでに、有職に詳しい絵師として高い評判を博していたと考えられる。加えて、天保四年(一八三三)の正倉院の開封にあたって、その宝物の記録図を制作するという禁裏御用を拝命している[27]。

そして、天保五年、原在明は正六位下内舎人に叙任された。『御推任雑記』(京都府立総合資料館蔵)によれば、叙任の

◉図7　原在明筆「新嘗祭之図」(宮内庁蔵)

当日、甘露寺・徳大寺の両武家伝奏から「臨時祭御再興、御即位大嘗祭、仙洞修学院御幸等の節々、旧儀御調、古図墨書並びに彩色、御用の度々注進す、之れに依り、縫殿寮史生官位等止められ、内舎人正六位下を推任推叙す」と仰せ渡された。宮中儀礼に関わる絵の御用を、多年に渡って勤めてきた功績が認められたのである[28]。

ここには、原在明が故実や典拠を調査して、絵の御用を勤めたものとして、臨時祭再興・大嘗祭・修学院離宮への行幸が挙がっている。明確に発注者を確定できる作品は見いだせないが、右に列挙されたような朝廷の儀礼を題材にした絵画が多数残されているので、実例を紹介しておこう。

毎年十一月下卯日に行われる新嘗祭《にいなめさい》の図に、「新嘗祭之図」(原在明筆、宮内庁蔵、図7)「新嘗祭図」(原在明筆、京都府立総合資料館蔵、図8)が挙げられる[29]。前者は紫宸殿南階から天皇を乗せた輿が発せられる場面を描いている。後者は月華門《げっかもん》を出たあとの行列の図で、幔幕が張り巡らされ、天皇を中心とした行列がその外側を廻って神嘉殿《しんかでん》の中へと入っていく場面が描かれている。いつ実施された新嘗祭の図なのかといった詳細は不明であるが、両図は何らかの関係があるとも言われている[30]。

◉図8　原在明筆「新嘗祭図」（京都府立総合資料館蔵）

また「光格天皇御譲位絵巻」（原在明筆、宮内庁蔵、図9）は、光格天皇譲位の際の仙洞御所から清涼殿までの剣璽《けんじ》渡御《とぎょ》の行列が進む様子を絵巻にしたものである。

さらに、文化十年に再興された石清水臨時祭に関わる記録図として、「石清水八幡臨時祭礼図巻」（原在明筆、徳川美術館蔵）、「石清水臨時祭再興図絵」（原在明筆、宮内庁書陵部蔵）を挙げることができる。徳川美術館蔵の「石清水八幡臨時祭礼図巻」の方は、清涼殿での御禊《ごけい》の儀、石清水社頭の走馬《はしりうま》から、祭使一行の行列など、全三巻にわたって祭礼の全容が描かれている[31]。この絵巻は、尾張徳川家の斉温へ近衛家養女福君が輿入れした際の婚礼調度に含まれるもので、内舎人内匠大允の落款から天保七年以降の制作と判明する。前者は後者とほぼ同じ絵様が用いられている点が注目される。

これらの作品だけではなく、原家は有職故実の知識をいかして多数の禁裏御用を拝命したと考えられる。

臨時祭再興までの経緯

石清水臨時祭は、天慶五年（九四二）四月に、朱雀天皇によりはじめて催された。承平・天慶の乱（平将門・藤原純友の乱）平定の祈願が成就したことを受けて始まり、天禄二年（九七

二）からは、毎年三月に行われる祭事となった。発祥の由来からわかるように、国家鎮護の役割を担う祭礼であった。

「臨時祭」という名称の祭礼は、石清水社のほかにも賀茂、平野、祇園などの各社で催される。これらは『延喜式』に規定された「恒例祭」以外の特別な目的の祭を指し、天皇の私的な祭祀と見なされている。

同祭は永享四年（一四三二）、戦乱のために取りやめられると、長らく途絶えることとなった。ところが、国家的危機に関わる祭祀であることから、光格天皇もこの再興にはとりわけ関心があり、『宸翰御趣意書』において、石清水・賀茂の臨時祭再興への思いを述べている[32]。

これによれば、「石清水・賀茂の両社は恒例・臨時ともに中絶した時期があった。恒例祭の方は再興なって連綿と続いているが、臨時祭の方は数百年経っても再興の兆しが見られない。誠に畏れ多いことであるので、ひとえに神事の再興に勤め、神明の恩恵に報いたい」という。また「関白・伝奏らが勘弁を凝らし、所司代と協議して成就するように」とあり、朝廷と幕府が協力して事にあたるよう求めている。

趣意書が出されたのは寛政十二年（一八〇〇）であった。その後、文化年間（一八〇四～一八）に朝幕間での交渉が行われ[33]、

◉図9　原在明筆「光格天皇御譲位絵巻」（宮内庁蔵）

石清水と賀茂の臨時祭の再興が決まったのは文化九年（一八一二）六月七日のことであった。前者は文化十年三月、後者は翌十一年十月に実施されることが京都所司代に伝えられている（『有庸卿記』）。石清水臨時祭については、永享以来、三八一年ぶりの復興であった。

内憂外患の危機的状況にあった十九世紀の前半に、光格天皇はその再興を強く願い、重要な祭礼と位置付けられていたのである。

臨時祭の式次第は、禁裏と石清水の社頭を往復し、両所で祭儀を執り行う構成となっている。祭の三〇日前に祭使（祭にあたって派遣される勅使）・舞人《まいにん》（舞の演舞者）・陪従《べいじゅう》（楽の奏者）・装束を調進する人が定められる。祭の当日は清涼殿で天皇に舞を献納し、八幡宮へ祭使一行が派遣される。社頭での祭儀を経て、翌日禁裏に戻る行程であった[34]。

再興にあたっては、清涼殿と八幡宮で披露される舞の「東遊」が、古譜に基づいて改定された。文化九年の七月下旬に関白から古譜調査の命が出され、楽人《がくにん》たちは諸家の史料を検討した。その結果、南都方楽人辻家の古譜をもとに再興することが決まっている（『楽所録』一五、国立国会図書館蔵）。

儀礼の道具の調進

古譜調査と併行して、祭で用いる装束や道具の調査も進められた。通例、宮中で用いる装束や器財調度は、それらを調進する家が決まっている。蔵人方の地下官人平田家はそのうちの一家である。再興された臨時祭では、挿頭《かざし》・贖物《あがもの》・装束の一部を調進することになった。『平田日記部類』（宮内庁書陵部蔵）には、再興された祭の準備から挙行当日までの詳細が記録され、禁裏御用を勤める絵師が関わった記事も散見される。

これによると、その際、装束に用いる挿頭花と挿頭台の下絵を吉田元椿が、また、贖物と青摺《あおずり》の文様の下絵を勝山琢眼が提出している。挿頭花は冠につける造花のことで、挿頭台はそれを差す台をいう。贖物は祓《はらえ》の際に形見として用いる人形《ひとがた》、青摺は舞人《まいにん》の装束の名称である。

この時、吉田元椿は鷹司家で、下絵制作の参考にする古画を見せてもらっている。文化九年（一八一二）七月五日、平田職厚のもとへ鷹司家諸大夫の牧内匠頭から報せが届き、「内々絵様を見せるようご沙汰があった」とのことであった（史料二－8）。元椿は平田に伴われて鷹司家へ赴き、「春日権現記」「年中行事絵巻物」「北野天満宮内陣対立絵」を実見し、それを写し取ったのであった。こうした折りに写し取った図は、絵師の家に粉本として蓄積されるのである。いうまでもなく、これらの粉本は、御絵御用を勤めるうえで、貴重な絵師の財産となる。

元椿が鷹司家で見た古画のうち、「春日権現記」は「春日権現験記絵巻」、「年中行事絵巻物」は「年中行事絵巻」を指すものと考えられ、そのいずれもが鷹司家に伝来している。元椿は「春日権現験記絵巻」から「寛治七年御幸之所」すなわち、寛治七年（一〇九三）白河天皇の春日社行幸の場面を写した（史料二－8）。それには、舞人とともに和琴《わごん》や篳篥《ひちりき》を奏する楽人《がくにん》も描かれている。また、「年中行事絵巻」（現・宮内庁書陵部蔵）からは、「賀茂臨時祭之所」の場面を写した。これには清涼殿・行列の様子・賀茂社頭などが描かれている。

残るもう一つの「北野天満宮内陣対立絵」は、北野天満宮に現存する「舞楽図衝立」の模写（粉本）を指すものと考えられる[35]。「北野天満宮内陣対立絵」は、北野社正遷宮の際に偶然見つかったものであったが、東遊や神楽の様子が描かれているので、鷹司家から原在明を遣わして写させたのだという[36]。在明は、この絵のことを、四〜五〇〇年前の絵だが必ずしも「正しい」絵様ではないと評している。八月二十七日には、勝山琢眼も「北野天満宮内陣対立絵」を実見し、そこから、青摺の文様を書き起こしている（史料二－8）。在明に言わせれば、それは信用に足る代物ではなかったが、他にもっと良質な典拠を見いだせなかったのであろう。こうして、十月十七日には、「藤」「桜山吹」「桜」の下絵が元椿より提出された。

このように、儀礼の催行に際しては、装束の文様・装飾品・調度などについても、その細部にわたるまで考証学的検証がなされ、「由緒の正しさ」が追求されるのであった。

御用絵師は、障壁画を描くだけでなく、装束の文様や装飾品の下絵を書き起こす御用で儀礼に携わることも多々あった。しかし、寺社や公家・諸侯の家に秘蔵される古画を実見し、それを写し取って粉本にすることは、絵師個人の希望によって叶うものではなく、儀礼の再興など、ごく限られた機会に、禁裏や幕府の要請により実現するものなのである。こうして御用絵師の家に蓄積された粉本は、やがてそれ自体が、障壁画を制作する際の典拠となり、伝統的「権威」「由緒」ともなっていくのである。

「石清水臨時祭再興図絵」

こうして、文化十年（一八一三）三月十五日、石清水臨時祭が挙行された。その様子を記録した図が原在明筆「石清水臨時祭再興図絵」である。絵巻には、祭使が八幡宮へ遣わされる前、清涼殿で天皇に披露する舞の場面（発遣の儀）が描かれている。また、絵の部分を挟んで、その前後には祭の次第を述べた詞書がある。

そして、詞書の最後に絵巻成立の経緯が書かれている。これによると「京都方楽人の安倍家は代々、八幡宮の神楽や音楽を怠りなく勤めてきた。祭の再興にあたっては、安倍季良が古えの役（陪従）を拝命することとなった。また、このとき、長らく廃れてしまっていた古譜を研究して、曲を改めることとなり、安倍家は舞楽の道の面目を得ること

ができた。誠に畏れ多いことであるので、当世の絵の名人・原在明に依頼して、殿上人・地下人の儀式、人々の装束、太刀ひくさまを寸分違わず写させた」というのである（史料二―9）。この記述から制作を在明に依頼したのは楽人の安倍季良であることがわかる。

しかしながら、在明叙任の理由に臨時祭再興の御用が挙がっていることから考えて、これが禁裏の意向を受けて制作された絵巻であることは確実だろう。本節の最後に述べるように、この絵巻をもとに複数の写しが制作された事実も踏まえるならば、そのように考える蓋然性は高いと言えよう。

次に、詳しくこの絵巻の表現を見てみよう（口絵3・図10）。冒頭には八幡宮の神使とされる鳩が二羽描かれている。社の象徴とも言える鳩により、この絵巻がまぎれもなく八幡宮の祭を描いていることを印象付けている。

続いて清涼殿の建物が見え、陪従の列、舞を見る天皇が描かれている。文化十年（一八一三）の臨時祭では、舞人は正親町実義ほか六名が拝命した。陪従は京都方・南都方楽所の楽人たちが勤めた。

清涼殿の庭の方に目を向けると、舞人が天皇に東遊を披露している。改定された東遊では、歌方に篳篥・高麗笛《こまぶえ》・和琴

●図10　原在明筆「石清水臨時祭再興図絵」（宮内庁書陵部蔵）

が用いられ、和琴は立ったまま弾く形式で、持ち手がふたり付くのが特徴である。六人の舞人の冠を見ると、吉田元椿が下絵を描いた挿頭花も描かれている。

また、臨時祭の参列者の名前、個々の装束の詳細・祭礼の次第などは文献の形でも残されている。たとえば『石清水宮臨時祭御再興記』（国立公文書館ほか蔵）などがそれで、ここに記載される装束と絵巻の装束の表現を比較してみると、文献の記載のとおり描かれていることもわかる。

この史料は多数の写本が作成されており、原家でも『石清水宮臨時祭御再興記』の副本を所有していた（『石清水臨時祭御再興』京都府立総合資料館蔵）。加えて、在明筆と見られる『石清水臨時祭備忘』という史料もあり、彼は石清水臨時祭に関する文献の収集も熱心に行なっていたようだ。

原家の写本は、諸本と異なり、何人かの人物名に「色赤シ、中肉」「丸頭、目少シ大成方、色不美」などと注記がある。この注記のようにそれぞれの参列者は、年齢の違いも想像できるようで描き分けられている（図11）。

また、天皇の左側に位置する清涼殿の廂《ひさし》は、屋根を描かないで内部を見せる吹抜屋台の表現が用いられている。廂に座した公卿のうち後列の者は描き切れず姿が見えていない。

◉図11　原在明筆「石清水臨時祭再興図絵」描き分けられた人物（宮内庁書陵部蔵）

『石清水臨時祭御再興』で参列者が列挙された箇所では「以下姿が見えない」と注記されて、絵の構図と一致する。『石清水臨時祭御再興』の注記の内容から、この絵巻のために施されたものと理解できる。

年中行事障子と昆明池障子

絵巻に見られる克明な再現性は、人物や装束に限ったものではなく、清涼殿の建築と調度にも見いだされる。とりわけ清涼殿附属の調度である年中行事障子《ねんちゅうぎょうじしょうじ》、昆明池障子《こんめいちしょうじ》によく表れている。

　年中行事障子は、表裏に宮中の年中行事を書き上げた書の衝立である。この障子の筆者には当代の能書で知られる者が選ばれる慣例であった。寛政二年（一七九〇）の造営で新規制作され、この時は持明院宗時が書した。以後、天保七年（一八三六）、弘化三年（一八四六）に修復が行われ、嘉永七年（一八五四）の大火も逃れ、安政の造営での修復を経て現存している。絵巻には下から三段目までの文字が見え、各行の文の長短まで表現されている（図12）。

　もう一方の昆明池障子は、南面に昆明池図、北面に嵯峨野小鷹狩図の描かれる衝立である。在明の絵巻には、南面の昆明池図が見える。昆明池とは、秦の始皇帝が渭水の南側に開いた「上林苑《じょうりんえん》」という御園にある人工の池を言う。中国の皇帝が造営する庭園は、広大な敷地に多数の離宮を有し、軍事訓練のための狩猟も行われた。なお、北面に描かれる嵯峨野は古くからある京都郊外の鷹場である。図の場面は平安時代の設定で、名人とうたわれた藤原季縄がここで鷹狩りをする様子が描かれている。したがって、両図とも和漢の帝が軍事的示威行動をするための特別な場所を故実に則して描いたもので、天皇による国土の支配を象徴する図と言うことができる。

昆明池障子は、寛政の造営の際に土佐光貞によって新調されたものである。絵巻が制作された文化十年（一八一三）までに修復や書き直しが行われた記録はなく、絵巻の図は土佐のそれを写したものと考えてよい。土佐光貞の描いた昆明池障子は嘉永七年（一八五四）に焼失してしまい、現在はその下絵のみが残っている。

ところで、土佐光貞の同図下絵（図13）と在明の図（図14）を比較すると異同があることに気付く。土佐の下絵では、画面右の昆明池にかかる橋が、衝立の脚に隠されて一部が見えなくなっている。一方、在明の図は、衝立の脚を短くして、橋が隠れないように描いている。また、清涼殿の建物に目を移してみると、昆明池障子の位置する弘廂と天皇の座る東廂の遠近にも手が加えられていることがわかる。東廂と弘廂は、

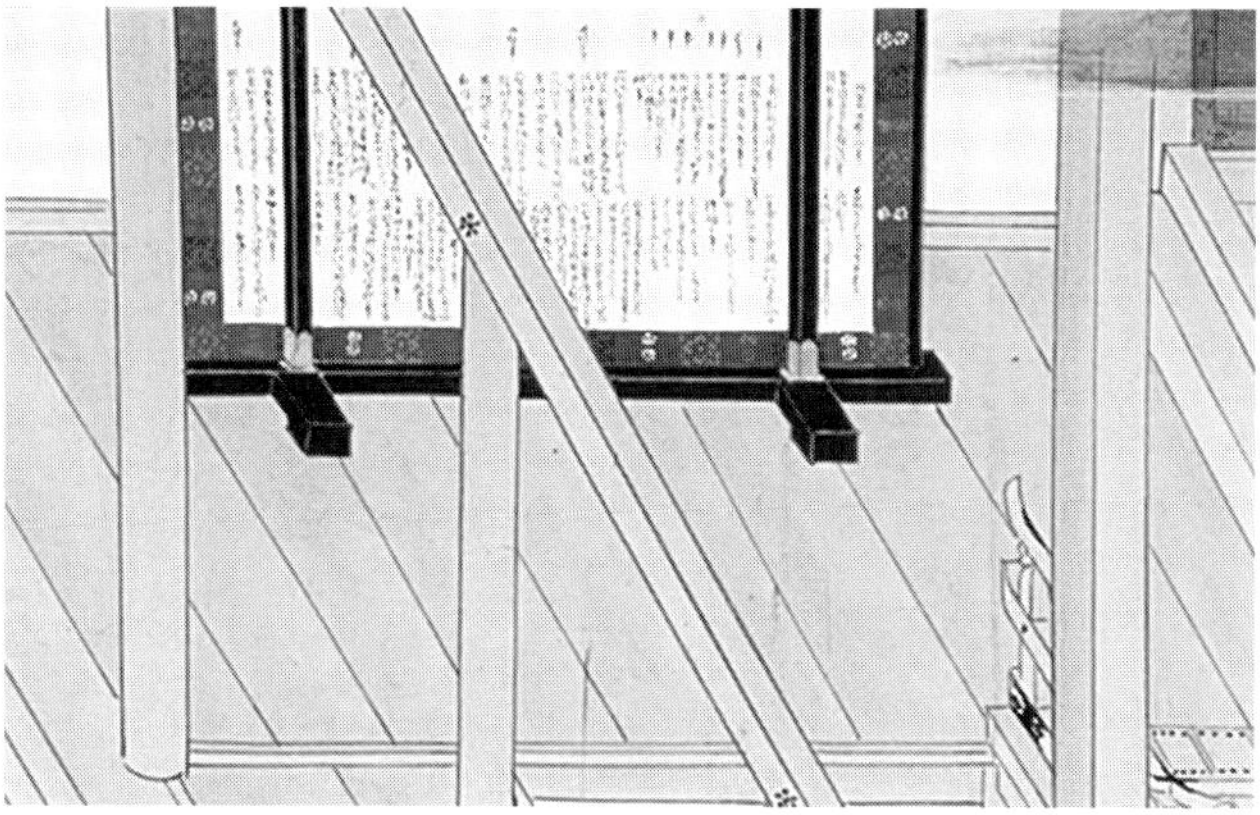

●図12　原在明筆「石清水臨時祭再興図絵」年中行事障子（宮内庁書陵部蔵）

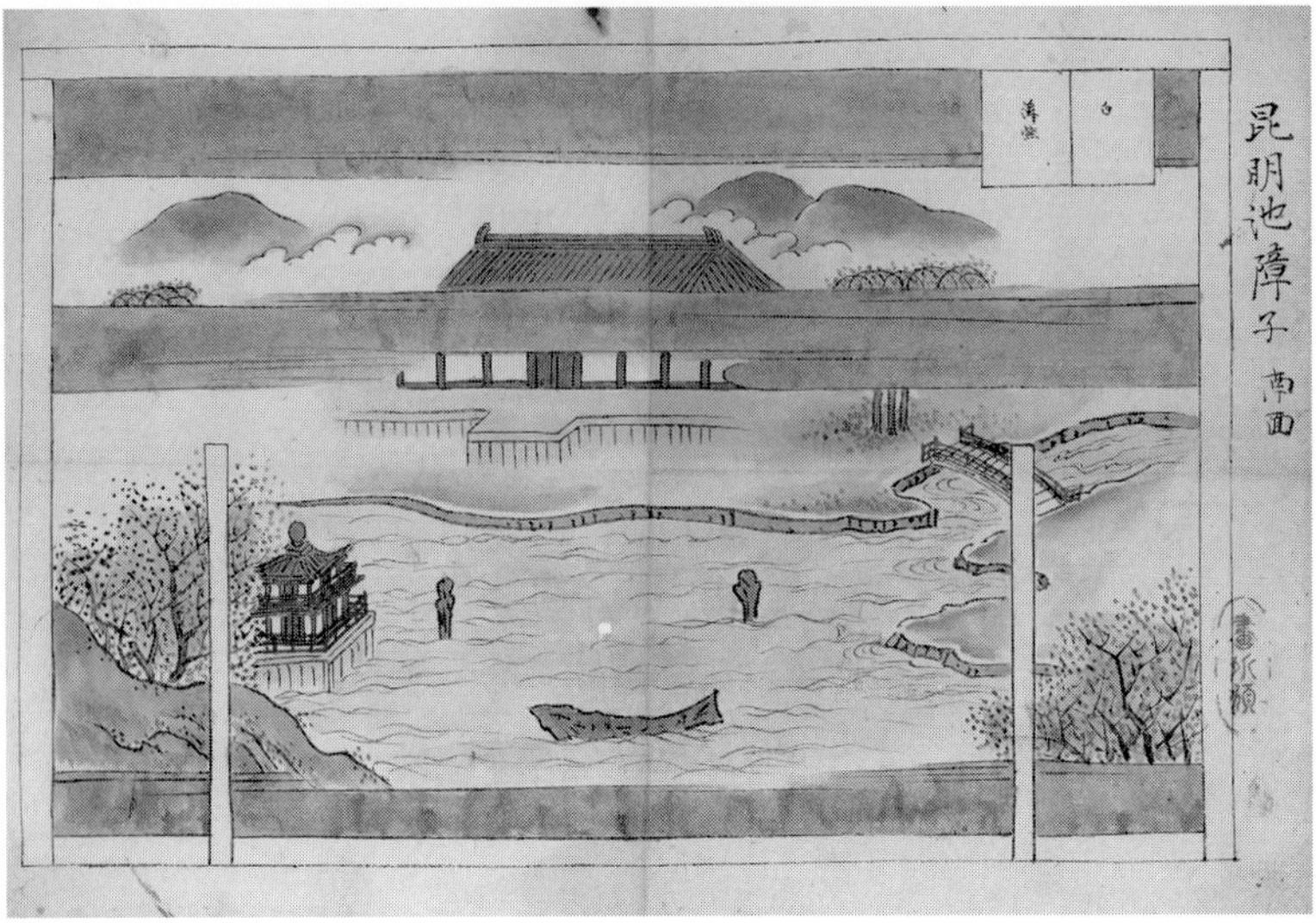

●図13　土佐光貞筆「昆明池図」(「清涼殿弘廂昆明池障子」より、京都市立芸術大学芸術資料館蔵)

本来、御簾《みす》を挟んで手前と奥の位置関係にあるのに、すやり霞を間に配して等位置に描かれている。こうして見ると、昆明池図の改変は、天皇の姿を庭の側に寄せて描き込んだために生じた構図上の処理と考えられる。

このように、建築や調度に至るまで非常に正確な描写がなされ、祭全体の構成を再現的に描こうと心がけられている。絵巻の表現が意図する所は、祭礼の場を記録して、伝統的な正しさを伝えようとする点にあると言える。

粉本の収集と伝統的権威への接近

寛政の造営の際、すでに宮中での評判が高かった原在中は、とりわけ有職故実に詳しい絵師と見なされていた。その後、子の在明も含め、模写の仕事や禁裏周辺からの問合せにも応えるようになっていた。そうした仕事の中には、鷹司家の命により在明が制作した北野社の舞楽図の模写もあった。実際、石清水臨時祭にあたっては、吉田元椿と勝山琢眼がそれを典拠のひとつとして参照することとなった。

しかしながら、この舞楽図は、在明自身が伝統的な正しさを伝えていないと評しているように、必ずしも良質な粉本が長く保存されるとは限らなかった。

この問題を露呈したのが、寛政の造営での賢聖《けんじようのそうじ》障子制作であった。この調査には膨大な時間と労力が注がれている。中国の賢人の服装や所持品などが詳細に調査され、結局、いったん治定となった狩野栄川院の絵様が描き直されることとなった。その間、幕府儒者の柴野栗山と禁裏の文章博士が激論を交わし、描かれるべき正しい図が追究されたのであった〔37〕。

そうした経緯もあり、禁裏と幕府の双方において、後世の範となる絵を制作して残しておこうという意識が生じたのではないだろうか。

たとえば、文化二年（一八〇五）、松平定信が谷文晁らに命じて「石山寺縁起絵巻」を補訂して完成させたこと〔38〕、あるいは幕府御絵師の狩野晴川院が文政十一年（一八二八）に「駒競行幸絵巻」の校訂を試みたこと〔39〕などにそのことが表れている。こうした粉本の収集、諸本の校勘という営為の中には、原在明が正倉院宝物の記録図を複数本制作したことも含まれる。

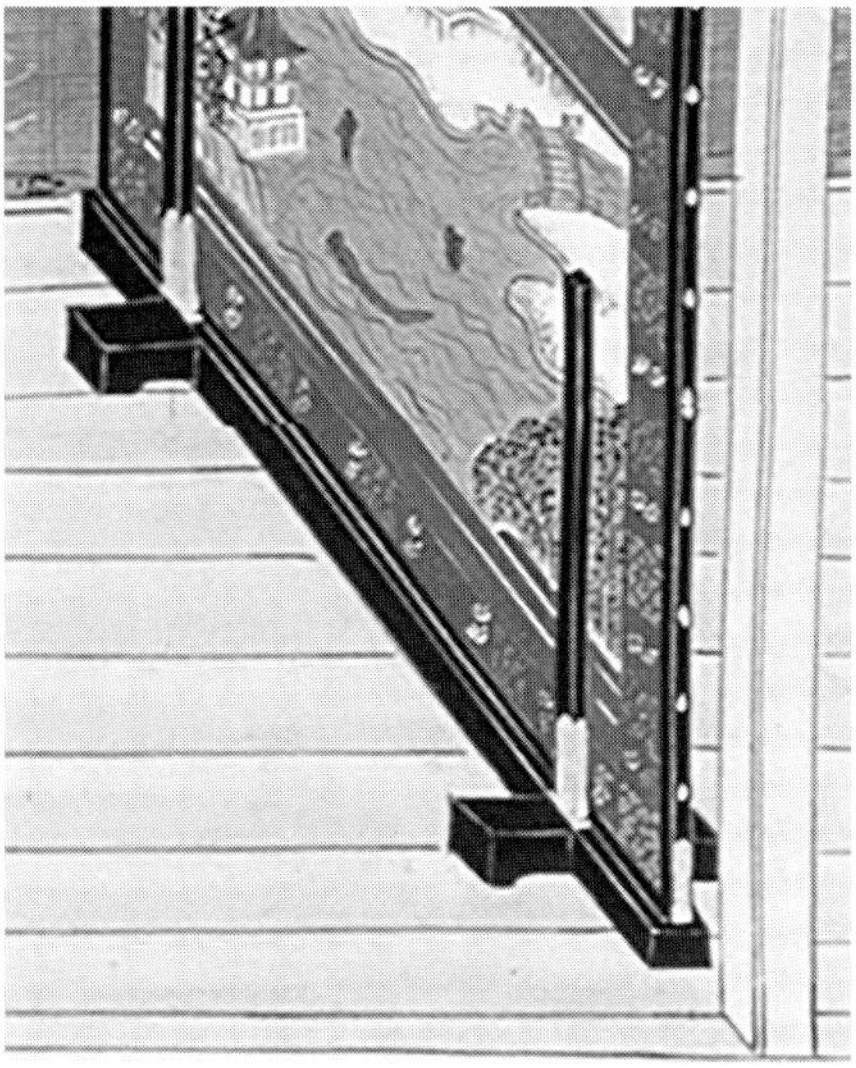
◉図14　原在明筆「石清水臨時祭再興図絵」清涼殿昆明池障子部分（宮内庁書陵部蔵）

これらの制作の背景には、いかなる事態にも備えておくべきだという意識が強く働いていている。副本を多数作成しておき、後世の人のさらなる修正を期待したのである。同様に、再興の成った儀礼の記録図「石清水臨時祭再興図絵」の場合も、後世の範とする意図があったと考えて差し支えない。

実際に、在明の絵巻をもとに、このあと少なくとも二本の写しが作られている。ひとつは文化十四年（一八一七）の制作で、松岡辰方の記名のある「石清水臨時祭試楽図」（宮内庁書陵部蔵）、もう一方は、原在照が安政二年（一八五五）に制作した「石清水臨時祭清涼殿東庭舞御覧図並詞書」（同）である。いずれも彩色の指示が注記されるなど簡略な描き方ではあるが、絵の前後にある詞書も写したものである。さらに在明自身の制作であるが、徳川美術館所蔵の絵巻でもこの図が引き写されている。

その後、原家三代目の在照まで含めると、有職の調査や、儀礼を記録する仕事がさらに増えていった。とりわけ在照は「終生多くは禁廷の御用画のみを作りしかば、その画の世に流伝せるもの多からず」[40]と言われたように、禁裏の御用を多く勤めたことで知られていた。天保五年（一八三四）の在明叙任の記事に戻ってみると、彼の勤功として挙げられているのは、つまるところ宮中儀礼に関わる調査や絵画の制作ばかりである。それらの絵は禁裏の意向を受けて調進した可能性が高く、「故典」を徴し「ゑにたくみ」である原家の評判につながった。また、それに伴って在明の身分内序列も上昇していった。

寛政二年に再編された身分秩序が維持された結果、禁裏の御用をとりまく大枠の構造は動かし難いものとなっていた。その中で、新興の京都絵師である原家は、一方で地下官人の地位を得、また一方で儀礼に関わる多数の仕事を勤めることにより、伝統的権威の中心へと接近していったのである。

三　幕府御絵師の禁裏御用

上京して勤めた御用

寛政二年（一七九〇）の大規模造営以降、幕府御絵師《おえし》が禁裏の障壁画を描く機会は大きく減少してしまう。寛政の造営では、住吉広行が狩野栄川院に代わって賢聖障子《けんじょうのそうじ》を描き、安政二年（一八五五）には、広行の孫の弘貫がその修復に従事した。このとき弘貫は、孝明天皇の御好みにより御三間《おみま》御殿上段の障壁画を描いている（第三章図3）。寛政の造営以後の障壁画制作はこの三例にとどまる。

第二節では、原在明が儀礼に関わる御用を勤めたことで、自らの身分内序列を上昇させていく様子を跡付けた。これに対して、幕府御絵師の場合、寛政の造営に参加できなかったことによって、その地位に何らかの変化がもたらされたのだろうか。第三節では、このような観点から、寛政の造営以後の御絵師の禁裏御用について考えてみたい。考察を始めるにあたり、まず、御絵師の禁裏御用の内容と彼らの身分について整理しておこう。

御絵師の禁裏御用には、上京して勤めるものと、江戸で制作するものに分けられる。前者の代表は禁裏御所の障壁画制作である。

寛政の造営で、御絵師に代わって京都絵師が任用されたのは、主として財政的な要因による。幕府のこの措置はあくまでも次善の策であった。造営のさなか、画料の増額を求める京都絵師に対して、老中松平が「関東御絵師」に担当を代えると言って京都の絵師を恫喝したこと[41]にあらわれているように、本来、禁裏の障壁画制作は幕府の御絵師が担当すべきものと考えられていたし、つねにその準備があった。

この点に関しては、小規模な造営であっても幕府御絵師を派遣する選択肢もあったことが確認できる。それは、寛政の造営から三十年ほど先立つ宝暦十二年（一七六二）、親王御別殿（英仁親王、のちの後桃園天皇）の新築に際して、武家伝奏が障壁画の担当絵師は、「関東から上京させるのか、それとも京都の絵師で済ますのか」と京都所司代に確認を取っている[42]ことからわかる。また、翌十三年、清涼殿上段の障壁画制作の際も、襖の枚数が少ないので、京都絵師で済ますという方針が所司代から示されている[43]。このように、たとえ小規模造営であっても必ず京都絵師に担当させると決まっていたわけではないのである。結局いずれの場合も京都の絵師に担当させることとなった。しかし、その決定権は幕府側にあったのである。

さらに、京都において勤める御用は障壁画の制作だけではなかった。数少ない上京の機会には、さまざまな付随する仕事があった。

元文三年（一七三八）に住吉広守が上京したのは、大嘗会《だいじょうえ》の様子を絵にして将軍に奉るためであった。この機会に大嘗会に用いる儀礼の道具を記録に留めている（『兼香公記』東京大学史料編纂所蔵）。由緒正しい絵を描くべく、幕命に従って粉本《ふんぽん》収集も怠りなく勤めた。加えてこのときは妙法院門跡に請われて席画を行なった。

寛政四年（一七九二）、賢聖障子の張り立てのため上京した住吉広行は、父広守と同じく妙法院門跡に拝謁し、宸殿の間の絵を見せてもらうこととなった。その際、彼も父と同様、門跡の前で席画を披露している（『妙法院日次記』寛政四年十月二十七日）。

そして、安政の造営で上京した弘貫が天皇の御好みにより、御三間上段を担当したのも、本務に付随する御用のひとつである。しかもこの時は、江戸の許可を得、すでにその担当者に決まっていた土佐光文を外して彼が描くことになったのである（『造内裏御用帳』宮内庁書陵部蔵、『御造営手留』国立公文書館蔵）。

以上のように、御絵師がひとたび上京を命じられれば、彼の地で禁裏やその周辺に関わる仕事を多数切り回さなければならなかった。禁裏の障壁画を描かなくなったとはいっても、宮中における幕府御絵師の評価が下がったというわけでは決してないのである。

献上品の制作と饗応

一方、江戸で制作を行う禁裏御用も多々あった。さまざまな献上品の制作や、年頭勅使の饗応席画などがそれにあたる。将軍家が皇族や公家へ献上するための絵画制作は、史料上では「進献御用」と呼称されている。進献とは、貴人へ献上することを意味するが、この場合は、幕府から天皇および皇族への献上を指す。

近世後期の御絵師、狩野晴川院が三五年近くに渡って公用の記録を綴った『公用日記』（東京国立博物館蔵）によると、その数は、文化七年（一八一〇）から弘化三年（一八四六）の間に一一件にのぼる。晴川院は木挽町狩野家当主で、当時の幕府御絵師を統括する職務についていた。このため『公用日記』には、その時期の進献御用が網羅されていると考えられる。

進献御用では、伺下絵を数種類提出したうえ、それを将軍が一覧するなど、とくに念入りに制作されるのが通例であった。また、屏風が多くを占めること、その屏風は金箔、泥引を用いたもので、墨画や淡彩のものは見られないこと、儒者が名書《ながき》（落款）の指示を出すことなどの特徴がある。加えて、制作期間は二週間から半年以上かけるものまでさまざまであった（筆者については後述）。

そのほかの禁裏御用に、年頭勅使の饗応における席画がある[44]。年頭勅使とは、将軍からの年賀使に対する返礼として、毎年三月ごろ江戸へ下向した勅使をいう。武家伝奏がその役にあたり、院使や門跡が勅使一行に加わることもある。饗応の式次第は、将軍への対面儀礼と観能、祝儀の宴席、勅使の宿所での席画などであった。また、勅使一行の中に将軍家の先祖に関わる事績があったり、将軍と縁戚関係にある人物がいる場合、特別に席画を催すこともあった。

幕府御絵師の身分と絵の格付け

次に御絵師の身分について概要を見ていく。天保年間（一八三〇〜四四）の幕府御絵師は、狩野家が一六家と画所預土佐家の流れをくむ住吉家・板谷家を合わせて一八家を数えた。幕府は朝廷に比べて多くの絵師を擁している。その理由は、第一に禁裏御用をはじめとする多くの制作に対応するためであった。また、彼らを身分に従って階層化し、制作したものの格付けを明示するためでもあった。そのような身分階層を示すために、これら一八家の絵師は、次に挙げる三階層の「家柄による枠組み」に分けられていた[45]。
○グループⅠ　木挽町、中橋、鍛冶橋、浜町の各狩野家
○グループⅡ　住吉家、駿河台狩野家およびグループⅠの部屋住
○グループⅢ　その他の狩野家、板谷家

この枠組みは、御絵師の知行や扶持、御目見の有無、御用の仰せ渡し場所、僧位や幕府の役職体系上の地位などを指標として、安永年間（一七七二〜八一）頃から形成され、徐々に整えられていった。天保年間には右のように、三つの階層の大枠が固定化するに至る。ⅠからⅢの各グループの中では、これらの指標の高下により、絵師同士の序列が決まった。

御用の配分にあたっては、家柄による枠組みと各階層内の序列の変動状況に応じて、担当者として相応しい絵師が選ばれた。たとえば、年頭勅使の席画では、通常の式次第に含まれるそれはグループⅢの絵師を中心に選考された。他方、年頭勅使を厚遇する特別な席画や、禁裏への進献など将軍の権威を高めるために行われた制作の場合、グループⅠの絵師が担当するのであった。

このように、禁裏御用の担当絵師は、献上品の贈り先やもてなしの対象により異なっていた。誰が、何の絵を、どのような方法で描くか、また、描かれる場はどこか、その仕事を取り扱う役人は誰か、といったことが、贈答の格付けを示すことにつながったのである[46]。

天保九年（一八三八）、一一代将軍家斉の子、家慶と孫家定の任官の返礼として屛風七双が制作された。以下ではこの事例から、階層の上位にいる御絵師が江戸で勤めた禁裏への贈答品制作について検討していく。

銭形屛風献上

天保八年（一八三七）のはじめ、将軍世嗣家慶の官位は、従一位内大臣兼右近衛大将であった。将軍就任のこの年、まず四月十五日に左大臣へと転任した。あわせて同日、家慶の嫡男家定も大納言と右近衛大将を兼任することとなる。そして同年九月二日、家慶は将軍宣下を受けた。

徳川将軍は、通例、将軍就任前に従二位権大納言、就任時に正二位内大臣に叙任される。ところが、将軍就任前に従一位に叙された世嗣は家慶が初めてであり、就任時に左大臣に任官した前例もなかった。したがって、家慶と家定は異例の速さで昇進するとともに、慣例を超えて任官したのであった。

そこで、その返礼として、翌天保九年、禁裏（仁孝天皇）・仙洞（光格上皇）・大宮（光格中宮欣子）・准后（仁孝女御祺子）・親王（統仁のちの孝明天皇）に対して、屛風が献上されることになった。屛風の制作にあたったのは、幕府御絵師の狩野晴川院（木挽町家）・幸川（浜町家）・勝川（木挽町家）・探淵（鍛冶橋家）・祐清（中橋家）の五名で、いずれもグループＩに属する絵師である。この制作には半年以上の歳月を要し、ようやく翌々年の年頭、京都所司代が参内して屛風七双が贈られた。

この時、将軍家慶は、異例の任官への謝意を示すべく、禁裏と仙洞に贈る屛風の中に、献上品として今まで用いられたことがなかった銭形屛風を選び、特別に誂えたのである。

この屛風制作の詳細は、狩野晴川院『公用日記』と、当時の武家伝奏を勤めた日野資愛による『公武御用日記』（国立公文書館蔵）から窺うことができる。これらの史料によれば、江戸から屛風の仕様について再三の問い合わせがあり、禁裏側は、詳細に調査してこれに応えている。通常こうしたやりとりは行われない。この経緯から、この屛風制作の意義が浮き彫りになるのである。

下命と伺下絵の提出

屛風の制作は、天保九年（一八三八）正月二日、参内した京都所司代土井利位が進献の品について内談を申し出たことに始まる（『公武御用日記』）。同月六日には、各御所へ進献する品について、関白からの希望が伝えられた。銭形・尋常屛風の類であればたいへん重宝であること、また、禁裏は銭形と尋常、大宮以下へは尋常屛風がよいという内容であった。

江戸で屛風の制作が始まったのは三月に入ってからである。同月十二日、狩野晴川院・幸川・探淵・勝川・祐清の五名へ、右筆組頭田中休蔵を通じて、伺下絵を提出するよう命じられた（史料二‐10）。一人につき三双ずつの提出を

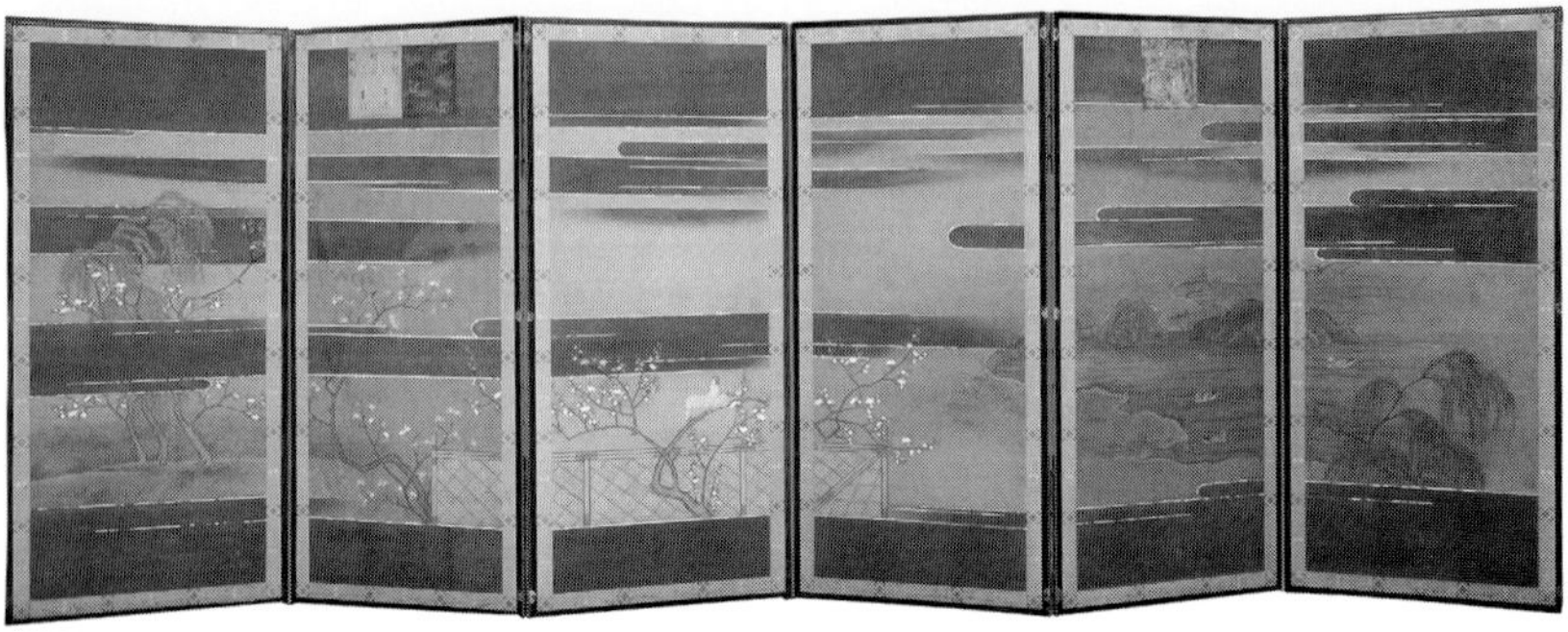

求められ、絵様にも指示があった。その内訳は、高さ四〜五尺の銭形小屏風を一双と通常の小屏風を一双、残りの一双は「本文《ほんもん》の御寸尺」（後述）の屏風とされた。小屏風の絵様は花鳥人物山水、やまと絵唐絵取り混ぜとし、本文の屏風は奥ゆかしく優雅な絵様とするというものであった。その際、晴川院は下命のいきさつなどにつきその詳細を尋ねた。

右筆組頭の田中は「進献の品に銭形屏風が入っていてもよいこと、画題については絵師により得意不得意があるだろうから、お好みの指定はとくにない」と説明した。また、将軍が見たうえで、関白にもこれを遣わして仰せ付けとなること、最終的に合計七双が献上されることも伝えられた。晴川院は、「それであれば下絵の紙も通常より良質なものを用いた方がよい」と申し入れている。

これまで言及してきた銭形屏風とは、正倉院宝物にもその例が見られる古い形式の屏風である[47]。屏風を畳んだときに画面と画面が密着して擦れるのを防ぐために、各扇の表面に縁《へり》（画面の四辺に沿って貼り込んだ裂《きれ》）を廻らせ、縁の上に銭形の木片または革を取り付けたことから、この名称がついた。たとえば、正倉院宝物の「鳥毛篆書屏風」などがそれにあたる。のちに技術的な解決をみて、縁を付けずに屏風全体を画

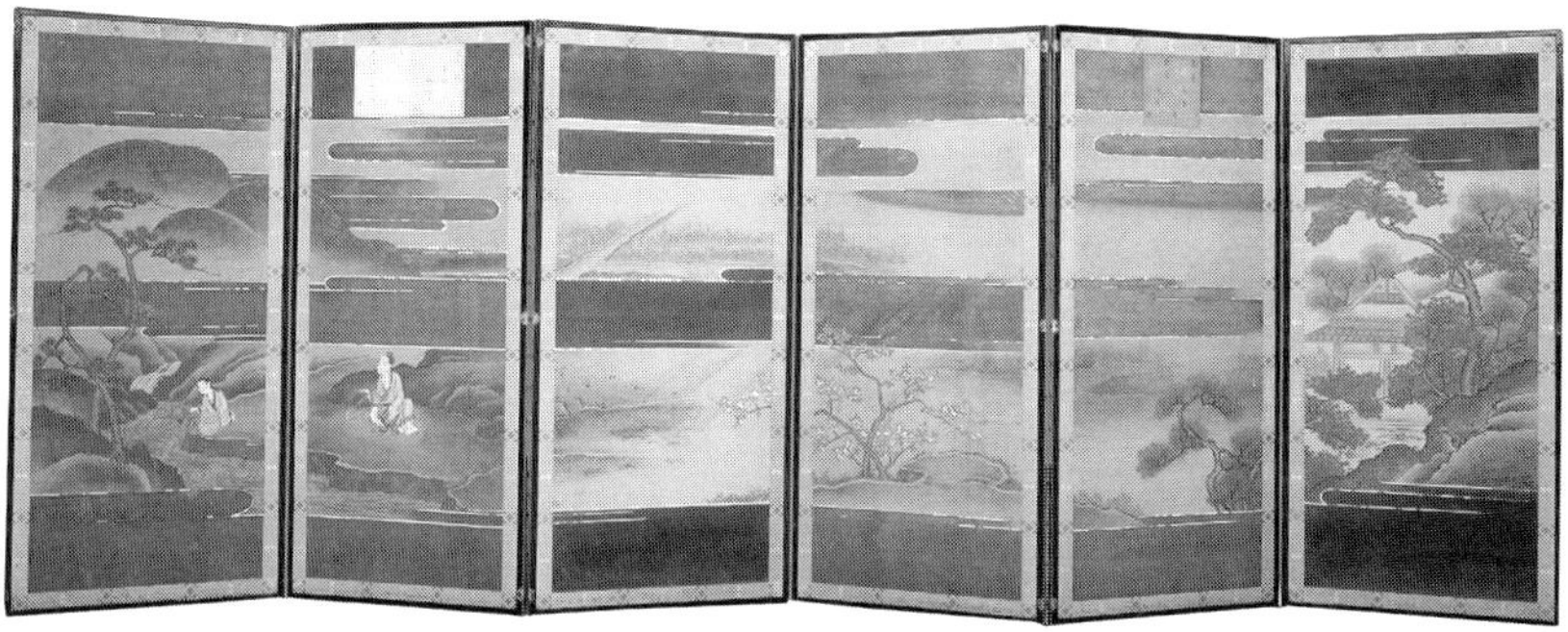

◉図15　「四季屏風」（京都御所蔵）

面として利用できるようになると、縁のない屏風に取って代られた。

もっとも、この形式の屏風は近世になっても制作され続けた。清涼殿に附属する調度である四季屏風（図15）と山水屏風がその例である[48]。四季屏風は、清涼殿の母屋に備え付けられた四隻の屏風である。唐絵極彩色で、高さは四尺あり、一隻にひとつの季節を配した画面となっている。山水屏風は朝餉間《あさがれいのま》に設えられる高さ五尺の屏風である。画面には騎馬行の貴紳と山間に庵を結ぶ隠者が描かれている。なお、史料二―10に「本文の御寸尺」とあるのは、大嘗会で用いる「本文屏風」（色紙形に漢詩文が書された屏風）のことで、高さ五尺の唐絵の屏風を指す。

四月に入って、下命を受けた五名の御絵師が伺下絵を提出した（『公用日記』四月三日）。それらは、かねての予定どおり京都へ運ばれ、所司代から伝奏の手に渡された。そのあと四月十七日までに、関白が内覧し、さらに天皇の叡覧を経て、絵様が決定した。絵様の決まった伺下絵は江戸へ戻され、将軍家慶、大御所家斉が上覧し、閏四月二十七日に正式な御用の仰せ付けとなった（『公用日記』）。最終的に決まった絵様の内訳を次の表4に示す。

●表4　進献屏風の献上先

献上先	屏風の形態	画　題	筆　者
禁裏	銭形小屏風	大和絵春秋山水	狩野勝川
	尋常小屏風	唐耕作	狩野晴川院
仙洞	銭形小屏風	名所十二景	狩野晴川院
	尋常小屏風	四季唐山水	狩野勝川
大宮	尋常小屏風	官女唐子遊	狩野祐清
親王	尋常小屏風	花車花籠	狩野探淵
准后	尋常小屏風	帝鑑	狩野幸川

晴川院はこの日の様子を次のように綴っている。「禁裏・仙洞への進献の御品であり、面目身に余ることである。先日認《したた》めた下絵は、将軍が御覧になって、関白へ遣わされ、内々に天皇の叡覧を受けたという。そのうえで再度将軍・大御所の上覧を経て、とうとう治定して仰せ付けられた。これは画院（御絵師）にとって誠に恐れ入ることである。人々の慶辞は格別のものであった」（『公用日記』）。この記述からも一連の経緯が非常に珍しかったことが理解されよう。

先例の調査

正式下命に続いて、屏風の制作期間、彩色の方法、寸法が決まり、制作は順調に進むかに見えた。ところが、献上までの間、京都に対して屏風制作に関する問合せが都合三度も行われ、最終的な屏風の仕様がなかなか決まらなかった。これは、先に述べたように銭形屏風が特殊なものであったため、先例や典拠の調査が必要になったことによる。

とくに屏風の寸法、裏張や縁に用いる裂《きれ》の仕立ての詳細については紆余曲折した。屏風全体の仕様は、六月十日すでに決まっていた。それにもかかわらず、六月十八日には老中から所司代へまた問い合わせがあった（『公武御用日記』六月十九日・二十二日）。

その内容は「これまで関東では銭形屏風を拵えたことがなく、裏表の表装、金物などの仕様が不明であるので、雛形にして送ってほしい」というもので、その旨禁裏付から武家伝奏の日野へ伝えられ、翌日関白へも達せられた。そこで関白は調進の官司もしくは口向役人《くちむきやくにん》に然るべく取調べさせることを命じた。

このとき、禁裏付は、「御品柄」ゆえ、屏風の形の見分などは畏れ多いので、雛形を制作してほしいこと、また、その費用については幕府側で取り計らうことなども申し入れている。所司代が実見することを憚った屏風とは、清涼殿の調度である四季屏風・山水屏風、大嘗会の唐絵屏風を指すものと考えられる。

こうして、禁中における銭形屏風調進の先例が取り調べられることとなった。調査の結果、寛政六年（一七九四）立后（光格中宮欣子）御用の際、行事官で四尺の大和絵銭形屏風の調進があったことが判明した。行事官とは、御所で用いるさまざまな道具の調進をする役職のことで、今回も行事官から雛形を調進することが決まった（『公武御用日記』六月二十六日）。

また、雛形の縁の裂についても指示が出ている。高さ四尺の場合は青地唐錦《からにしき》、五尺の場合は軟錦《ぜいきん》とすること、裏張については、どちらの場合も蘇芳《すおう》色の織物で文様は雲立湧《くもたてわく》か唐菱《からびし》のいずれかとすること、以上の仕様を関東へ伝えるよう命じられた。また、下絵の制作は原在明の担当となった（『公武御用日記』六月二十九日）。

銭形屏風の仕立て

こうして、銭形屏風の雛形と下絵が制作されることとなった。その際、肱金（屏風の枠に取り付ける金具）や、花釘（枠を装飾する釘）を打つ場所と本数など表装の方法も故実に則った。『類従雑要抄』といった故実書を参考に、職方が詳細に吟味した。なお、できあがった雛形にはすべて関白が目を通している。また、原在明が提出した下絵も関白が一覧し、清書の際は上質な紙を用いるようにとの指示がなされている（『公武御用日記』七月十六日）。

こうして完成したこれらの屏風の雛形と、屏風全体の仕様書が所司代間部下総守（詮勝、四月より土井から交代）へ渡された（史料二-11）。その添書きには次のように記載されている。「四尺五尺とも縁と裏張の裂・文様には種別があるので、それぞれの雛形をお送りする。また、全体がわかるような仕様書も付した」。そのほか、縁、裏張の裂、それぞれの文様に何を選ぶかは関東で判断してほしい、という趣旨も伝えられた。

それから約一ヵ月後の八月十三日、幕府から二度目の問合せがあった。それは「屏風の裏と縁に使う裂の織り方と文様の種類、寸法をはっきりさせてほしい。場合によっては、早々に織り立てを命じなければならないので、裂の見本か原寸大の下絵をよこしてほしい」というものであった（『公武御用日記』八月十三日）。さらに十日後、三度目の問合せでお好みや先例にあわせるにも「銭形屏風は四尺と五尺どちらにすべきか」ということまで聞いて幕府の諸役人は自ら決定しようとしなかった。

このような状況であったので、裏と縁の文様と裂は京都から提案された（『公武御用日記』八月十五・十七日）。縁には小御所の調度である茵《しとね》（畳を真綿でくるんだ敷物）に使われている唐錦織りの軟錦縁と同じものを用いるように決まり、裏張の裂は赤の唐菱、文様は雲立涌と決められた。また、原寸大の下絵については原在明に描かせて提出した。

京都と江戸の間で一連のやりとりをしている間に、狩野晴川院以下の御絵師たちは既に制作に取り掛かっていた。六月十日の段階で高さ四尺五寸のつもりで進めていたが、高さの変更が生じて下絵の再考を余儀なくされた。この点について晴川院が右筆組頭と面談し、京都からの回答に従って禁裏へ贈る分を五尺とすること、仙洞へ贈る方は四尺とすることが確認された（『公用日記』九月十三日）。このあと、絵様に変更はないが、寸法変更後の下絵を提出し、金箔の再見積りを経て、十一月十二日には名書を確認している。

名書は逐一確認を要するもので、場合によっては儒者が相応しい名書を指示することもあった。名書の有無とて絵師が勝手に決められるものではなかった。たとえば、禁裏御所の障壁画のように、重要な儀礼を執り行う場には、古色蒼然とした雰囲気を演出するために、原則として名書を入れることはない。反対に、贈答のための屏風の場合は諱《いみな》・位階・名乗りも含めて名書をすることが多い。すなわち、それは幕府御絵師の作品が禁裏への献上品に相応しい価値の高いものであるとの認識が、朝幕双方にあったことを物語るものである。

こうして、進献の屏風は十一月二十一日に完成し、翌天保十年（一八三九）の正月四日に京都所司代が参内してようやく献上された。

任官の返礼としての屏風

このような任官の返礼のとして絵画の献上は多数あると考えられるが、同様に前例のない任官に対する進献の例として『公用日記』から跡付けられる文政十年（一八二七）の制作を見てみよう。同年三月十八日、将軍家斉は太政大臣に昇進した。徳川将軍の太政大臣任官は家康、秀忠以来のことである。しかも両者は死後に贈位されており、生前の任官は初めてのことであった。この時、将軍世嗣の家慶も従一位に昇進している。

そして、禁裏（仁孝天皇）・大宮（光格中宮欣子）・女御（仁孝女御祺子）に屏風と絵鑑が贈られた。制作が始まったのは、宣下が済んだ直後の三月二十六日からであった。担当絵師は晴川院の父伊川院である。この時も伺下画は複数の候補が提出されている。また、儒者の成島邦之丞とも絵様の相談をすること、もし和漢故事の絵に決まったら、念入りに取り調べて描くよう、取次の役人から指示が出ている。

この時期、御絵師を統括する地位にいたのは、伊川院であったため、『公用日記』に制作の詳細に関する記事は見られない。完成は五月四日で、制作期間は一ヵ月強と天保九年（一八三八）に比べて短かかった。とはいえ、儒者の見解を聞いて下絵に取り掛かっており、非常に入念な制作であったと言える。この例と比較しても、天保九年の進献が特例であったことが理解されよう。

文政・天保の進献の背景には、近世後期、慢性的な幕府財政の窮乏や諸外国からの通商要求など、封建体制を揺るがす事態が多数発生し、将軍は改めてその武威や御威光を示す必要に迫られていたことが挙げられる。そのために、権威の源泉である天皇から官位を授かって、自らの権威を誇示しようとした。

そうして将軍家斉は太政大臣昇進を果たし、この後も将軍の官位は徐々に上昇していく。子の家慶、孫の家定、さらには御台所や生母の官位上昇も画策し、将軍家の権威付けを行ったのである[49]。

そもそも、朝廷と将軍との関係は、平時において可視化されていなければならなかった[50]。将軍宣下式は最重要の儀礼であったし、将軍は毎年正月に年賀使を派遣し、三月には答礼の勅使が江戸に下向した。その他、新年・八朔《はっさく》の御馬献上などの進献儀礼がある。また、叙任の場合であっても、御礼の使と官物の内容、贈り先となる人物は、事細かに定められていた。

このように日常的に制度化された儀礼に加えて、父家斉の代から将軍官位の上昇傾向がある中に、前例のない高位任官が加わったとき、これに相応した返礼が求められてくるのは言うまでもない。そこで、古式に則った銭形屏風が禁裏・仙洞へ贈られることとなった。『天保雑記』にも、この献上の記事が見え、末尾に「右は去々年将軍宣下御転任格別の儀に付、御進献」とあり[51]、きわめて異例の任官に対する返礼であったことがわかる。屏風献上はそうした特別な答礼の具体例として位置付けられる。

天保九年の例は、制作の過程も特殊なものであった。それは、関白・天皇が屏風の下絵を一覧して御好みを示している点、仕様の確認が繰り返し行われ、さまざまな前例の調査をしつつ、故実に忠実な屏風制作が目指された。これに加えて、幕府の関係者は、清涼殿に附属の屏風と仕様を同様にすることにこだわった。清涼殿の四季屏風・山水屏風は実物もあるために、在京の諸役人が参内して実見することも理屈のうえでは可能だが、「御品柄」ゆえに実見を憚った。

こうした過程を経ることで通例の献上とは異なることを強く印象付ける結果となる。このことを江戸の老中たちは十分に理解していたのではないだろうか。すなわち、先例やお好みを逐一確認して、献上品の格付けを上昇させようと意図していた。由緒正しい様式に執拗と言える程こだわることによって、ますます伝統的な彩りが添えられ、特別な献上としての象徴的な意味合いが付加されていったのである。

以上の考察から、幕府御絵師の手による絵画は、禁裏や周辺の公家社会においても、幕末に至るまで最高の評価を与えられていたと結論付けられる。どれだけ禁裏の御用に町絵師が進出したといっても、恒例の儀礼で表出される以上の意味を託される絵が必要な時、その制作を町絵師が担うことはありえなかった。故実に照らして正確に描くことができて、しかも由緒正しい血統と粉本を有する絵師こそが相応しかったのである。

おわりに

寛政と安政、二度の大規模造営の間にも、小規模な造営が頻繁にあり、それにともなって障壁画も新規制作・修復がなされた。これらの御用を拝命した絵師たちは、そのつど絵師一統の身分秩序における自らの序列を確認することとなる。これが繰り返されることによって、禁裏御絵師―有力師家―その門人絵師という階層の大枠が制度的に維持されるに至るのである。

しかし、その中にあって、原家のように、自らの序列を上昇させていく絵師もいた。原家の絵師たちは在中以下、有職故実に詳しいという名声を得、儀礼に関わる仕事に携わって、自らの地位を上昇させていったのであった。一方で、寛政の造営時には、禁中において重要な位置を占める絵師の家であったのに、以後、衰微して禁裏御用から距離を置かれる家もあった。こうした家に石田家・勝山家・山本家などを挙げることができる。

このうち、勝山家の場合は、天保五年（一八三四）に、ときの当主琢文が、奈良春日社の絵所職を原在照に譲渡した[52]、ことをきっかけに序列が下がっていった。反対に原在照が同社の絵所職を買い取ったことにより、原家は、ますますその地位を上げることとなったのである。つまり、奈良春日社の絵所職を勤める家という「由緒」が、絵師一統の身分秩序における序列を左右したと言えよう。

もっとも、勝山家の絵師は、その後も、引き続き家の命脈を保って、少ないながらも安政の造営でも御用を勤めている。こうしたことが生じるのは、基本的に家筋の論理に基づいて秩序が成り立っていたためである。仮に由緒ある名家が断絶したとしても、それを惜しむ為政者たちが、その再興を図るなどということもままあった。近世身分制社会にあっては、「由緒」と「伝統」がそれほどまでに重んぜられたのである。

幕府御絵師を代々勤める狩野家の場合も、寛政の造営以後、禁裏御用を勤める機会が減少したとはいえ、彼らが有する「由緒」「伝統」によって、その確乎たる地位がゆらぐことはなかったのである。また、禁裏とその周辺のさまざまな用命に応えたり、江戸においても勅使の饗応における席画や将軍の任官に対する返礼品の制作などの御用は以前と変わりなく勤め続けたのであった。

第五巻で取り上げた近世後期は、実質的な統治者であった徳川将軍の力が近世の前期のそれと比して相対的に弱まり、天皇の権威が上昇していった時期であった。とりわけ光格・仁孝両帝の時代には、儀礼の復興が進み、社会の天皇の権威に対する関心も高まった。そうした中、儀礼に関わる仕事をした絵師や、古くからの由緒・伝統を有する絵師たちが重用されたのは、また当然の理であったと言えよう。

注

［1］ 武田庸二郎「寛政度禁裏御所造営における絵師の選定について」（同他編『近世御用絵師の史的研究』思文閣出版、二〇〇八年）。本書第一章。

［2］ 御所建築の沿革については主に下記を参照した。平井聖他『中井家文書の研究　七』中央公論美術出版、一九八二年、藤

岡通夫『京都御所』（彰国社、一九五六年（新訂版、中央公論美術出版、一九八七年））、谷直樹編『大工頭中井家建築指図集　中井家所蔵本』（思文閣出版、二〇〇三年）。

〔3〕この時期の儀礼復興や天皇の動向については、藤田覚『近世政治史と天皇』（吉川弘文館、一九九九年）、米田雄介「近世末期の朝儀再興」（『大航海』四五、二〇〇三年）、藤田覚『天皇の歴史六　江戸時代の天皇』（講談社、二〇一一年）などを参照した。

〔4〕宮地正人『天皇制の政治史的研究』校倉書房、一九八一年。渡辺浩『東アジアの王権と思想』東京大学出版会、一九九七年。

〔5〕京都市歴史資料館編『内裏図集成　京都御所と公家町』京都市歴史資料館、二〇一六年。

〔6〕この史料については、江口恒明「寛政二年以降の京都画壇における絵師の身分秩序」（『神戸大学美術史論集』一七、二〇一七年）で詳しく論じた。

〔7〕『禁裏御所御用日記』（国立国会図書館蔵）。本史料は、地下官人土山家の史料群であるが、この三冊のうち、「皇后御殿御指図御用記」の箇所は、寛政二年の造営で土山武辰とともに造営御用掛執次をつとめた勢多章純の手になると見られる。その内容に加え、筆跡、文体とも『造内裏御指図御用記』（宮内庁書陵部蔵）と同様であり、勢多によるものと考えて間違いない。おそらく伝来の過程で土山家の史料に混入してしまったのであろう。また、二四二冊に収められる「皇后御殿御造営方ヨリ窺書」は、禁裏付が御用掛執次を通じて伝奏へ伺った内容を記し、またその回答を注記した史料で、執次の土山武辰が書きとめたものと考えられる。

〔8〕提出者については前掲注6、江口論文参照。

〔9〕森銑三「應擧傳剳記」（『森銑三著作集　三』中央公論社、一九七一年）。

〔10〕京都市立芸術大学芸術資料館編『土佐派絵画資料目録　三　内裏造営粉本』京都市立芸術大学芸術資料館、一九九二年。

〔11〕栢半兵衛は、このあと石田家を相続して友汀を名乗る。前掲注6、江口論文参照。

〔12〕相見香雨「訥言一蕙漫談」（『日本書誌学大系四五―三　相見香雨集　三』、青裳堂書店、一九九二年）。吉川美穂「田中訥言と復古やまと絵」（徳川美術館編『復古やまと絵新たなる王朝美の世界―訥言・一蕙・為恭・清―』展覧会図録、二〇一四年）。

[13] 福田道宏「笹川遊泉の由緒について―寛政度内裏造営御用の拝命と紀伊藩登用をめぐって―」(前掲注1、武田他編書所収)。なお、紀伊藩に取り立てられた遊泉と寛政の造営に参加した遊泉とは、別人とする説もある(金子拓「落合家所蔵の旗指物と「落合左平次道次背旗」」『画像史料解析センター通信』五六、二〇一二年)。また、「歴代修繕沿革」では西御椽座敷北方杉戸の修復を笹川遊泉が担当したと記され、書替えとなった一間は円山応瑞が繕いを担当したことになっており、異同がある。

[14] 木村重圭「奥文鳴について」(『禅文化研究』二六、二〇〇二年)。

[15] 山本元『褾具の栞』芸艸堂、一九八四年。

[16] 提出順に以下の二八名。多村挙秀、多村秀文、中島来成、中島来章、長沢芦洲、長沢芦鳳、吉村孝一、吉村孝文、嶋田雅喬、円山主水、森寛斎、駒井孝礼、狩野越前目、村上松嶺、岡本俊彦、山田竜淵、吉田元鎮、織田信彦、呉玉文、岡本亮彦、塩川文麟、吉坂鷹峯、八木奇峰、白川芝山、馬淵旭山、下郵良進、梅戸在親、原近江介。

[17] 一四名は次のとおり。鶴沢探龍、吉田元鎮、狩野永岳、狩野越前目、岸筑前介、岡本亮彦、織田信彦、原在照、呉玉文、吉村孝文、中島来章、円山応立、土佐土佐守、土佐三河守(修復仕様一覧の記載順)。

[18] 平井聖他編『日本城郭大系 一二』新人物往来社、一九八一年。

[19] 西和夫『江戸建築と本途帳』鹿島研究所出版会、一九七四年。

[20] 尾本師子氏は、障壁画制作における「新規」と「御繕」の語が、見積りの概念であることを明らかにしている。同氏の研究を参照して、史料二‐6の「全て御繕いの廉ニて歩通り融通仕り」の部分を解釈すると「該当する部屋は全て「御繕」扱いにして、歩通り(の額)でやりくりして」となる(尾本師子『天保度・弘化度江戸城障壁画制作の組織と制度』(一九九八年度学習院大学大学院提出修士論文、一九九九年)。

[21] この点に関しては、『殿上画様 寛政造内裡文化天保改』(東京都立中央図書館蔵)から誤りと判断される。この史料は寛政の造営時点の筆者一覧であるが、弘化四年の成立で、造営後の修復や書き替え部分に関して補訂がなされている。弘化三年の修復で、常御殿の御寝間、二間の担当者は永岳、来章とし、書き替えられた画題に関する注記も見られる。

[22] 永岳の巻については以下に図版が載る。彦根城博物館編『伝統と革新―京都画壇の華 狩野永岳―』展覧会図録、二〇〇二年。

〔23〕 下橋敬長『幕末の宮廷』平凡社、一九七九年。梅田康夫「地下官人考」（大竹秀男・服藤弘司編『幕藩国家の法と支配』有斐閣、一九八四年）。高埜利彦編『身分的周縁と近世社会八　朝廷をとりまく人びと』吉川弘文館、二〇〇七年。西村慎太郎『近世朝廷社会と地下官人』吉川弘文館、二〇〇八年。

〔24〕 原家の経歴については下記を参照した。京都府立総合資料館編『京都画派の名家原在中とその流派』展覧会図録、一九七六年。福田道宏「文化四年、原在明の江戸下向と享和・文化年間、原家の動向」（『京都造形芸術大学紀要』一七、二〇一三年）。なお、岸家初代の駒の身分は百姓で、天明四年に有栖川宮家の家来に取り立てられた。享和二年には右生火官人に補され、主殿大属に任ぜられた。さらに禁裏御用の勤功が認められて蔵人所衆に補されている。駒の長子の岱には三子があり、二男の礼は近衛府・岸大路家の養子に入っている。地下官人の家を相続するのは原家と同様である。

〔25〕 前掲注24、福田論考。

〔26〕 審美書院編『東洋美術大観　六』審美書院、一九〇八年。

〔27〕 福田道宏「天保度正倉院開封と原在明」（『月刊奈良』四八九、二〇〇八年）。

〔28〕 書付の内容は『地下家伝』六にも、ほぼ同じ文言で記されている（正宗敦夫編『地下家伝　一』日本古典全集刊行会、一九三七年）。

〔29〕 霞会館史料展示委員会編『京都・日光・例幣使―光格天皇と幻の将軍―』展覧会図録、二〇〇一年。

〔30〕 前掲注29、霞会館史料展示委員会編。

〔31〕 徳川美術館編『徳川美術館名品集　四　桃山・江戸絵画の美』徳川美術館、二〇〇八年。

〔32〕 歴史学研究会編『日本史史料　三　近世』岩波書店、二〇〇六年。

〔33〕 前掲注3、藤田著書。

〔34〕 南谷美保「三方楽所楽人による日光楽人への東遊伝授について―『楽所録』第七七冊・文化十一（一八一四）年の記録を中心に―」『四天王寺大学紀要』五五、二〇一二年。中本真人『宮廷の御神楽』新典社、二〇一六年。

〔35〕 「舞楽図衝立」については、泉武夫「北野天満宮蔵「舞楽図」衝立について―古代末期～中世初期の舞楽の状況から―」（『美術史学（東北大学大学院文学研究科美術史学講座）』二九、二〇〇八年）を参照した。

〔36〕 なお「舞楽図衝立」は、文化九年三月に勝山琢眼によっても写しが制作されている（北野天満宮史料刊行会編『北野天満

宮史料 遷宮記録 三』北野天満宮、二〇〇三年）。
[37] この経緯については、鎌田純子「賢聖障子の研究」（『金鯱叢書』三五、二〇〇九年）を参照。
[38] 吉田友之「「石山寺縁起絵」七巻の歴程」（『日本絵巻大成 一八』中央公論社、一九七八年）。
[39] 小松茂美「「駒競行幸絵巻」の復元」（『日本絵巻大成 二三』中央公論社、一九七九年）。
[40] 前掲注26、審美書院編。
[41] 前掲注1、武田論文および本書第一章参照。
[42] 『兼胤記』宝暦十二年正月二十七日条（東京大学史料編纂所編『大日本近世史料 広橋兼胤公武御用日記一一』、東京大学史料編纂所、二〇一三年）。この御殿は仙洞御所内に新造が予定されていたが、桃園天皇の崩御、後桜町天皇の即位と時期が重なって、建設は取り止めとなっている。
[43] 『兼胤記』宝暦十三年正月二十日条（東京大学史料編纂所編『大日本近世史料 広橋兼胤公武御用日記一二』、東京大学史料編纂所、二〇一五年）。
[44] 御絵師の勅使饗応席画については、尾本師子氏の研究に詳しい（尾本師子「幕府御用としての席画について」『学習院大学人文科学論集』一三、二〇〇四年）。
[45] 江口恒明「江戸後期における幕府御絵師の名順と身分編成」（前掲注1、武田他編書所収）。
[46] 前掲注44、尾本論文。
[47] 島田武彦『清涼殿の御装飾』内外出版印刷、一九三八年。松島順正「正倉院の屏風について」（『書陵部紀要』二八、一九七七年）。川本重雄・小泉和子編『類聚楽雑要抄指図巻』中央公論美術出版、一九九八年。近世に作られた銭形屏風は、銭形を打ち付ける位置が正倉院の屏風とは若干異なっており、晴川院らの制作した銭形屏風も清涼殿の屏風に則ったものと考えられる。
[48] 島田武彦『近世復古清涼殿の研究』思文閣出版、一九八七年。
[49] 前掲注3、藤田著書。
[50] 宮地正人『幕末維新変革史 上』岩波書店、二〇一二年。
[51] 『内閣文庫所蔵史籍叢刊 三三 天保雑記二』汲古書院、一九八三年。

［52］　福田道宏「近世後期「春日絵所」考―天保五年、原在照への「絵所」職株譲渡をめぐって―」（『美術史研究』四〇、二〇〇一年）。

第三章

安政の御所造営と文久の修陵

五十嵐公一

Igarashi Kōichi, "The Ansei-Era Reconstruction of the Imperial Palace and the Bunkyu-Era Repair of Imperial Mausolea"

はじめに

第三章で注目するのは孝明天皇（一八三一〜六六、図1）である（在位：一八四六〜六六）。孝明天皇は天保二年（一八三一）六月十四日に仁孝天皇の第四皇子として生まれ、弘化三年（一八四六）三月十日に仁孝天皇の崩御に伴い十六歳で践祚した。一四代将軍徳川家茂に嫁いだ和宮内親王は異母妹であり、明治天皇は長男である。

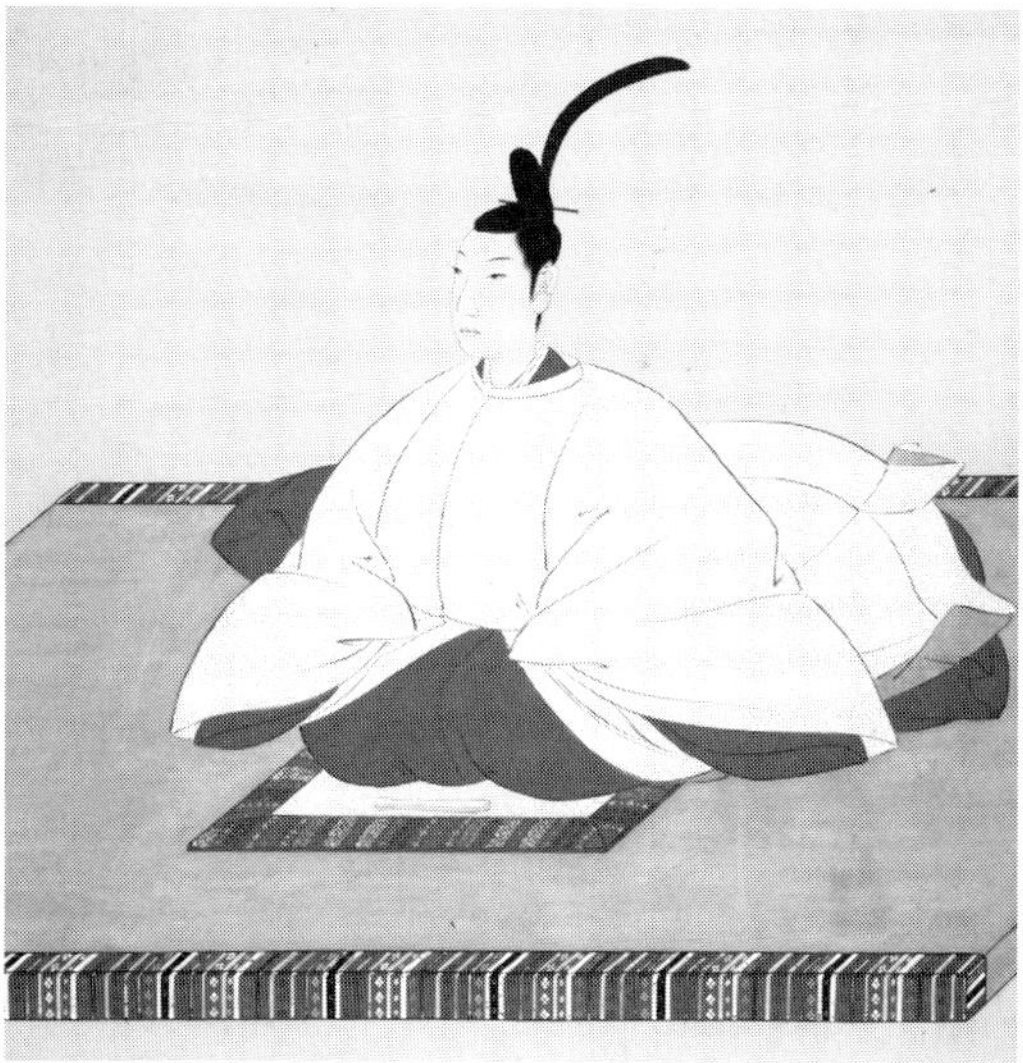

●図1 「孝明天皇像」（泉涌寺蔵）

孝明天皇の在位期間は、日本の激変期だった。嘉永六年（一八五三）のペリー来航、嘉永七年の日米和親条約、安政五年（一八五八）の日米修好通商条約、万延元年（一八六〇）の桜田門外の変、文久元年（一八六一）の和宮降嫁、文久三年の八月十八日の政変、禁門の変、慶応二年（一八六六）の薩長同盟、第二次長州征討での幕府軍敗北。そして同年十二月二十五日、孝明天皇は崩御した。在位は二一年。その翌年の慶応三年十月十四日には大政奉還がなされ、二六〇年以上続いた徳川幕府が倒れている。

政治史の観点から言えば、孝明天皇は公武合体で幕府を強化させ、鎖国攘夷を実現しようとした人物ということになるのだろう[1]。しかし、天皇個人の意思とは無関係に、幕府、

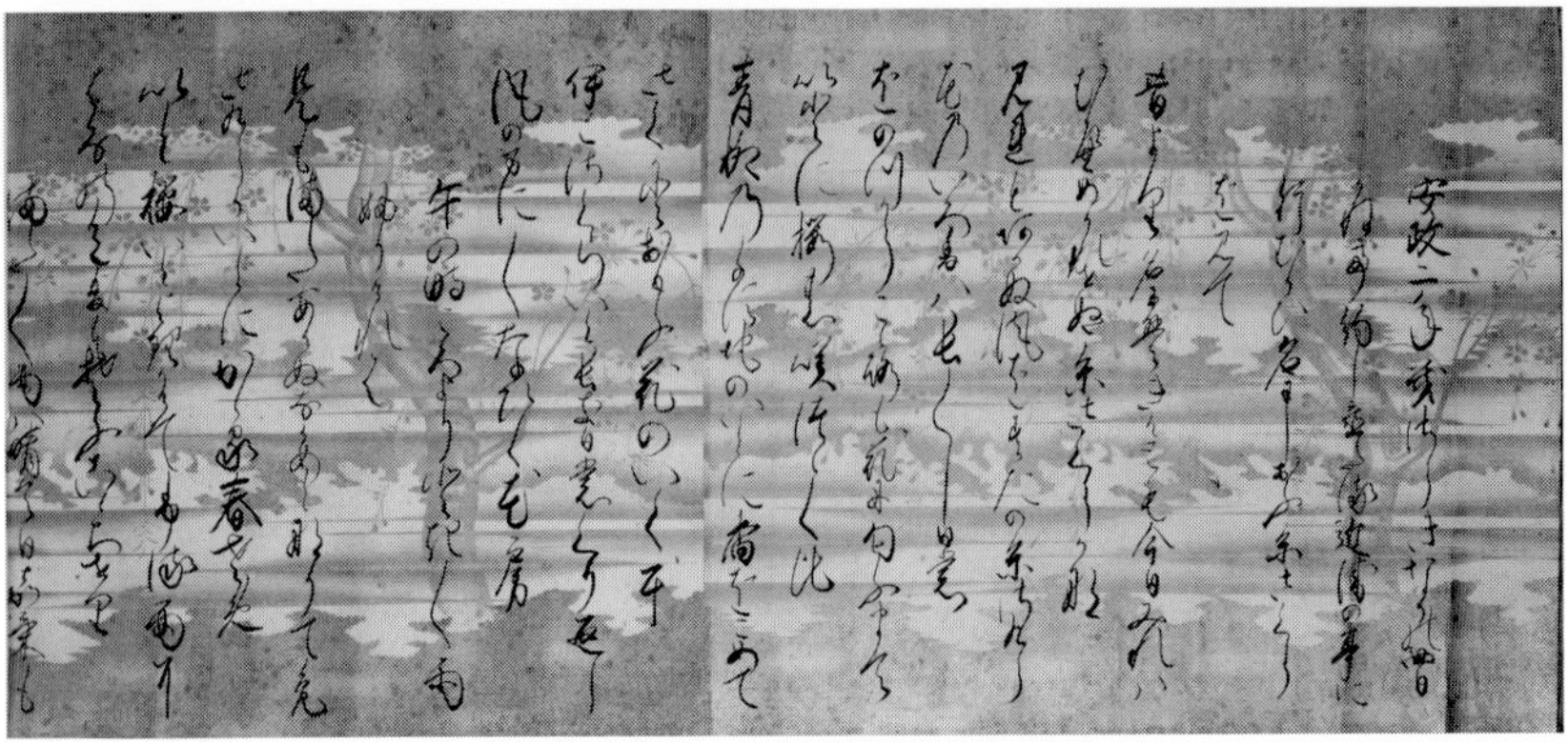

薩摩藩、長州藩、公家たち、それぞれが天皇という最強のカードを握ろうとして近づいてきた。その結果、天皇の周辺から政治が激しく揺れ動いた。これが孝明天皇在位期間の政治状況だったと言えそうだ。

では、孝明天皇をめぐる美術史は、どのように考えられるのだろうか。実は、政治史と少し似ているところがある。確かに、天皇個人が直接関わった作品は多い。例えば、安政二年二月の近衛忠煕亭での花宴後、孝明天皇は「詠糸桜和歌巻」（陽明文庫蔵、図2）をしたためている。これは重要文化財にも指定されている名品である。金泥が美しい料紙に、よどみない書体で三一の和歌がしたためられている。また、浮田一蕙「子日桜狩屏風」（泉涌寺蔵）、狩野永岳「熊鷹図屏風」（同）、鶴沢探真「四季花鳥図屏風」（冷泉家時雨亭文庫蔵）、あるいは御所人形「孝明さん」（宝鏡寺蔵）のような孝明天皇の遺愛品も多い。孝明天皇が直接関わったこのような作品は、周囲に何らかの影響を与えたに違いない。しかし、美術史という観点に立った場合、これらが後世に大きな影響を与えたとまでは言えないようだ。大きな影響を与えたのは、孝明天皇個人の意思とは無関係に天皇周辺で起きた出来事を契機とし、制作されたものだからである。

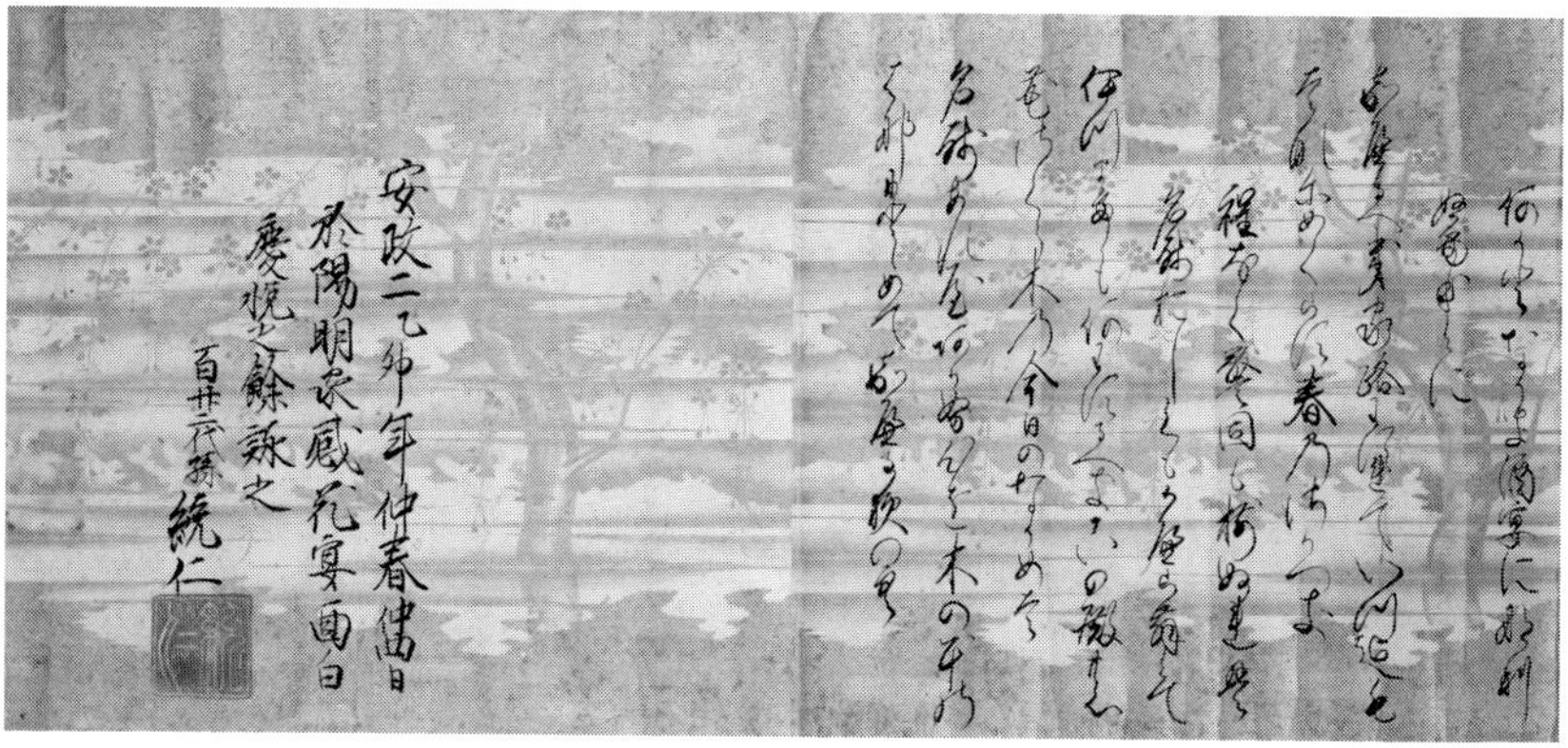

◉図 2　孝明天皇筆「詠糸桜和歌巻」（陽明文庫蔵）

そこで、この第三章では孝明天皇周辺で起きた二つの出来事に注目したい。安政二年の安政の御所造営、慶応元年完成の文久の修陵である。前者は孝明天皇が二十五歳、後者は三十五歳の時の出来事である。それらが後世にどのような影響を与えたのかを見ることにより、孝明天皇をめぐる美術史を考えたい。

先ずは、安政二年の安政の御所造営である。

一　江戸時代最後の御所造営

御所が焼失した

嘉永七年（一八五四）四月六日午刻、女院御所から失火があり、禁裏御所が炎上した（『実久卿記』）。火は広がり、西は浄福寺通、南は下立売通、北は今出川通にまで至る大災害となった（「嘉永火災図」[2]）。焼失の知らせはすぐに江戸に伝えられ、幕府はそれに迅速に対応した。四月十六日に老中阿部正弘を禁裏御所方御作事惣奉行に命じ（『続徳川実紀』）、四月十九日には京都所司代脇坂安宅を参内させて禁裏御所造営を奏上させている（『脇坂安宅日記』）。幕府が再建を申し出たのである[3]。

その再建については「都《すべ》テ御先例通リ」、つまり御所の配置や規模は焼失前のとおりにするという方針が立てられ（『脇坂安宅日記』）、四月末には造営事業の事務局とも言える造内裏御用掛に橋本実久、万里小路正房、中山忠能、大原重徳、裏松恭光、石井行遠、野宮定功が任命された（『議奏記録抜萃』）。その下には造内裏御用掛執次として虫鹿秀興、土山武宗も配され（『御造営御用掛日記』）、資金提供する幕府とは武家伝奏の三条実万、東坊城聰長（安政の御所造営終了時点）が折衝を務めた。このように体制が整えられ、再建の実務が進められていった。

その結果、翌年の安政二年（一八五五）三月十八日に木作始と地曳、八月二十四日には棟上が行われ、十一月二十三日には孝明天皇が新内裏に遷幸した（『実久卿記』）。つまり、約一年半という早さで禁裏御所は再建されたのである。

この安政の御所造営が、江戸時代最後の御所造営になった。そして、その成果が現在の京都御所に他ならない。一般公開されている京都御所である。この再建に際し、建築、調度、工芸に当時最高の技術が駆使されたことは言うまでもない。そして、そのことは障壁画にも当てはまる。

修復された賢聖障子

嘉永七年（一八五四）四月六日の火災は禁裏御所を焼失させた。しかし、火のまわりが遅かった。そのため御所から運び出され、焼失を逃れた障壁画もあった。そこで安政の御所造営の障壁画に関わる仕事は、その破損状況の見分から始まった。五月末には「絵師頭取」を務める土佐家と鶴沢家にその役割が命ぜられ、修復（御繕）か新調（新規）かの判断材料が集められた。また、被害を受けた障壁画の図様、それらを描いた絵師は誰だったのかという調査も命ぜられた（『御造営御用掛日記』『修理職御用并御造営之記』）。

その結果、寛政二年（一七九〇）、寛政の御所造営の際に住吉広行が描いた賢聖障子《けんじょうのそうじ》（口絵2・第一章図12）は修復と決まった。御所障壁画のうち最も重要な障壁画である紫宸殿の賢聖障子は被害が少なかったため、新調する必要はないと判断されたのである。そして、この修復は住吉広行の子、住吉弘貫が行うことになった。弘貫は江戸を活動拠点としていたため、禁裏御所焼失から間もない嘉永七年四月二十六日、賢聖障子の御用を請け負いたいとの願書を幕府に提出している。そして、その約半年後の十月十七日、幕府は弘貫に賢聖障子の御用のため京都に上るよう命じた(『奥御用其外手留日記』)。

こうして江戸にいた弘貫が安政の御所障壁画制作に関わることになったのだが、実は弘貫は安政の御所障壁画制作に参加した江戸在住の唯一の絵師だった。後で見るように、安政の御所障壁画制作のほとんどの仕事は京都在住の絵師たちに任されたからである。では、江戸在住の絵師たちのうち、なぜ弘貫だけがこの事業に参加することができたのか。このことは第二章に書かれている内容を思い出すと合点がゆく。御所障壁画の修復担当者の決定には次のような原則があった。

(1) 新規制作時の担当絵師本人が修復も担当する。
(2) 新規制作時担当絵師が死去している場合、その家督相続人が担当する。
(3) ①本人が死去していて相続人がいない場合、もしくは、②本人が生存していても京都に不在の場合、師家の者が担当する。

第一章で見たように、寛政の御所造営で賢聖障子を描いたのは住吉広行だった。ところが、この広行が文化八年(一八一一)に亡くなってしまう。そして御所は焼失し、賢聖障子は修復されることになった。その時点で住吉家の家督を継いでいたのは、広行の次男、住吉弘貫。そこで先の原則に基づき、弘貫が安政の御所障壁画制作に関わることになったのである。

こうして弘貫が賢聖障子を修復することになり、結果として幕府は禁裏御所の中で最も重要な賢聖障子の担当絵師を江戸から派遣することとなった。幕府も威光を示すことができたのである。なお、安政の御所造営で賢聖障子の修復だけではなく、住吉弘貫は紫宸殿中央間の「獅子狛犬」「負文亀」、御三間上段の間の「朝賀図」(図3)も描いてい

●図3　住吉弘貫筆「朝賀図」（京都御所御三間上段の間襖絵、宮内庁京都事務所蔵）

る。特に、これは孝明天皇の御好みによる指名だったという記録もある（『御造営元会所日記』）。

絵師選考はどのように行われたのか

これで賢聖障子は確認できた。次に、それ以外の障壁画がどのように調えられたのかを見てゆきたい。基本的には賢聖障子の場合と同じく、被害の小さかった障壁画は修復されて使われた。例えば、寛政の御所造営の際に土佐光貞が描いた障壁画が修復され、再び清涼殿母屋の障壁画として使われた。修復したのは土佐家の土佐光清。このように、先に見た原則に従って障壁画を修復する絵師は確定していった。

では、火災による被害が甚大であり、安政の御所造営で新調すると決まった場合、誰がそれらを描くのか。ここで絵師選考の問題が浮上してくる。禁裏御所の配置や規模については「都テ御先例通リ」という方針があったのだが、実はこの絵師選考においても寛政の御所造営が前例となった。選考は次のように行われた。

先に見たように嘉永七年（一八五四）五月末、焼け残った障壁画の破損状況調査が絵師頭取に命ぜられたのだが、その頃から京都の絵師たちが御造営御用掛執次に続々と御用願書を提出し始めた（『御造営画工願書留』）。禁裏御所の障壁画制作を請け負いたいと願い出たのである。例として、横山華山の子の横山華渓が提出した御用願書の写しを紹介したい。

乍恐奉願上候口上書

一今般

御所　准皇御殿等

御造営被為　在候御沙汰奉承知依之

御殿御絵　御用被為　仰附被下候様

乍恐奉願上度奉存候何卒以御憐愍之

御沙汰願之通　御用奉蒙　仰候者冥加

至極難有仕合可奉存候此段偏宜御沙汰

御執成奉願上候

以上

嘉永七年甲寅五月　　横山華渓印

中山大納言様御内

御雑掌御聚中

大原三位様御内

御雑掌御聚中

裏松前右大辨様御内

御雑掌御聚中

造内裏御用掛を務めた中山大納言（中山忠能）、大原三位（大原重徳）、裏松前右大辨（裏松恭光）の雑掌宛ての願書である。この願書の中で朝廷からの御用履歴を持っている絵師は、その旨を文中に記した。ここで紹介した横山華渓の願書にはそれがない。それはこの時点で華渓には朝廷からの御用履歴がなかったからである。『御造営御用掛日記』嘉永七年六月晦日の記録によれば、安政の御所障壁画制作の御用を望んだ絵師たちのうち、華渓を含めた五五名が朝廷からの御用履歴を持っていない絵師だった。

そして六月下旬からは願書に加え、作画能力の判断材料となる「手見セ絵」が絵師たちから提出され（『御造営御用掛日記』）、絵師頭取を務める土佐家と鶴沢家には彼らの御用履歴の確認が命ぜられた。これらが絵師選考の判断材料となったのである。

絵師選考の合否

絵師選考の結果、安政二年（一八五五）六月二日に御用を務める絵師が正式に決まる（『御造営画工願書留』）。ここで御用願書の提出から一年弱も時間がかかっているのは、御殿完成の目処が立ってから障壁画制作が本格的に始まったからに他ならない。

現在、この絵師選考を通過した絵師たちの名を教えてくれる史料として最もよく知られているのは、藤岡通夫『京都御所』で翻刻された「安政二年新造　紫宸殿・清涼殿以下至准皇御殿　御間御絵様并画工附」だと思われる。これは『安政御造営記』に掲載される記録などともほぼ一致する。また、現在も京都御所に残る障壁画とも矛盾はない。ただ、ここには、注意しなければならない点がある。実は、安政二年十一月二十三日の孝明天皇の新内裏遷幸の後にも複数の建物が造営されていて、そのうち花御殿西方と聴雪の障壁画を描いた絵師の情報がここに含まれているのである。したがって、安政二年の御所障壁画制作に参加した絵師のリストを作る場合には、その絵師たちを除外しなければならない。すると、次の九七名の絵師が残る（「安政二年新造　紫宸殿・清涼殿以下至准皇御殿　御間御絵様并画工附」に登場する順番に記す）。

住吉弘貫　土佐光文　土佐光清　土佐光武　狩野文信　座田重就　島田徳直　狩野永岳　鶴沢探真　勝山琢文　原在照　梅戸在親　海北友樵　岡田為恭　石田悠汀　大原呑舟　畑南嶺　岸竹堂　山口正信　安藤丹崖　岸岱　岡本亮彦　円山応立　岸連山　荘村柳渚　吉田公均　原南荊　村上西洲　駒井孝礼　岸誠　林葵山　中村春亭　近藤梁渓　福井徳元　横山清暉　横山華渓　吉田元鎮　長澤蘆鳳　中島華陽　中島来章　塩川文麟　国井応文　山田龍淵　大口義卿　磯野華堂　森寛斎　多村挙秀　田中泰嶺　島田雅喬　谷口華明　森一鳳　田中正伯　木村了琢　勝山琢如　笠川友泉　鈴木百年　大角南耕　竹川友広　谷口靄山　森峒林　八木奇峰　吉村孝文　星野馬彦　広瀬柏園　長澤蘆舟　三谷五峰　中島有章　林蘭雅　重懶堂　中川江雲　望月玉泉　岸龍山　村上松嶺　竹内重勝　重重威[4]　栢友鷹　浮田一蕙　吉村孝一　梅元鶴廷　多村秀文　武澤榻岸　山田龍仙　木村了舟　本多米麓　澤渡精斎　座田重慶　浮田松庵　国分文友　岸恭　山本探斎　三谷盛茂　富田光影　武田濙信　勝山仲茂　森義章　菱田来成　勝山仲衡

この九七名が、安政の御所障壁画制作を行なった絵師ということになる。

絵師頭取をつとめる土佐家

では、この九七名はどのような絵師なのだろうか。住吉弘貫については先に記した。そこで絵師頭取を務めた土佐家と鶴沢家の絵師たちから見てゆきたい[5]。先ず、土佐家である。この時の土佐家の当主である土佐光文は、土佐家の分家を継いだ土佐光孚の次男。しかし、土佐家宗家の土佐光禄の養子となり、画所預を務めた。この九七名の中には土佐光清と土佐光武が含まれているが、光清は光文の兄、光武は光清の子である。

土佐家は朝廷の画所預職を世襲していた家だった[6]。ところが、室町時代最末期の永禄十二年（一五六九）、土佐家宗家の土佐光元が木下藤吉郎の但馬攻めに参加し、戦死したのを機に土佐家は一気に没落に向かう。光元の没後、その遺児を託されたのは土佐家の門人、土佐光吉であり、光吉は京都を離れて堺で活動を続けた。その後、土佐家は京都で再興されるのだが、それは徳川幕府が開かれてから約五〇年後、光吉の孫、土佐光起が承応三年（一六五四）に画所預に復帰した時だった。

そして、この再興以降、光起の子孫が画所預を世襲してゆく。この職を務めることにより、彼らは京都の絵師の中でも別格と見なされるようになってゆくのである。画所預の世襲は土佐家が生き残るための重要な戦略だった訳である。寛政二年（一七九〇）の寛政の御所造営の際、画所預を務めていた土佐光貞が絵師頭取に命ぜられ、この安政の御所造営でも土佐光文が絵師頭取を務めた。安政の御所造営に参加した絵師たちの中で最も重い役割を担ったのは、この土佐光文だった。

絵師頭取をつとめる鶴沢家

次に、鶴沢家である[7]。禁裏御所が焼失した嘉永七年（一八五四）、鶴沢家の当主を務めていたのは鶴沢探龍（図4）だった。探龍は鶴沢探山から始まる鶴沢家の六代目である。探山は江戸を活動拠点として幕府の御用を務めた狩野探幽一門の絵師だが、東山院の勅により京都に上ったという記録がある（『古画備考』）。その事情について調べてみると、元禄十三年（一七〇〇）、探幽一門の狩野寿石敦信が京都から江戸に戻り、それに代わるように探山が京都に来たことがわかる。そのため、探山の上京には、探幽一門における人事異動という側面があったのではないかという興味深い指摘がある[8]。そして、京都に活動拠点を移すことになった探山は朝廷から禄を得ていて、それが探山の子孫に受け継がれていった。つまり、鶴沢家は朝廷の御扶持人だったのである。

第一章で見たとおり、寛政の御所造営の際、時の鶴沢家当主は探山の孫、鶴沢探索だった。その探索に寛政元年（一七八九）五月十日、土佐家の補佐という役割が命ぜられた（『造内裏御指図御用記』）。そして、このことにより鶴沢家も土佐家と同様に京都の絵師の中で別格と見なされていったのである。

この安政の御所造営では、時の鶴沢家当主だった鶴沢探龍が絵師頭取を務めた。先に見たように、嘉永七年五月末から土佐家と鶴沢家に禁裏御所障壁画の破損状況の見分が命じられたのだが、この調査を行なったのも探龍だった。ところが、絵師選考が確定する前の安政二年（一八五五）二月二日、その探龍が亡くなってしまう（『善導寺過去帳』）。安政の御所障壁画制作をした九七名の絵師の中に探龍が含まれていないのは、そのためである。

では、鶴沢探龍が亡くなった後、鶴沢家はどうなったのか。実は、喪が明けた直後、安政二年四月七日に探龍の娘婿となっていた鶴沢探真が鶴沢家七代となって安政の御所障壁画制作の仕事を引き継いだ。喪に服した者が御用に復帰した前例が調べられ、問題なしと判断された結果だった（『御造営御用掛日記』）。この時、探真は二十二歳。まだ若かったのだが、探真は絵師頭取としての役割を十分に果たした。常御殿中段の間に「大禹戒酒防微図」（口絵4・図5）を描くなど重要な仕事もしている。そして、その後、探真は幕末から明治にかけて重要な役割を担ってゆくことになるのだが、そのことについては後で詳しく見てゆく。

◉図4　「鶴沢探龍像」（京都府立総合資料館蔵）

なお、「安政二年新造　紫宸殿・清涼殿以下至准皇御殿　御間御絵様并画工附」に出てくる九七名の絵師のうち、重懶堂（重民部）、重重威（重数馬）、中川江雲（中川主計）、三谷五峰（三谷逸記）、竹内重勝（竹内大膳）、林蘭雅の六名は他の絵師たちとは少し立場が違っていた。『御造営手留』（内閣文庫蔵）にも安政の御所造営に参加した絵師のリストがあるのだが、そこではこの六名が他の絵師たちと明確に区別して記されている。

◉図5　鶴沢探真筆「大禹戒酒防微図」(京都御所常御殿中段の間襖絵、宮内庁京都事務所蔵)

その理由は、彼らが口向役人《くちむきやくにん》だったからである。この口向役人というのは、宮中で勝手向きの世話をする下級役人のことである。また、九七名の絵師の中には座田重就、島田元直、山口正信のような昇殿が許されない地下官人《じげかんじん》も含まれている。もちろん、彼らも「手見セ絵」を提出しているから絵師としての技倆は水準以上だったのだが、彼らは口向役人あるいは地下官人という身分があったため安政の御所造営障壁画制作に参加することができた。この裏には彼らに仕事を与えるという目的もあったと考えられるのだが、九七名の中にはこういう絵師も含まれていたのである。

重要なのは御用履歴

では、江戸から上ってきた住吉弘貫、絵師頭取を務めた土佐家と鶴沢家の絵師、口向役人や地下官人以外の絵師は、どのようにして絵師選考を通過したのか。この選考基準と経緯は寛政の御所障壁画制作と同様であり、第一章で詳しく論じているのでここでは論じない。その代わり、個別の事例のいくつかを紹介したい。

福井徳元という絵師が選考を通過している[9]。その結果、徳元は安政の御所造営で御三間の杉戸絵「松ニ蔦・寿老人図」

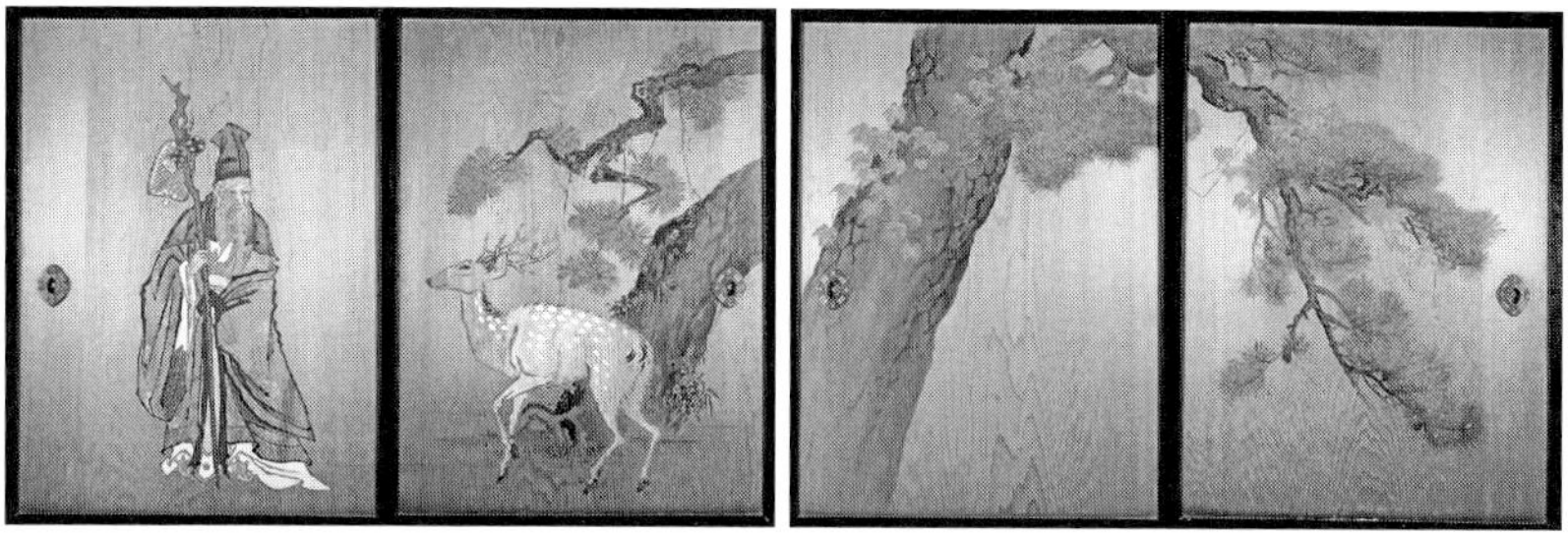

◉図6　福井徳元筆「松ニ蔦・寿老人図」（京都御所御三間杉戸絵、宮内庁京都事務所蔵）

（図6）を描くことになったのだが、現在ではあまり名前を聞くこともない絵師だと言えるだろう。その徳元の選考通過の経緯を『御造営御用掛日記』から見てみたい。

福井徳元が御用願書を提出したのは、嘉永七年（一八五四）五月だった。それを受け、絵師頭取の土佐光文と鶴沢探龍が徳元の素性を調べることとなった。その結果、徳元は堺町夷門下ル町に借宅住まいする近江屋八郎兵衛のことだと判明する。また、中年の頃には狩野縫殿介（狩野永岳）の弟子であって、狩野秀信とも称していた。ところが、その永岳と折り合いが悪かったらしく、永岳から破門され、福井徳元と名を改めていた。以上の事実が確認できたので、この度の御用が徳元に仰せつけられた場合、万一の不都合があるかもしれません（「此度御用被　仰付候節、万一不都合之義御座候而者奉恐入候間」）、との一文をつけて絵師頭取は七月に報告を上げた。永岳との関係を不安視した訳である。

その後の閏七月三日、絵師頭取が福井徳元に関する追加報告をした。二〇年程前、徳元は勘使所で三幅対の掛物絵の御用を初めて務めていて、その頃は淵顔湖と称していたというのである。勘使所は朝廷の日常経費を出納する役所、つまり徳元は朝廷の御用履歴を持つ絵師だったのである。徳元は江州坂田郡高津村百姓の伜だったらしいのだが、この御用履歴が決め手となり、絵師選考を通過した。

先に見たように、『御造営御用掛日記』嘉永七年六月晦日の記録によれば、安政の御所障壁画制作の御用を望んだ絵師たちのうち、朝廷の御用履歴がなかったのは五五名だった。そのうち、絵師選考を通過できたのは梅戸在親、海北友樵、畑南嶺、岸竹堂、岸誠、中村春亭、近藤梁渓、横山華渓、中島華陽、田中正伯、大角南耕、竹川友広、長澤蘆舟、中島有章、望月玉泉、多村秀文、武澤楊岸、木村了舟、本多米麓、澤渡精斎、山本探斎、勝山仲茂の二二名である。いかに御用履歴が重視されたのかが、このことからもわかる。

御用願書の取り下げ

絵師選考に関わる事例を、もう少し紹介したい。『御造営画工願書留』『御造営御用掛日記』から次のことがわかる。

第一章で見たように、村上東洲という絵師が寛政の御所障壁画制作に参加している。法橋位を得て、参加した絵師だった。嘉永七年（一八五四）六月、その村上東洲につらなる村上西洲、そして西洲の伜の村上章洲が安政の御所障壁画制作に参加するため御用願書を提出した。親子で御用を願い出たのである。それに伴い、この親子に「手見セ絵」の提出が求められた。ところが七月晦日、病気のため「手見セ絵」の提出期限を来月五日まで猶予していただきたいとの申し出が親子からあり、それが認められた。そして、約束の閏七月五日、危急に及んだという理由で親子は御用願書を取り下げた。実は、この時、章洲が危篤状態だったのである。そして、この直後に亡くなってしまった。つまり、村上親子のうち息子の章洲が他界したのである。これらの出来事が重なったため、村上親子の安政の御所障壁画制作の話も流れてしまう。

ところが、それから約二カ月後の九月九日、父親の村上西洲が再び御用願書を提出する。そして、絵師選考を通過した。寛政の御所障壁画制作に参加した村上東洲の画系は、こうして安政の御所障壁画制作でも御用を請けることになったのである。これは御用願書取り下げから復活した珍しい事例だと言えそうだ。現在、京都御所の御学問所にある「巣父許由図」と「雪蘇鉄図」の杉戸絵が、この村上西洲の作である。これらの杉戸絵の裏には、こんな事情があったのである。

御用願書の願い下げについては、次のような事例もある。嘉永七年六月、狩野縫殿介（狩野永岳）の門人、山本紋蔵が御用願書を提出した。しかし、先に見た村上西洲の倅、村上章洲が危篤状態だった嘉永七年閏七月五日、この紋蔵も御用願書を願い下げしている。それは、この頃に紋蔵も重病に陥っていたからだった。そして、紋蔵は亡くなった。紋蔵は御用履歴のない絵師であり、絵師選考でもその点が不利だったと思われるが、村上章洲と同様に健康に恵まれず絵師選考の前に御用願書を願い下げしてしまった訳である。

もう一例だけ紹介したい。岡本俊彦の事例である。嘉永七年閏七月、岡本俊彦が御用願書を提出している。その御用願書には、俊彦が弘化三年（一八四七）冬に朝廷から御屏風御絵御用を請けた旨が記されていた。つまり、俊彦は朝廷からの御用履歴を持つ絵師だったのである。したがって、俊彦は絵師選考の通過が見込めた。

ところが安政二年（一八五五）六月一日、俊彦は御用願書を突然願い下げている。その理由も、やはり病気だった。願い下げ届けには、病気が全快したら再び御用願書を提出したい旨が記されていた。しかし、その直後の六月二日、御所障壁画を描く九七名の絵師が確定する。結局、俊彦は病気のため最終局面で絵師選考から漏れてしまったのである。

清涼殿障子の場合

こうして安政の御所障壁画制作に参加する九七名の絵師が安政二年（一八五五）六月二日に確定した。では、実際の障壁画制作は、どのように進められたのか。このことを見てゆきたい。

ただ、ここでもそのすべての経緯を紹介できない。参考になりそうな事例で確認したいが、注目したい史料が二つある。清涼殿障子の制作について記した『安政度造営　清涼殿障子新調記』（冷泉家時雨亭文庫蔵）[10]、小御所《こごしょ》障子の制

◉図7　京都御所清涼殿

作について記した『安政度造営　小御所障子新調記』(同)である[11]。安政の御所造営の際、清涼殿障子と小御所障子は歌題に従って作画された。そのため、これらの障子制作では和歌奉行の冷泉為理が重要な役割を担った。この二つの史料が冷泉家に伝わっているのも、そのためである。

先ず、清涼殿（図7）の障子について[12]。制作経緯は次のとおりだった。清涼殿障子は造内裏御用掛（橋本実久、万里小路正房、中山忠能、大原重徳、裏松恭光、石井行遠、野宮定功）の指示を仰ぎながら和歌奉行（飛鳥井雅典、冷泉為理）が仕事を進めた。最初に、清涼殿障子に描かれる風景と詠まれる題目が決まる。それに従い、障子絵筆者（土佐光文、土佐光清、土佐光武）が下絵を描く。その後、その下絵を見て詠者（孝明天皇、鷹司政通、近衛忠煕、幟仁親王、飛鳥井雅久、烏丸光政、三条西季知、飛鳥井雅典、冷泉為理）が和歌を詠む。それと並行し、障子絵筆者が色紙を描いて、詠者とは異なる色紙筆者（九条尚忠、広橋光成、万里小路正房、倉橋泰行、綾小路有長、花山院家厚）がその色紙に和歌をしたためる。そして、先の下絵に基づいて清書された障子絵に色紙が押される。このような順序を経て清涼殿障子は完成した。

この複雑な経緯のうち、いま『安政度造営　清涼殿障子新調記』から作画に関する記録だけを簡単に確認してみる。先ず安政二年三月一日、土佐家に仕事の仰せ付けがあった。そして十五日には土佐光文、光清、光武の三名の仕事の分配案（絵筆者割案）の提出が土佐家に求められ、二十八日には光文から下絵草案と三人の絵筆者割案が出された。四月二十三日には草案に基づいて下絵を描くよう土佐家に内示が出され、五月二十一日に下絵が提出された。約一カ月で下絵が描かれたことになる[13]。二十四日には下絵の書改め箇所が指示され、六月三日に下絵が正式に了承された。四日には清書に要する日数が土佐家に問われ、その翌日に九〇日かかると土佐家は回答した。そして八日、下絵のとおりに障子絵を清書するよう光文、光清、光武に下命があった。

障子絵の清書に加え、土佐家には色紙制作の仕事もあった。六月十日、冷泉為理から寛政度御所障壁画制作の際の色紙の雛形が土佐家に貸し出されている。これは、その参考にさせるためだった。七月十四日には色紙の納期が八月七日と決まる。ところが、この納期を守ることができず、光文は八月八日に色紙を提出している。障子絵の清書との同時進行で多忙を極め、どうやら一日遅れたようだ。

十一月五日、障子絵の清書が出来上がる。そして、先に光文が提出した色紙に、詠者の和歌が色紙筆者によりしたためられ、その色紙が障子絵に押された。これですべての作業が終了した。孝明天皇が新内裏に遷幸したのは十一月二十三日なので、その約半月前に清涼殿障子は完成した訳である。土佐家がこの仕事に着手したのは四月下旬だったから、約半年で清涼殿障子は仕上げられたことになる。

小御所障子の場合

次に小御所障子である[14]。制作経緯は次のとおりだった。小御所障子も造内裏御用掛の指示を仰ぎながら、和歌奉行が仕事を進めた。

先ず、小御所障子に描かれる風景と詠まれる題目が決まる。それに従い、障子絵筆者（狩野永岳、鶴沢探真、勝山琢文、原在照、梅戸在親、海北友樵、岡田為恭）が下絵を描く。その下絵を見て詠者（孝明天皇、鷹司政通、近衛忠凞、鷹司輔凞、三条実万、幟仁親王、徳大寺公純、久我建通、烏丸光政、飛鳥井雅久、広幡忠礼、野宮定功、三条西季知、藤谷為兄、野宮定祥、坊城俊克、飛鳥井雅典、正親町三条実愛、烏丸光徳、鷹司政通、橋本実麗、梅渓通善、高松保実、久世通凞、飛鳥井典雅、冷泉為理）が和歌を詠む。そして色紙が描かれ、詠者とは異なる色紙筆者（九条尚忠、広橋光成、万里小路正房、倉橋泰行、綾小路有長、花山院家厚）が、その色紙に和歌をしたためる。その後、障子絵筆者が下絵に基づいて清書をし、そこにその色紙が押される。つまり、小御所障子の制作経緯は清涼殿障子とほとんど同じなのである。

この小御所障子について、ここでも『安政度造営　小御所障子新調記』から作画に関する記録だけを簡単に確認したい。安政二年（一八五五）四月二十五日、小御所障子絵について、上段は狩野縫殿介（永岳）、中段は鶴沢探真、下段は勝山琢文、廂の東面は原近江介（在照）、西面は海北友樵、南面は梅戸在親、北面は岡田為恭が担当することが内々に示された。二十六日には、この七名の絵師たちと冷泉為理が面会。また、小御所障子の下絵草案を五月二十日までに差出することが鶴沢探真に申し渡された。これ以降、各絵師への申し渡しは、鶴沢探真を介して行われることになる。探真が絵師頭取だったからである。

その後、梅戸在親、原在照、海北友樵、狩野永岳、岡田為恭、鶴沢探真の順に下絵草案が提出され、約束の五月二十日の時点での未提出者は勝山琢文だけとなった。ところが、二十四日になっても琢文は下絵草案を出さない。そこで、琢文は不届きであると問題となり、絵師交代の可能性も取沙汰される。二十五日の深夜、ようやく琢文が下絵草案を持参するが、翌朝改めて持参するよう申し渡しがある。琢文はそれに従い二十六日に提出した。二十七日、この度の失態に対し、琢文は今後遅滞しないことを誓う請書をしたためた。

六月一日、先の七名の絵師に対し、十五日中に草案どおりに下絵を仕上げて提出するよう内々に申し渡しがあった。特に、先の失態があった勝山琢文には念押しがなされた。また、九日には鶴沢探真だけに色紙五二枚を提出するよう申し渡しがあった。五二枚の色紙絵柄を統一させるため、探真一人に描かせることになったのである。そして十五日までには狩野永岳以外の六名が下絵を提出、十六日昼前までには永岳も下絵を提出した。

六月十九日、この七名の絵師が群青《ぐんじょう》の代金として壱坪に付き一八両ずつの加増を求める願書を連名で提出した。群青は高価な顔料だったからだが、結局この願いは却下される。二十二日には七名に対して下絵が了承されたと申し渡され、小御所屛風の制作は清書の段階に入った。そして八月十八日、鶴沢探真が五二枚の色紙を仕上げて提出。また、二十九日には梅戸在親が小御所南廂障子の清書を提出したのを始めとし、十月には滞りなくすべて絵師が清書を提出した。こうして小御所障子絵は完成した。

制作経緯からわかること

いま、清涼殿障子と小御所障子の具体的な制作経緯を確認した。ただ、残念ながら、このうち小御所障子は現存しない。昭和二十九年（一九五四）八月十六日、鴨川縁での花火があり、その火が原因で焼失してしまったからである。現在、京都御所にある小御所は昭和三十二年六月に再建されたものである。しかし、幸いにも清涼殿障子は安政二年（一八五五）に描かれたものがそのまま現存している。つまり『安政度造営　清涼殿障子新調記』からわかるように、これは土佐光文、光清、光武が描いたものなのである。

現存する清涼殿障子と焼失した小御所障子、この二つの制作経緯から次のことがわかる。先に見たように、安政の御所障壁画制作の絵師選考が確定するのは安政二年六月二日である。しかし、清涼殿障子と小御所障子の制作は、それ以前から始まっていた。清涼殿障子を描いた土佐光文をはじめとする絵師三名、小御所障子を描いた鶴沢探真をはじめとする七名は六月以前に仕事を申し渡されていた。これをどのように理解したらよいのかだが、このことは清涼殿障子と小御所障子の制作に関する特殊な事情と関係があるようだ。清涼殿障子と小御所障子には、詠者の和歌を色紙筆者が色紙にしたため、それを障子に押すという工程がある。その詠者も色紙筆者も複数いて、彼らはすべて公家である。そのため、色紙が整うまでに相応の時間がかかる。絵師選考が確定する六月から絵師たちに仕事をさせていたのでは間に合わない。そういう事情があったためだと考えてよさそうだ。

また、清涼殿障子を描いたのは土佐家の三名の絵師だけだった。彼らは親族であるため、彼らの間の連絡に問題は生じない。ところが、小御所障子を描いたのは異なる家の七名の絵師だった。そこで、絵師頭取である鶴沢探真から他の六名に連絡が回る仕組みになっていた。絵師頭取には、このような仕事があったのである。先に見たように、安政二年二月に鶴沢探龍が他界し、鶴沢探真が鶴沢家当主となった。この時、探真は二十二歳。この若さで突然に鶴沢家当主、そして絵師頭取を務めることになり、探真は大変だったと想像できる。しかし、探真はその役割を立派に果たした。この点には注目しておきたい。

二　安政の御所造営、その後

安政二年以降の造営

安政二年（一八五五）の安政の御所障壁画制作の内容が、およそ把握できた。次に、そこから派生する問題について考えたい。

先にも触れたが、実は安政二年十一月二十三日の孝明天皇の新内裏への遷幸以降、造営された建物が複数ある。そのうち迎春、花御殿の西方、聴雪、錦台にも障壁画が描かれたことが『安政御造営記』からわかる。

孝明天皇の書見の間である迎春に障壁画を描いたのは、岸連山、塩川文麟、原在泉。花御殿の西方に増築された八畳二間の障壁画を描いたのは、原南荊、中島有章。檜皮葺《ひはだぶき》の茶室、聴雪の障壁画を描いたのは、原在照、小田海僊、横山華渓、岸恭。四畳半の茶室、錦台の障壁画を描いたのは原在照だった。ここに登場する絵師たちは、ほとんどが安政二年の安政の御所障壁画制作にも参加している。ところが、原在泉と小田海僊はそうではない。

この二人のうち、ここで特に注目したいのは原在泉である。嘉永二年（一八四九）に生まれた在泉は、梶井宮の近習、渡辺亭観の子である。十歳で原在照の養子となり、後に原家四代当主となった。明治時代には京都府画学校、京都市美術学校、京都市美術工芸学校の教師となり、京都画壇で重要な役割を担っている。

この在泉が迎春の障壁画を描いた裏には、将来を見越した原家の戦略があったようだ。というのは、見てきたように、御所障壁画制作の絵師選考で重視されたのは、朝廷での御用履歴だった。したがって、それを持っていると、その後に朝廷から仕事を得ようとする時に有利になる。また、在泉が迎春に描いたのは取合間の四君子であり、これは決して大きな仕事ではない。そのうえ、この時の在泉はまだ幼く、画技が十分だったとは思えない。以上のことを考えあわせるなら、在泉の迎春での仕事は、原家が将来の布石とするため手を尽くして請け負わせた結果だと考えるのが自然である。原家については第二章でも注目したが、安政の御所造営後にこのような動きをしていたのである。

そして、このように少々無理ではあっても、朝廷での御用履歴を若い時期から持たせたいと考えたのは原家だけではなかったようだ。実は、勝山雅楽（仲茂）は十一歳、土佐豊前（光武）は十二歳、座田安房介（重慶）は十四歳で安政の御所障壁画制作に参加している。このことが『御造営手留』からわかる。どの家も将来を見越し、安政の御所障壁画制作に臨んでいたのである。

幕末、朝廷からの御用

安政二年（一八五五）十一月二十三日の孝明天皇の新内裏への遷幸以降に迎春、花御殿の西方、聴雪、錦台の障壁画が描かれたことが『安政御造営記』からわかる。しかし、これら以外にも安政の御所造営以降に朝廷から命ぜられた絵画制作の仕事があった。「原家文書」（京都府立総合資料館蔵）などの諸記録から、幕末までに次の機会で絵画制作の仕事があったことがわかっている[15]。

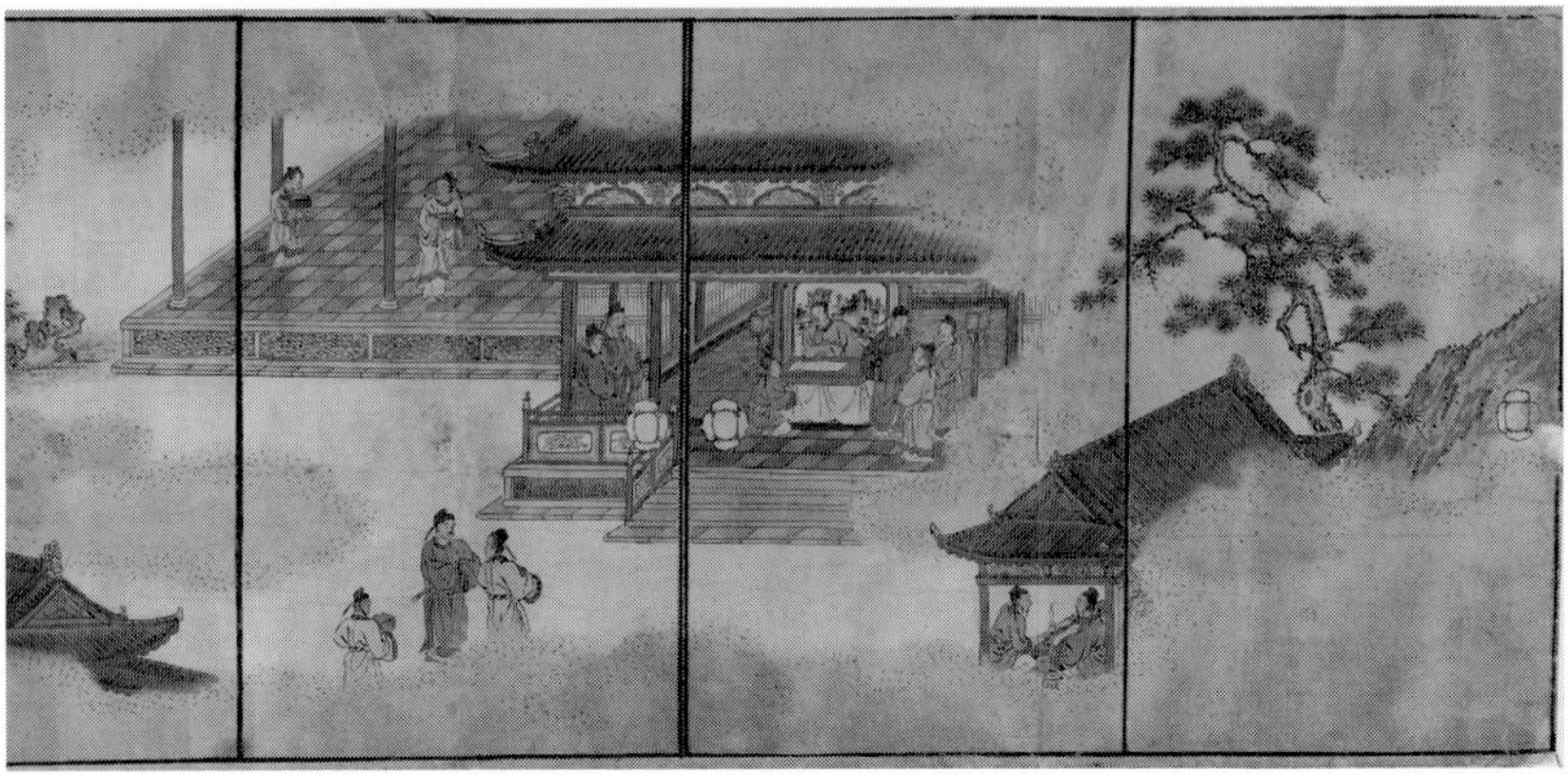

◉図8　土佐光文筆「唐太宗弘文開館」（「御所御襖絵絵巻」より、世田谷区立郷土資料館蔵）

安政二年（一八五五）安政度新調御道具
安政三年　関白鷹司政通への屏風
安政五年　関東への御品
万延元年（一八六〇）和宮降嫁御道具
文久元年（一八六一）女中方より和宮への献上
文久三年　家茂上洛
慶応二年（一八六六）東宮御殿障壁画
慶応三年　明治天皇即位御道具
慶応三年　准后御殿御屏風
慶応三年　女御入内

この中で特に注目したいのは、慶応二年の東宮御殿障壁画の制作である。ここから興味深い事実が派生しているからである。

東宮御殿はどうなったのか

安政の御所障壁画から十一年後、慶応二年（一八六六）に東宮御殿が新築された。そこに描かれた障壁画について、『艮隅御築地御取広并花御殿御模様替御用掛雑記』（宮内庁書陵部蔵）から具体的な制作経緯がわかる。それによれば、造営関

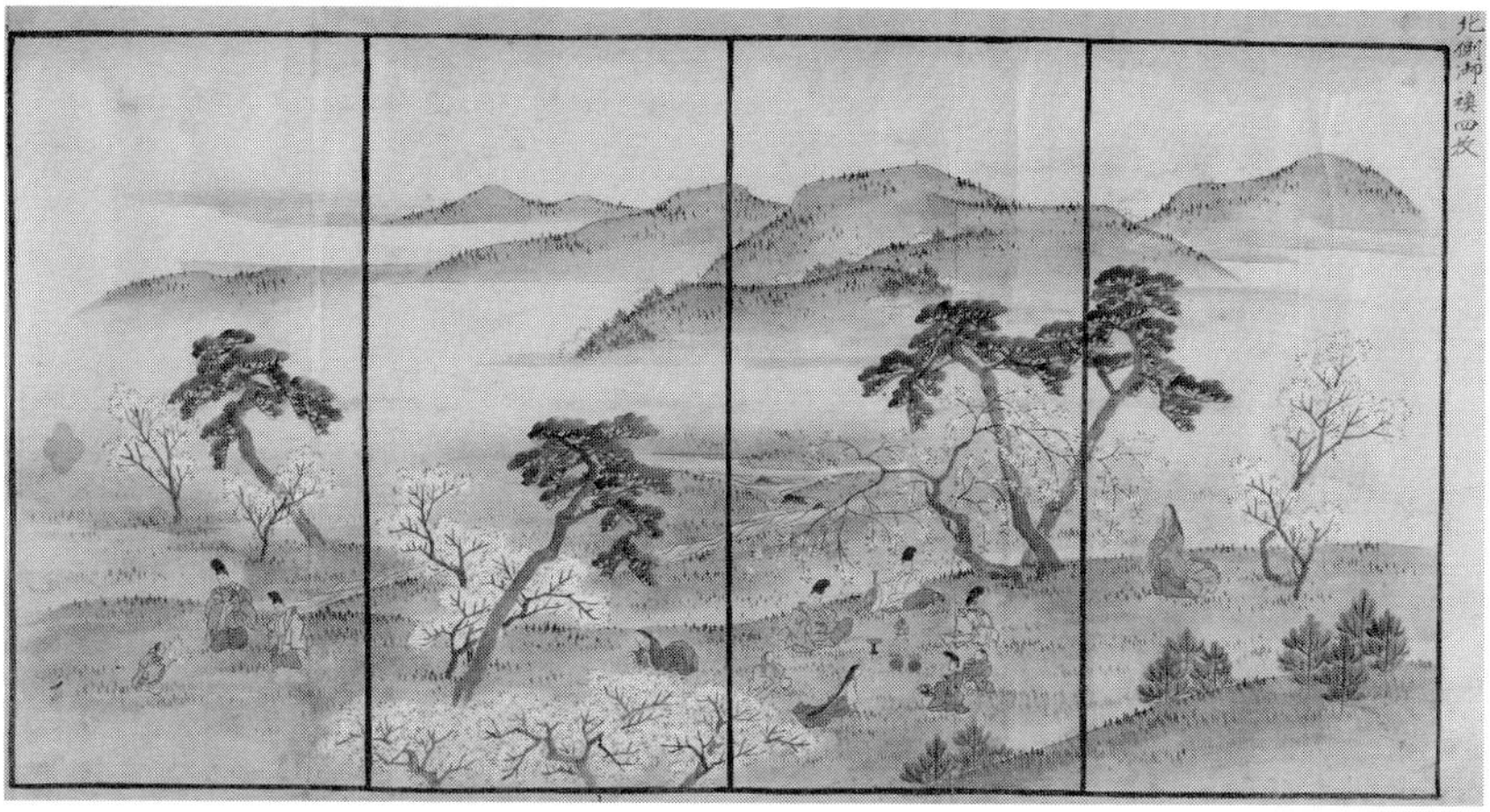

●図9　円山応立筆「桜狩」（「御所御襖絵絵巻」より、世田谷区立郷土資料館蔵）

係の諸職が任命され、絵師たちから御用を務めたい旨の願書が提出される。そして、選考を通過した絵師を土佐家と鶴沢家が統括した。つまり、ここでも安政の御所造営の場合と同じような手続きが踏まれたのである。

結局、この東宮御殿の障壁画制作の御用を得たのは、土佐光文、国井応文、嶋田雅喬、円山応立、鶴沢探真、中島有章、泉春園、吉村孝一、星野蝉水の九名だった。このうち泉春園と星野蝉水を除く七名は、安政二年（一八五五）の安政の禁裏御所障壁画制作に参加した絵師である。ちなみに泉春園も安政の御所造営の際、嘉永七年（一八五四）五月に御用願書を提出している。しかし、この時は選考を通過できなかった。春園は横山華山の門人だが、安政二年の時点では朝廷からの御用履歴がなかったこともあり、選考から漏れたようだ。

先の九名の絵師は下絵草案を提出する。それに細かい指示がつけられ、図様変更が命ぜられる。そして、それを踏まえた精密な下絵が描かれた。それが「御所御襖絵絵巻」（世田谷区立郷土資料館、図8・9）である[16]。この下絵に基づいて東宮御殿の障壁画が描かれ、東宮御殿は完成した。ところが、その直後の慶応二年十二月二十五日に孝明天皇が崩御。年明け早々に東宮が明治天皇として践祚した。そのため、新築されたばかりの東宮御殿は、すぐに空御殿となってしまったのである。

では、空御殿となった東宮御殿はどうなったのか。実は、明治天皇の践祚に伴い、孝明天皇の女御、九条夙子が皇太后となった。慶応三年、その皇太后のための大宮御殿が建てられた際、東宮御殿の一部が大宮御殿に移設された。さらに明治十三年（一八八〇）には、その大宮御所の黒戸が西本願寺、宮御殿が東本願寺、その他の一部が京都府に下賜された。つまり東宮御殿の建物は分割され、場所を変えたのである。そして、その建物とともに障壁画も移動したのである。

移動した障壁画

このように東宮御所の障壁画は移動している。これと同様に、安政の御所造営で描かれた障壁画の中にも移動しているものがある。常御殿の御寝の間にあった障壁画が、そのような一例である。

安政の御所造営の際、御寝の間の障壁画を描いたのは原在照だった。「安政二年新造　紫宸殿・清涼殿以下至准皇御殿　御間御絵様并画工附」には、この部屋の障壁画として「雲取砂子泥引中彩色」の「群鶏竹篭」が描かれ、御小襖として「絹張砂子泥引中彩色」の「十二月花鳥」と「六所玉川」が描かれたとある。

この障壁画が移動する契機となったのは、慶応二年（一八六六）十二月二十五日の孝明天皇の崩御だった。天皇が崩御した場所が、この御寝の間だった。そのため部屋の障壁画が取り替えられることになったのである。宝暦十二年（一七六二）の桃園天皇の崩御に伴い常御殿《つねのごてん》の一部が作り替えられているが[17]、それと同じことが行われたのである。孝明天皇の崩御に伴い新たに描かれたのは「竹ニ虎」であり、描いたのは土佐光文だった。現在の京都御所にも、常御殿の御寝の間にはこの「竹ニ虎」の障壁画がある[18]。

では、原在照が描いた障壁画はどうなったのか。実は、その一部が二曲一隻の「鶏図屛風」（図10）に仕立て直され、冷泉家時雨亭文庫に伝わっている[19]。冷泉家でもこの屛風は禁裏御所から拝領したものだと伝えられてきたのだが、その伝承どおり、これは常御殿の御寝の間を飾っていた障壁画だったのである。

安政の御所造営で描かれた障壁画のうち、移動した事例をもう一つ紹介したい。明治十五年（一八八二）十月十四日、泉涌寺で火災があり、霊明殿（御位牌殿）、四条天皇御影殿、法華堂、大小方丈、集会所、庫裏、玄関などが焼失[20]。その後、明治十六年十月までに御座所、小方丈、応接間、式台が再建された。その御座所と小方丈の建物は寛政の御所造営で建てられた御里御殿の一部、応接間や式台の部材は安政二年（一八五五）の安政の御所造営で建てられた東対屋のものである蓋然性が高いと指摘されている。

●図10　原在照筆「鶏図屏風」（冷泉家時雨亭文庫蔵）

現在、その泉涌寺にある小方丈、応接間、式台を飾る障壁画は、安政の御所造営による東対屋と西対屋にあったものである。具体的に言えば、東対屋の障壁画八二面のうち五九面、西対屋の障壁画八二面のうち五三面がそれである[21]。つまり、これらの障壁画も、新たな場所に移動したものなのである。

安政三年の『平安画家評判記』

安政二年（一八五五）の安政の御所造営から派生する問題を考えるため、障壁画の移動に注目してきた。その問題を、ここからは別の視点から考えたい。注目するのは、京都の絵師たちの序列である。第一章で見たように、寛政の御所造営を契機として京都の絵師たちの間で新たな身分内序列が再編された。では、安政の御所造営の後、その序列はどうなったのか。このことを考えたいが、その場合に興味深い史料がある。安政の御所造営が終了した翌年、つまり安政三年の『平安画家評判記』である[22]。

これは役者人気番付に見立てて、当時の京都の絵師たち五七名を格付けしたものである。例えば、岸岱を「無類千両　市川海老蔵」、狩野永岳を「大極上上吉　九百両　三枡大五郎」、横山清暉を「極上々吉　九百八十両　嵐璃寛」と格付けし、そこに頗《すこぶ》る面白いコメントが加えられている。この『平安画家評判記』には作者が記されていないが、最末席つまり五七番目に出てくる多村秀文が作者ではないかとする意見がある[23]。妥当な見方だと思う。

その『平安画家評判記』に掲載されている五七名の絵師、その格付けの概略は次のとおりである。

「無類」　一名：岸岱
「大極上上吉」　一名：狩野永岳
「極上上吉」　三名：横山清暉、中島来章、岸連山
「大上上吉」　三名：大原呑舟、浮田一蕙、原在照
「真上上吉」　一名：塩川文麟
「至上上吉」　二名：横山華渓、円山応立
「上上吉」　一三名：冷泉為恭、森義章　岡本亮彦、八木奇峰、長澤蘆鳳、駒井孝礼、森寛斎、山田龍渕、中島華陽、岸龍山、島田雅喬、渡辺丹涯（＝安藤丹涯）、吉村了斎（＝吉村孝文）
「上上」　二五名：岸礼ほか
「上」　八名：多村挙秀ほか

このように『平安画家評判記』は、上から「無類」「大極上上吉」「極上上吉」「大上上吉」「真上上吉」「至上上吉」

「上上吉」「上上」「上」の順番に絵師たちを九ランクに格付けている〔24〕。そして、この格付けに注目すると、興味深いことに気づく。「無類」から「上上吉」のすべての絵師が安政の御所造営障壁画制作に参加しているのである。つまり、これに参加していない絵師の格付けは、下からの二つのランクである「上上」「上」のいずれかでしかない。「無類」から「上上吉」までの上から七ランクには、入っていないのである。

『平安画家評判記』からわかること

この『平安画家評判記』の格付けは、多村秀文の個人的な見解でしかない。しかし、そこには安政の御所造営での絵師選考の結果が何らかの影響を及ぼしていている可能性が高い。というのは、『平安画家評判記』を記した多村秀文が、安政の御所障壁画制作に参加した絵師だからである。

多村秀文は安政の御所障壁画制作の仕事を得るため、嘉永七年（一八五四）六月に父多村挙秀とともに御用願書を提出している。この時点で父の挙秀には朝廷での御用履歴があったが、まだ秀文にはそれがなかった。しかし、挙秀と同じく秀文も絵師選考を通過できた。これは秀文にとって慶事だったに違いない。そうであるなら、その秀文による『平安画家評判記』での絵師の格付けに、この安政の御所造営の際の絵師選考の結果が影響していたとしても不思議ではない。

そして、このように考えた場合、『平安画家評判記』で「無類」から「上」までの絵師たちの九ランクの格付けとは別に、「此御両家は不加評」として「土佐」「鶴沢」が置かれている点は興味深い。安政の御所造営の際、絵師頭取を務めた土佐家と鶴沢家は別格であり、それ以外の絵師たちとは立場が明確に異なっていた。朝廷からの絵師たちへの伝達も土佐家と鶴沢家を介して行われた。このことが『平安画家評判記』にも反映し、「此御両家は不加評」とされたと考えてよさそうだ。

『平安画家評判記』が幕末に京都で活躍した絵師たちに関する興味深い史料であることは間違いない。ただ、これは安政の御所造営に参加した絵師が記したこと踏まえないと読み誤る史料のようだ。多村秀文の立場が強く反映されたものだからである。

二つの『平安人物志』

絵師たちの序列という点で、もう一つ注目したい史料がある。第一章でも注目した『平安人物志』である。『平安人物志』は明和五年（一七六八）版を始めとし、江戸時代に九版が刊行された。そのうち安政二年（一八五五）の安政の御所造営との関係で問題となるのは、その前後に刊行された嘉永五年（一八五二）版（図11）と慶応三年（一八六七）版（図12）である。

この二版の『平安人物志』で、先ず注目したいのは土佐家の序列である。嘉永五年版ではすべての絵師の中で上から土佐光孚、土佐光清、土佐光文の順番、慶応三年版では土佐光文、土佐光章、土佐光武の順番で土佐家の絵師が掲載されている。つまり、土佐家の絵師がトップスリーを占めているのである。ここから土佐家が別格と見られていたことがわかる。第一章でも論じているように、この認識は寛政の御所障壁画制作の際に固まったものだと考えられるのだが、それが嘉永五年版と慶応三年版の『平安人物志』でも見事に踏襲されていることがわかる。

そして、この土佐家に続くのは、嘉永五年版、慶応三年版のどちらの『平安人物志』でも鶴沢探龍である。ただ、このうち慶応三年版の鶴沢探龍には少し注意が必要である。なぜなら、先に見たように、探龍は安政二年二月に他界していて、慶応三年の時点では存命していないからである。したがって、慶応三年版の鶴沢探龍は、探龍を継いで鶴沢家当主となった鶴沢探真のことだと考えるべきである。このように慶応三年版『平安人物志』の内容には混乱があるため注意が必要なのだが、いま注目したいのは嘉永五年版と慶応三年版のいずれでも土佐家の次は鶴沢家という序列があったという点である。やはり、安政の御所障壁画制作で絵師頭取を務めた土佐と鶴沢の家は、別格だという認識があったのである。

そして、このことを踏まえるなら、嘉永五年版と慶応三年版の『平安人物志』にも安政の御所障壁画制作が大きく影響していると考えたくなる。ただ、その際の絵師選考の結果が、どの程度反映されているのかという点になると実は判断が難しい。確かに反映はされているのだが、先に見た『平安画家評判記』ほどには色濃く反映されていないからである。具体例を挙げたい。安政の御所障壁画制作に参加していない小川芦汀、高倉在孝のような絵師が、嘉永五年版と慶応三年版で比較的上位に位置付けられている。ところが、安政の御所障壁画制作に参加した竹川友広が相当に下位に位置付けられている。また、安政の御所障壁画制作に参加していても、ここに掲載されていない絵師が相当に多い。つまり、どうやら『平安画家評判記』は安政の御所障壁画制作が絶対の基準ではないのである。これは『平安人物志』の刊行目的、あるいは編者の立場を探るための一つの判断材料になるかもしれない。

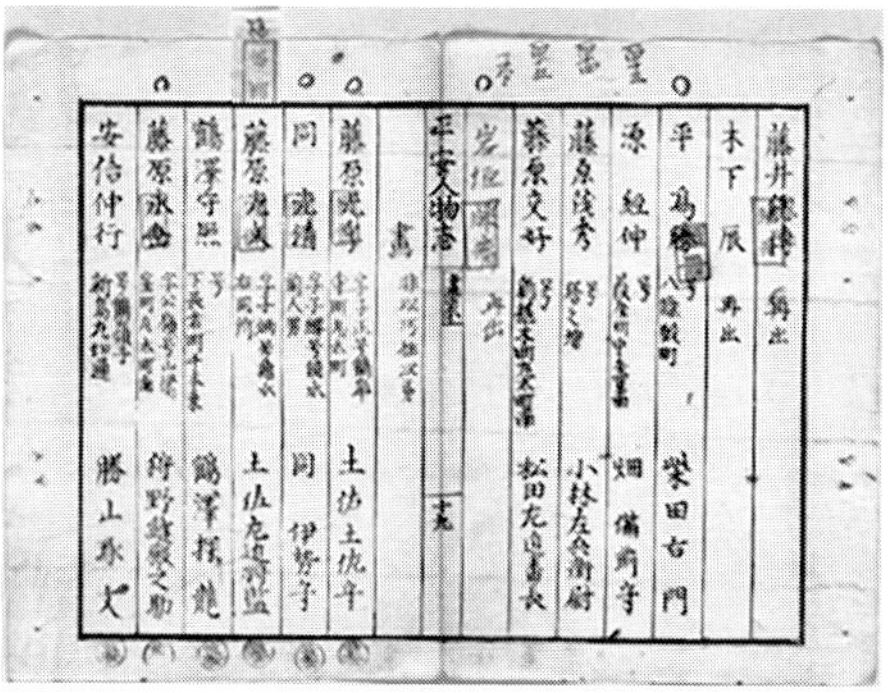

◉図 11　『平安人物志』嘉永五年版（国際日本文化研究センター蔵）

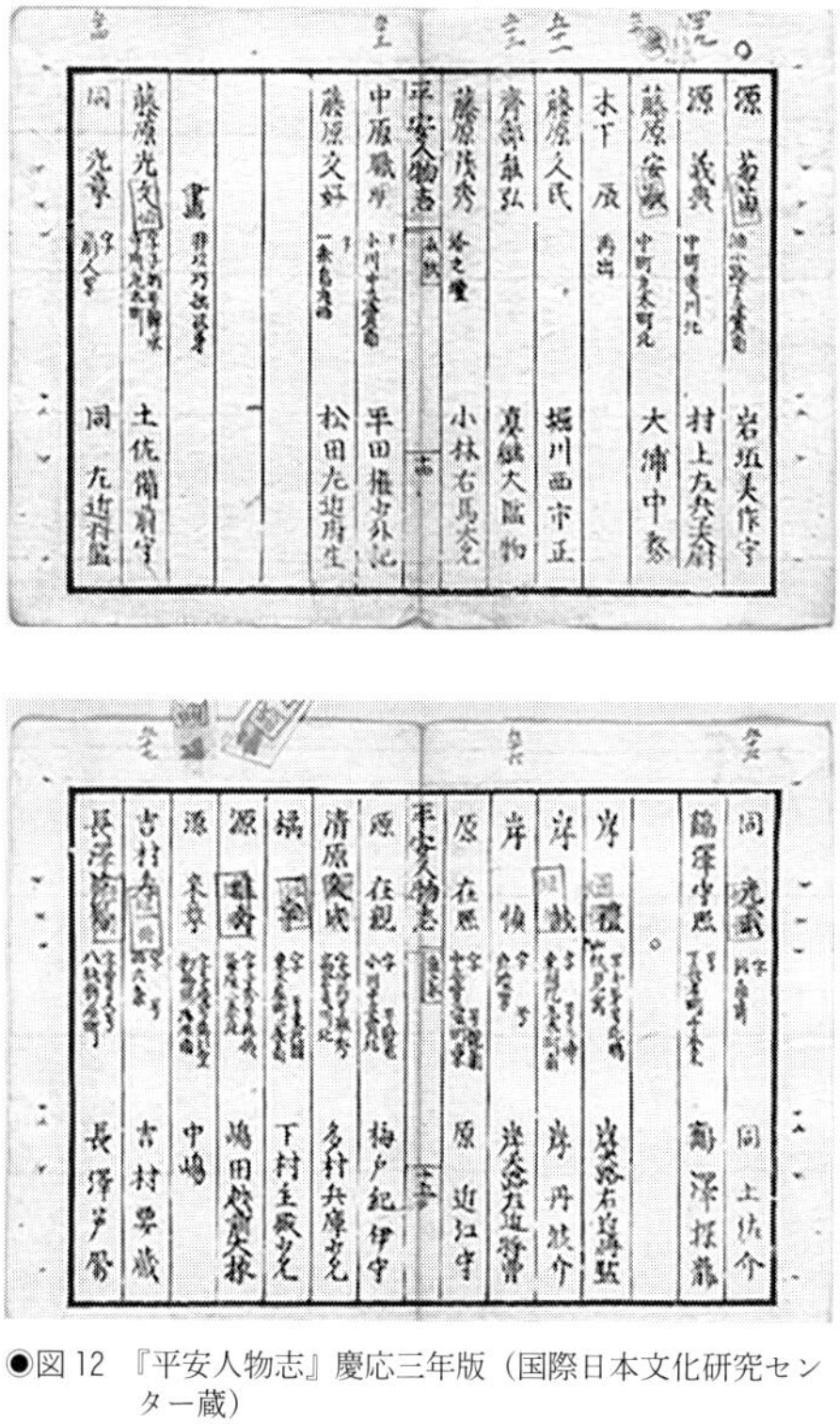

◉図 12　『平安人物志』慶応三年版（国際日本文化研究センター蔵）

三　文久の修陵という大事業

文久の修陵とは

安政二年（一八五五）の安政の御所造営と、そこから派生する問題について考えてきた。これは孝明天皇の意思とは無関係に起きた、嘉永七年（一八五四）四月六日の禁裏御所焼失を契機として始まったものだった。次に、やはり孝明天皇の意思のほとんど及んでいないところから始まった文久の修陵に注目したい。

文久の修陵とは、文久二年（一八六二）に徳川幕府が始めた歴代天皇陵の修復事業のことである。これ以前から修陵の動きはあり、幕府も幾度か天皇陵の調査や修補を行なっている。実際、元禄年間（一六八八〜一七〇四）、享保年間（一七一六〜三六）、文化年間（一八〇四〜一八）、嘉永年間（一八四八〜五四）にも行われている[25]。しかし、この文久の修陵がそれらと決定的に違うのは、実に大規模だった点にある。この事業の経緯は次のとおりである[26]。文久二年六月一日、幕府は幕政変革を狙って諸侯から意見を徴した。それに応じて閏八月八日、宇都宮藩の筆頭家老だった間瀬和三郎（図13）が宇都宮藩主戸田忠恕の名のもと「山陵修補建白」を提出した（『続再夢紀事』）。間瀬和三郎は戸田忠恕の祖父戸田忠翰の弟忠舜の子なのだが、間瀬家の養子となっていた人物である[27]。ちなみに、この戸田忠翰というのは森蘭斎あるいは中国人画家沈南蘋の画法を学び[28]、「風牡丹図」「白鸚鵡図」などを描いた人である。江戸絵画史では、よく知られた殿様と言ってよいだろう。

その間瀬和三郎が中心となって宇都宮藩が提出した「山陵修補建白」を幕府は採用する。そして、閏八月十四日には和三郎に修陵事業の統括を命じた。そこで和三郎は家老職を辞して戸田姓に戻り戸田忠至と称し、藩主戸田忠恕の名代としてこの事業に当たることとなった。閏八月二十一日にはこの経緯が朝廷側に伝えられ、十月九日に戸田忠至が京都に入る。十月十四日には公家の正親町三条（嵯峨）実愛、野宮定功らが山陵御用掛に任ぜられた（『定功卿記』）。このうち嵯峨実愛の母は松本藩主戸田光年の娘であり、宇都宮藩の戸田家とは姻戚関係にあった。そこで忠至は実愛を頼り、重要な相談もするようになる。実際、実愛の日記『続愚林記』にも忠至が頻繁に登場する。

十月二十二日、武家側の事業総括者として、忠至が朝廷から山陵奉行に任ぜられた（『山陵修補御用私記』）。ところが、忠至は山陵に精通していないし、関西の土地事情にも疎かった。そこで、谷森善臣、北浦定政、平塚瓢斎、岡本桃里ら関西の山陵研究家たち一〇名を調方《しらべかた》とし、意見を徴する組織を整えた（『山陵修補御用私記』）。こうして忠至は朝廷と幕府に絵図や仕様書を提出し、朝廷からは修陵方針、幕府からは経費監督を受け、この事業を進めることとなったのである。

十一月七日から十二月八日にかけ、忠至は谷森善臣らとともに大和から河内、和泉、摂津方面の諸陵巡検を行い、ここで初めて山陵を実際に見た（『山陵修補御用私記』）。そして、修陵事業の難しさに直面する。山陵の規模や荒廃状況が予想以上だったのに加え、山陵が年貢地になっているなど想定外の諸問題に気づいたのである[29]。そこで、現状を踏まえ、朝廷側からの見解にも従いながら、忠至は当初の修陵方針を修正する。その方針とは、陵墓造営時の規模を想定して修陵を行い、陵前に鳥居、燈籠、石標などの拝所を設けるというものだった。こうして修陵事業は具体的な段階に入っていった。

●図13　戸田忠至（間瀬和三郎）像（福井市郷土歴史博物館蔵）

二つの大きな問題

ところが、そこに二つの大きな問題があった。山陵用地と修陵資金の問題である。これらについて幕府と折衝するため、文久三年（一八六三）四月に忠至は江戸にいったん下る。八月まで折衝を続けた結果、年貢地になっていた山陵用地については、幕府直轄領を除いて代替地を与えるとの旨を幕府が通達したことでようやく解決した。

しかし、修陵資金の問題は厄介だった。「山陵修補建白」提出後の文久二年九月四日、忠至は「壱陵」につき「大凡金五百五拾五両位（五五五両）」、「山陵百カ所」で「〆五万五千五百両（五万五五〇〇両）」という、およその見積を幕府に提出していた（『東西評林』）。ところが、忠至が当初考えていた修陵方針が修正となり、想定していた二年での事業終了が不可能なことがわかってきた。また、幕府は修陵自体にかかる経費は支給したが、それに付随する経費、例えば修陵の調査のための経費などを支給しなかった。さらに、幕府は各陵についての見積書の審議後に資金を支給するのを原則としたため、資金繰りに支障が生じた。忠至は資金問題に苦しむことになったのである。

明治四十一年（一九〇八）の記録だが、『山陵御修補之顛末』に山陵御修補諸経費高は「貳拾貳萬七千五百六十八両余（二二万七五六八両余）」だったとある。そのうち「金拾四萬四千参百参拾参両貳分（金一四万四三三三両二分）」と「銀貳匁壹分四厘（銀二匁一分四厘）」が、文久二年九月から明治四年三月までにかかった諸役人の手当と旅費だった。これは莫大な経費である。そこで、忠至は山城大和河内の篤志の輩八一名から一万九七五八両一分三朱の援助を得るなどしたが、それでも資金は大きく不足した。修陵事業終了後、慶応元年（一八六五）五月に朝廷が「一二〇〇〇両」、明治二年十二月つまり江戸幕府崩壊後に明治政府が「七〇〇〇両」を与えて救済しなければならないほど、忠至の経済状態は悪かったのである（『続愚林記』）。実際、忠至自身も明治七年以降の書翰で「山陵御用相勤候以来、為借財日夜苦慮仕」と書いている[30]。そして、このことが後に問題となってくる。

重視されたのは神武天皇陵

話を戻したい。先に見たとおり、文久の修陵は孝明天皇の意思の及ばないところから始まった事業だった。しかし、

●図14　神武天皇陵

途中から孝明天皇が深く関わってゆく。そのことを見てゆきたい。

この文久の修陵で最も重視されたのは、実は神武天皇陵だった。ところが、初代天皇とされる神武天皇の陵墓の所在地については、『日本書紀』『古事記』にわずかな記述があるだけである。また、文久の修陵が始まるまで、現在では綏靖天皇陵とされている大和国高市郡四条村の塚山が神武天皇陵の最有力候補地と見られていた。そのうえ、神武天皇陵の場所に関しては、山陵研究家たちの間でも意見が分かれていた[31]。そのような状態の中、神武天皇陵の所在地問題に終止符を打ったのが、孝明天皇だったのである。

文久三年（一八六三）二月十七日、孝明天皇は畝傍山の東北にあたる大和国高市郡神武田（ミサンザイ）を神武天皇陵（図14）の地として治定した（『谷森家旧蔵関係史料』）[32]。これは山陵研究家のうち谷森善臣の説を認めたものだったのだが、これにより神武天皇陵の場所が確定したのである。そして、その後の二月二十四日、山陵御用掛を務めていた徳大寺実則と万里小路博房を奉告使として、治定した神武天皇陵に向かわせる。孝明天皇は御所の東庭でその神武天皇陵の方角に向かって拝礼、また綏靖天皇陵以下の諸陵にも拝礼して山陵修補を奉告した（『定功卿記』）。こうして孝明天皇も関わり、山陵修補は着手されたのである。

その神武天皇陵は文久三年五月に着工、同年十二月に竣成となった。ところが、神武天皇陵以外の諸陵の修補は遅れた。天皇陵は多い。そのため複数の山陵が位置する地域に拠点となる出張所を設置し、そこに事業を監督する宇都宮藩士を派遣する。そのうえで各陵について見積書と絵図を作成する。このようにさまざまな準備が必要だったからである。諸陵が全面着工となったのは元治元年（一八六四）三月以降であり、すべてが竣成したのは慶応元年（一八六五）九月だった。結局、修陵した天皇陵は一〇九カ所。こうして、文久二年に始まった修陵事業がようやく終了したのである。

この修陵事業の結果だが、神武天皇陵の修陵後、文久四年正月に将軍徳川家茂が従一位に叙されている。幕府の修陵事業への出資を朝廷が評価した結果だった。また、修陵の実務を行なった戸田忠至も厚く賞された。文久四年正月に忠至は大名格となることが認められ、慶応二年三月には宇都宮戸田家から一万石の分知を受け、下野国高徳藩を興した（『続愚林記』）。これは徳川幕府のもとで生まれた最後の藩となった。

また、宇都宮藩も思わぬ形で大きな恩恵を受けた。文久二年、坂下門外の変で老中安藤信正が攘夷派の浪士たちに襲撃された。幕府はこれに戸田家家臣が関与していると疑った。さらに元治元年十二月、幕府は水戸の尊皇攘夷派である天狗党追討を宇都宮藩に命じるが、幕府はそこに宇都宮藩の落度があったと判断した。幕府はこれらを宇都宮藩の失態と見なし、慶応元年正月に宇都宮藩主戸田忠恕の隠居謹慎を命じる。そのうえ、禄二万七八五五石を召し上げた。さらに、三月には奥州棚倉への転封を命じた。宇都宮藩は窮地に陥ったのである。そして、この危機に重要な役割を果たしたのが戸田忠至だった。忠至は嵯峨実愛を介し、孝明天皇や関白二条斉敬から厚い信頼を得ていた京都守護職松平容保らに働きかけを行なった。その結果、十月に先の処分が撤回となった（『続愚林記』）。修陵事業で朝廷を味方にしたことにより、宇都宮藩は救われたのである。

ハリスの来日以降

先に見たように、文久三年（一八六三）二月十七日に孝明天皇が神武天皇陵の場所を治定した。そして、同年五月には神武天皇陵の修陵に着工、同年十二月には竣成となった。この神武天皇陵が文久の修陵で最も重視されたものだった。それは一陵あたりの修陵予算が五五五両と見積られていたのに対し、神武天皇陵には製図および諸役人等の旅費手当を除いても、その約三〇倍の「壹萬五千〇六拾貳両壹分貳朱（一万五〇六二五両一分二朱）」が投入されたことからもわかる（『山陵御修補之顚末』）。そして、この神武天皇陵が、孝明天皇をめぐる政治状況とも深く関わってゆくのである[33]。

安政三年（一八五六）七月、大統領親書を携えたアメリカ駐日総領事のタウンゼント・ハリスが来日。幕府に日米通商条約の締結を迫った。アヘン戦争以降の清朝の情報を得ていた幕府は、条約締結の方針を固める。そして、幕府は朝廷もこの方針を支持するだろうと予想し、朝廷からの承認後に調印しようと目論んだ。ところが、孝明天皇は自分の代で異国とこの条約を結べば「先代之御方々不孝（先代の御方々に対し不孝）」（宸翰写、九条家蔵）だとし、これを拒絶。鎖国攘夷の態度を強く示した。これにより、幕府は窮した。そこで安政五年四月に大老に就任した井伊直弼が、六月に朝廷の承認を得ずに日米通商条約に調印する。当然ながら、孝明天皇はこれに逆鱗した。

その後、井伊直弼は安政の大獄で尊王攘夷派を徹底弾圧してゆく訳だが、安政七年三月に桜田門外の変で落命する。尊王攘夷派が暴発したのである。これにより幕府も職制、人事の一新を図らざるを得なくなり、あわせて公武合体による権威回復を目指した。文久二年二月、以前から検討されていた孝明天皇の異母妹和宮と将軍徳川家茂の婚儀が行われ、公武合体が進むかに思えた。しかし、尊皇攘夷派が各藩で台頭し、これに伴い天皇の意思とは無関係に孝明天皇の権威が急上昇してゆく。そういう状況で、孝明天皇は公武合体による鎖国維持を望み、幕府に攘夷実行を求めた。文久三年三月、上洛した徳川家茂に五月十日の攘夷実行を約束させたのである。

攘夷実行日を決めたものの、幕府には軍事行動を起こす意思はなかった。ところが、その五月十日、幕命に従うとの名目のもと、長州藩が下関を通過したアメリカ商船を砲撃。さらにフランス、オランダの軍艦にも砲撃した。そして、長州藩は米仏の艦隊からの報復攻撃を受けて大敗北する。軍事力の差を見せつけられたのである。

政治利用される神武天皇陵

では、文久三年（一八六三）五月十日の攘夷決行を徳川家茂に約束させた孝明天皇は何をしていたのだろうか。実は、三月十一日に攘夷祈願のため賀茂神社に行幸している。天皇の禁裏御所外への行幸は、寛永三年（一六二六）に後水尾天皇が二条城に行幸して以来、実に二三七年ぶりのことだった。また、四月十一日にも孝明天皇は石清水八幡に攘夷祈願のため行幸している（『言成卿記』）。幕府に圧力をかけたのである。そして、五月十日に幕府ではなく長州藩が攘夷実行に動いた。その知らせを聞いた孝明天皇は長州藩を大いに称賛したという。

その約三カ月後の八月十三日、次のような計画が発表された。五日後に孝明天皇が攘夷祈願のため神武天皇陵と春日大社に行幸し、逗留して親征軍議を行うというのである（『孝明天皇紀』）。つまり、ここで神武天皇陵が攘夷祈願のため利用されることになったのである。神武天皇陵の地が治定されたのは二月十七日、修陵の着工は五月、竣成したのは十二月である。したがって、この八月十三日の時点では神武天皇はまだ竣成していない。それでも攘夷祈願のため、孝明天皇がそこに行幸する計画が立てられたのである。

結局、この計画は実現しなかった。その予定日に三条実美ら攘夷派の公卿七名と長州藩兵が朝廷から追放される八月十八日の政変と呼ばれるクーデターが起きたからだった。神武天皇陵の修陵は攘夷とは無関係に始まったものだが、政治利用される計画が立てられた。しかし、結局それが実行されずに終わったという訳である。

以上が文久の修陵の経緯、そして孝明天皇との関わりである。この文久の修陵は、それ以降、天皇陵についての考え方に大きな影響を与えることとなった。孝明天皇により定められた神武天皇陵が、現在もそのように見なされていることがそれを端的に示している。文久の修陵は明治以降の宮内庁の方針、そして文化財行政に大きな影響を与え続けているのである[34]。

四　文久山陵図とは何か

文久山陵図の謹上

この文久の修陵に関連し、興味深い作品が生まれている。二部作られた「文久山陵図」である[35]。先に見たように、文久の修陵そのものは慶応元年（一八六五）に終了した。しかし、これで戸田忠至の仕事が終わった訳ではなかった。慶応二年十二月二十五日の孝明天皇の崩御後、忠至は泉涌寺内の「清浄之御地所」を選んで山陵を築くことを建言をした。これが受け容れられ、忠至が孝明天皇陵築造の責任者を務めることになったからである（『泉涌寺史』）。さらに、先に見たように忠至は文久の修陵による莫大な借金も抱えていた（『続愚林記』）。そういう時期に制作されたのが「文久山陵図」なのである。

この「文久山陵図」は、文久の修陵で戸田忠至を調方《しらべかた》として助けた谷森善臣が大和山城の天皇陵の所在地について考察した「所在考証（山陵考）」四冊、そして修陵前（「荒蕪《こうぶ》」）と修陵後（「成功《じょうこう》」）の様子を対比して鶴沢探真が陵墓の様子を描いた「山陵図」二帖から成る。そのうち「所在考証」四冊は大和二冊と山城二冊から成っていて、山城二冊のうち下冊に次の奥書がある[36]。

右文久二年壬戌八月叡載慶應紀元乙丑
五月奏功山城国
御陵荒蕪成功之写真両図一帖正偽考

証之書二巻也、慶應三年丁卯十月

謹上

山陵奉行　大和守藤原忠至（花押）

ここから「文久山陵図」は、「慶應三年丁卯十月」つまり大政奉還がなされた、まさに慶応三年十月に「大和守藤原忠至（戸田忠至）」が謹上したものだとわかる。現在、宮内庁書陵部と国立公文書館内閣文庫が、この「文久山陵図」を一部ずつ所蔵している。つまり、忠至は「文久山陵図」を二部作った。そのうち朝廷に謹上したのが宮内庁書陵部本、幕府に謹上したのが内閣文庫本ということになる。

いま注目したいのは、この「文久山陵図」のうち鶴沢探真が陵墓の様子を描いた「山陵図」二帖である[37]。この「山陵図」について言えば、宮内庁書陵部本も内閣文庫本も構成と図柄は同じである。ただ、幕府に献上された内閣文庫本の方が、絵の完成度は高い[38]。

この「山陵図」は天皇陵を考えるための史料として文化史や考古学では早くから注目され、その全図を掲載した『文久山陵図』（新人物往来社、二〇〇五年）も刊行されている。文久の修陵がいかに大規模な事業だったのかを教えてくれる史料として注目されてきた。また、文久の修陵以前の山陵の状態を知るための史料としても積極的に活用されてきた。ところが、なぜか美術史ではほとんど注目されてこなかった。

この「山陵図」を描いた鶴沢探真は、先に見たように安政の御所造営の際、二十二歳ではあったが鶴沢家当主として絵師頭取を務めた人物である。また、常御殿の「大禹戒酒防微図」を描くなど重要な仕事もしている。これらのことも踏まえるなら、鶴沢探真の「山陵図」は無視できないはずである。この作品について考えてみたい。

山陵図の画風

この「山陵図」は、慶応三年（一八六七）に幕府と朝廷にそれぞれ謹上されたものでもあり、さすがに仕上がりは丁寧である。慶応三年、探真は三十四歳。安政の御所障壁画制作の仕事をした二十二歳の時点で探真はすでに優れた作画技術を身につけていたが、それから十年以上を経て、さらにそれが深化したことがわかる。

先ず、この「山陵図」の画風に注目したい。戸田忠至が幕府と朝廷に謹上した「文久山陵図」には、文久の修陵の報告書という意味が確実にあった。そのことは「所在考証」と「山陵図」、つまり考証書と画像がセットで謹上されたことからもわかる。「山陵図」で修陵前の状態である「荒蕪」と修陵後の状態である「成功」、つまり修陵のビフォーとアフターが対比されているのもそのためだと考えられる。そして、その対比のためには「山陵図」の各画面が実景を描いていると思わせることが絶対に必要となる。そこで採用されたのが、「山陵図」のこの画風だったと考えられる。

このことを踏まえて「山陵図」の各図を見てみる。例として「成功　綏靖帝陵」（図15）に注目したい。すると、丁寧な線で陵墓、樹木、道などの輪郭が取られている。しかし、画面で強い印象を与えるのはその彩色である。そこでは画面全体が破綻のない彩色で整えられている。この「山陵図」の画風は、安政の禁裏障壁画制作で探真が描いた「大禹戒酒防微図」（口絵4・図5）のそれとは大きく異なるものである。

この「山陵図」の画風は、乱暴な見方をするなら、例えば池大雅「浅間山真景図」や谷文晁「公余探勝図巻」（東京国立博物館蔵）のような真景を描いた作品で使われているものに近い。探真の絵師としての引き出しの多さに驚かされるのだが、この見方が正しいのなら「山陵図」は真景図を描くのに使われる画風をあえて採用したということになる。では、「山陵図」は真景図なのだろうか。このように考えた場合、たちまち複数の疑問が浮かんでくる。

アフターで描かれているもの

いま、「山陵図」が真景を描いていると考えた場合、そこに不可解な点があることに気づく。「山陵図」は修陵前の状態「荒蕪」と修陵後の状態「成功」を対比させているのだが、それらが同じ地点から描かれていないのである。修

◉図15　鶴沢探真筆「成功　綏靖天皇陵」（「文久山陵図」より、国立公文書館内閣文庫蔵）

◉図16　鶴沢探真筆「成功　欽明天皇陵」（「文久山陵図」より、国立公文書館内閣文庫蔵）

陵のビフォーとアフターを対比させたいのなら、同じ時点から描かないと意味がない。ところが「山陵図」では、その約束事が守られていないのである。

　では、「山陵図」の「荒蕪（ビフォー）」と「成功（アフター）」は、どのような地点から描かれているのだろうか。このことを考えた場合、アフターについては一つ大きな特徴があることに気づく。鳥居、燈籠、石標などの拝所が必ず描き込まれているのである。それは、例えば成功（アフター）の欽明帝陵（「成功　欽明帝陵」、図16）を見るとわかる。俯瞰した図なので小さくなっているが、画面まん中あたりに拝所が描かれている。また、先に見た「成功　綏靖帝陵」（図15）でも拝所が描かれている。

　先に述べたように、江戸時代には文久の修陵以前にも何度か修陵の動きはあり、幕府は天皇陵の調査や修補を行なっていた。しかし、それらは小規模な修補であり、山陵に竹垣を巡らせ、高札を立てる程度だった。鳥居、燈籠、石標などの拝所が新設されたのは、文久の修陵が初めてだったのである。つまり、文久の修陵の成果をわかりやすく示すため、アフターの図はこの拝所を描き込める地点からあえて描かれたと考えられるのである。

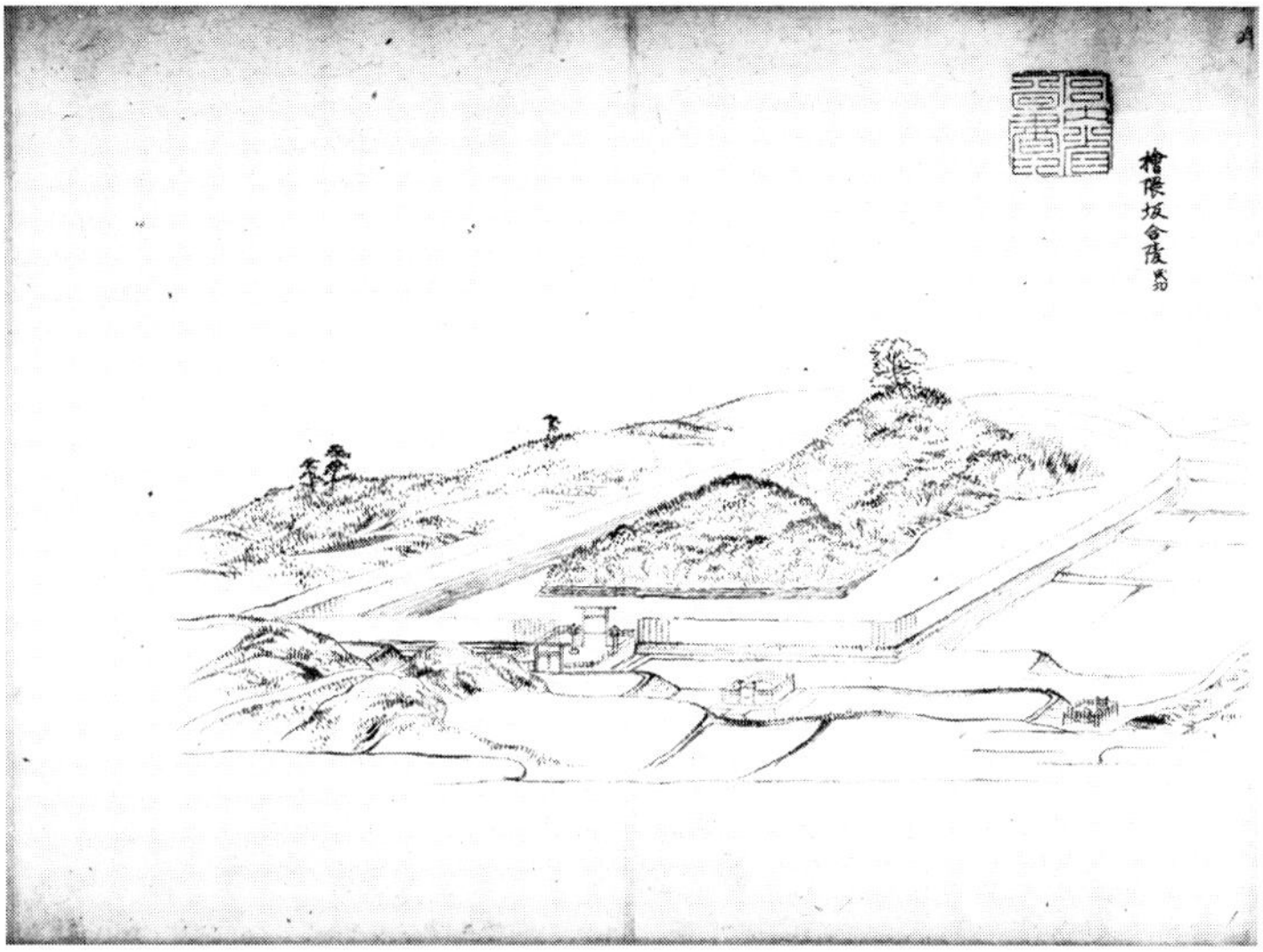

◉図17　「成功　欽明天皇陵」（「文久山陵図草稿」より、宮内庁書陵部蔵）

このようにアフターの図には、新設された拝所を描きたいという強い意図が込められている。それは理解できる。ただ、そうであるなら、ビフォーもアフターを描いたのと同じ地点から描けば対比が鮮明となり、アフターの成果が強調できる。ところが、「山陵図」はそうなっていない。ビフォーはアフターとはまったく違う地点から描かれている場合が実に多いのである。では、なぜそのようになってしまったのか。

その理由を考える際、参考になりそうな資料がある。「山陵図」の草稿である。現在、宮内庁書陵部に二点の「文久山陵図草稿」がある。三帖からなる「文久山陵図草稿」（E二―六）と、一二帖からなる「文久山陵図草稿」（B二―一八三）である[39]。

三帖からなる「文久山陵図草稿」（E二―六）には、「山陵図」と似た図が複数含まれている。特に、アフターの欽明帝陵（図17）などはその例だと言える。先に見た「成功　欽明帝陵」（図16）との類似点は多い。この三帖本には、他にも陵墓の樹木、石塔、石、鳥居などをクローズアップした図、陵墓周辺の地形をメモした図、陵墓周辺の地図などが含まれている。情報満載の草稿だと言ってよい。ただ、この草稿にはアフターの図が圧倒的に多い。

一方、二帖からなる「文久山陵図草稿」（B二―二八三）にも、やはり「山陵図」と似た図が複数含まれている。特に、アフターの円融帝陵などがその例である。三帖本と比較すると、二帖本の方が「山陵図」と似ている図の割合が高い。二帖本は三帖本の次の段階の草稿なのかもしれない。この二帖本には燈籠などをクローズアップしたものなどさまざまな図が含まれているのだが、全体を見渡した時に気づくのは、拝所が描かれた図つまりアフターの図が多いことである。これもこの草稿の特徴と言えそうだ。なお、この二帖本には京都で購入したことを示す墨書がある。さらに、「鶴沢」の小さな円印も複数の箇所で確認できる。このことから、この二帖本は鶴沢家に伝わってきた草稿が市場に出て、それが購入されて宮内庁に入った可能性が高い。いま、この二つの草稿を踏まえ、改めてビフォーとアフターが異なる地点から描かれた理由を考えた場合、大きな疑問が浮上してくる。「山陵図」を描いた鶴沢探真は、山陵のビフォーの状態を実際に見ていたのかという疑問である。

探真のビフォー

第三節で見たように、文久二年（一八六二）十一月七日から十二月八日にかけて、戸田忠至は谷森善臣らとともに大和から河内、和泉、摂津方面の諸陵巡検をしている。このことを参考にするなら、すべての山陵の現地調査をするには一カ月ほどの時間がかかると想像できる。鶴沢探真が描いた「山陵図」を含む「文久山陵図」が朝廷と幕府に謹上されたのは、慶応三年（一八六七）十月。「山陵図」には慶応二年十二月二十五日に崩御した孝明天皇の陵墓も描かれているから、「山陵図」が仕上がったのは慶応三年十月に近い時期だと想像できる。仕上がってすぐに謹上された可能性もある。

第二節で見たように、探真は天皇の周辺などから多くの仕事を請けていたから、この期間にそれらの仕事をキャンセルし、京都を長期間離れることができたのかという疑問は残るが、探真は山陵のアフターの状態を現地で確認しようと思えば可能だった。

では、探真は山陵のビフォーの状態を見ていたのだろうか。先に見たように、文久二年に戸田忠至は谷森善臣らとともに山陵巡検をしているのだが、実はその一行に岡本桃里という絵師が含まれていた。この岡本桃里は四条派に属し、大和八木を拠点に活躍した絵師だった。つまり、文久の修陵が始まった時点で、忠至の周辺には山陵のビフォーの状態を記録できる絵師がいたのである。そして、この頃に忠至と探真に接点があったという記録は今のところ見つかっていない。そうなると、忠至から「山陵図」の制作依頼があるまで、探真は文久の修陵にまったく関わっていなかった可能性も出てくる。

そして、忠至と山陵巡検した岡本桃里は、山陵のビフォーの状態を幾度も描いている。また、桃里以外にも複数の絵師が文久の修陵以前の山陵の状態を描いている。文化五年（一八〇八）に絵師山本探淵が描いた「文化山陵図」（図18）はその一例である[40]。つまり、ビフォーの状態を探真以外の複数の絵師が描いていた訳である。

以上のことを踏まえた場合、次のような考えが浮かんでくる。探真は他の絵師が描いた図を参考にして、「山陵図」のビフォーを描いたのではないだろうか。そのように考えた場合、「山陵図」のビフォーとアフターが同じ地点から描かれていないことにも一応の説明がつく。

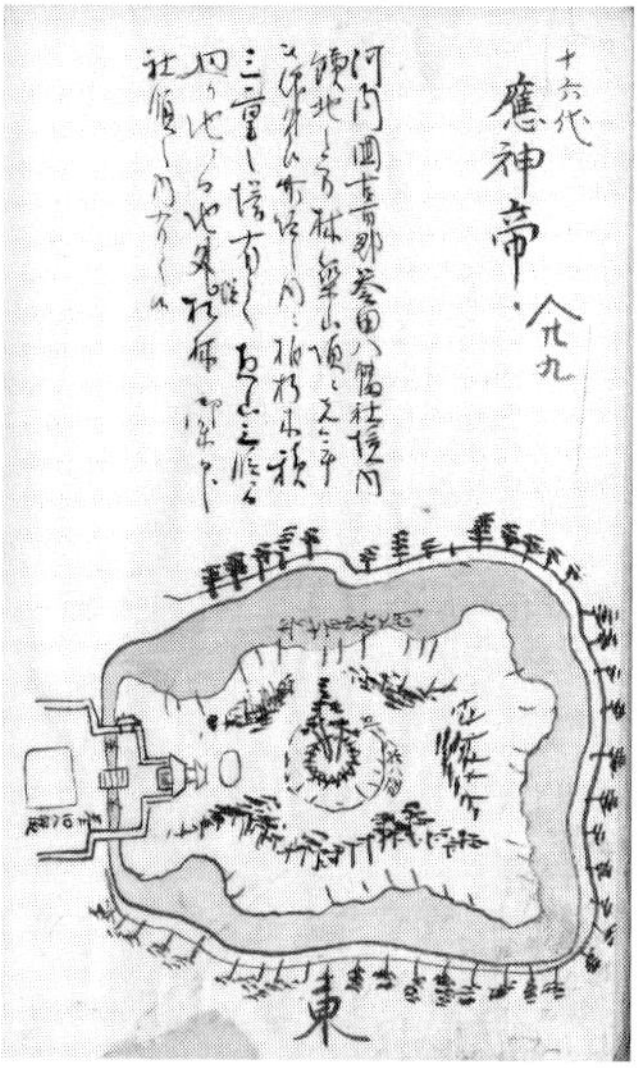

◉図18　山本探淵筆「応神天皇陵」（「文化山陵図」より、山田邦和蔵）

岡本桃里を採用しなかった理由

そこで、鶴沢探真が他の絵師が描いた図を参考にして「山陵図」のビフォーを描いたと想定してみる。しかし、このように考えた場合にも、一つ大きな疑問が浮かんでくる。文久の修陵に当初から深く関わり、諸陵のビフォーとアフターの状態を熟知する岡本桃里なら、探真以上に「山陵図」を的確に描けたのではないかという疑問である。つまり、探真ではなく桃里に描かせれば、より目的にかなった「山陵図」ができたはずなのである。

実際、岡本桃里が山陵を描いた巻子二本が橿原考古学研究所にある[41]。また、戸田伯爵家から大正八年（一九一九）に購入された、岡本桃里筆「文久帝陵図」一巻（五〇二―三六七）が宮内庁書陵部にある[42]。これらは探真の「山陵図」と一致する画面がまったくないので、桃里の作品と探真の「山陵図」は関係が薄いと考えられるのだが、桃里は確かに幾度も山陵を描いている。つまり、忠至から「山陵図」の制作依頼があれば桃里は十分にその役割を果たせたはずなのである。ところが、忠至は桃里に「山陵図」を描かせなかった。それはなぜか。

そこで考えられる理由の一つは、桃里の身分である。桃里は山陵に精通していたが、朝廷や幕府に謹上する作品を描ける絵師ではなかった。第一節や第二節で見たように、朝廷の仕事をするにはさまざまな手続きが必要だった。大和八木を拠点に活動していた桃里には、当然ながら朝廷の仕事をした履歴がない。

しかし、忠至はどうしても「山陵図」を朝廷と幕府に謹上したかった。そのためには、朝廷と幕府が認める絵師が「山陵図」を描かなければならない。つまり、桃里はその選外だったのである。そこで、鶴沢家の当主であり、安政の御所障壁画制作でも絵師頭取を務めた鶴沢探真に白羽の矢が立った。探真であれば問題はない。つまり、桃里なら「山陵図」を適切に描けることを十分理解していたが、忠至は謹上という目的のため探真を採用したと考えられるのである。

山陵図は正確か

「山陵図」のビフォーについては、まだ問題がある。実は、この中に山陵を正確に描いていない図が含まれていると指摘されているのである[43]。例を挙げたい。欽明帝陵のビフォー（「荒蕪　欽明帝陵」、図19）は墳丘が楕円形に描かれている。少なくとも、この図の墳丘は前方後円墳には見えない。ところが、宮内庁書陵部による墳丘裾部の発掘調査により、この古墳は当初から前方後円墳だったと指摘されている。つまり、欽明帝陵のビフォーは、正確に描かれていない可能性が高い。

また、舒明帝陵は斜面に造られているため、方形壇が前面にしかない特異な形をした古墳である。その舒明帝陵のビフォー（「荒蕪　舒明帝陵」、図20）では前面の方形壇が円形に湾曲するように描かれているが、アフターの舒明帝陵（「成功　舒明帝陵」、図21）の方形壇は湾曲せず直線となっている。そのため舒明帝陵は、文久の修陵で方形壇が大きく改造されたような印象を与える。ところが、宮内庁書陵部の調査により、この古墳の方形壇は改造されていないことが確認されている。つまり、舒明帝陵のビフォーも正確に描かれていない可能性が高いのである。

このような例が見つかると、鶴沢探真の「山陵図」のビフォーについては実際の状態を正確に写していない疑いが出てくる。先に、他の絵師が描いた図を参考にして「山陵図」のビフォーが描かれた可能性を考えた。しかし、それだけではなく正確に描かれていない可能性も出てきたのである。

山陵図の目的は

このように「山陵図」について疑い始めると、そこにはさらに不思議な表現がなされていることにも気づく。季節を示す表現が確認できる点である。例えば、用明帝陵のビフォー（図22）である。これは雪景色で描かれている。画面としては美しい。ところが、用明帝陵のアフター（図23）は雪景色で描かれてはいない。探真がビフォーを描くのに参考にしたのが雪景色の図だったのかもしれない。ただ、そのように想定しても、この違いをどう解釈したらよいのだろうか。「山陵図」には文久の修陵の報告書という意味があったはずであり、その目的にとって雪景色は不必要なものでしかないからである。この雪景色には別の意味が込められていたのかもしれないが、ビフォーとアフターの対比という目的にはそぐわない。このような事例にも気づくと、「山陵図」をその目的にまで遡って考えざるをえなくなる。これら多くの不思議な表現は「山陵図」の目的と関わっているはずだからである。では、「山陵図」の目的とはいったい何だったのだろうか。このことを考えようとする場合、ヒントになりそうなのが「文久山陵図」が朝廷と幕府に謹

◉図 19　鶴沢探真筆「荒蕪　欽明天皇陵」（「文久山陵図」より、国立公文書館内閣文庫蔵）

◉図 20　鶴沢探真筆「荒蕪　舒明天皇陵」（「文久山陵図」より、国立公文書館内閣文庫蔵）

◉図 21　鶴沢探真筆「成功　舒明天皇陵」（「文久山陵図」より、国立公文書館内閣文庫蔵）

上された状況である。

戸田忠至は慶応三年（一八六七）十月、朝廷と幕府に「文久山陵図」を謹上した。これはまさに大政奉還がなされた頃であり、これから世の中がどの方向に動いてゆくのかわからない時期だった。そして、その頃、戸田忠至は文久の修陵に伴う多額の借金に苦しんでいた。そういう状況で「文久山陵図」は二部作られ、一部が朝廷、一部が幕府に謹上されたのである。そして、その二部の「文久山陵図」を比較すると、朝廷よりも幕府に謹上された「山陵図」の方が絵の完成度は高い。

●図22　鶴沢探真筆「荒蕪　用明天皇陵」（「文久山陵図」より、国立公文書館内閣文庫蔵）

●図23　鶴沢探真筆「成功　用明天皇陵」（「文久山陵図」より、国立公文書館内閣文庫蔵）

以上のことを踏まえるなら、「文久山陵図」の目的について、ある考えが浮かんでくる。これは文久の修陵の着手を命じた幕府から資金援助を引き出すための報告書だったのではないだろうか。その目的のためには、文久の修陵の成果をわかりやすく説明する必要がある。「山陵図」のアフターの図で拝所が必ず描かれているのは、そのためだと考えられる。「山陵図」でビフォーの一部が正確に描かれていないのも、山陵の成果をわかりやすく説明することを優先した結果だったのかもしれない。また、このように考えるなら、朝廷よりも幕府に謹上された「山陵図」の方が絵の完成度が高いことにも納得がゆく。修陵の資金を提供していたのは、朝廷ではなく幕府だったからである。そして、季節を示す表現があるのは、見栄えをよくするための手段だった、と苦しいが一応の解釈ができる。「文久山陵図」については、このように考えられるのではないだろうか。

では、「文久山陵図」で忠至の目的は達成されたのだろうか。残念ながら、忠至は大政奉還をした後の幕府から資金を引き出すことができなかった。この点では目論見が外れたことになる。ただ、「文久山陵図」を朝廷にも謹上したのは大正解だった。第三節で見たように、明治二年（一八六九）十二月に明治政府が「七〇〇〇両」を忠至に与えているからである。忠至は明治政府から資金援助を引き出すことに成功したのである。

このように考えてくると、「文久山陵図」は文久の修陵について教えてくれる史料というだけではなく、幕末の複雑な政治状況の中で生まれた貴重な史料という位置付けもできる。

五　幕末そして御一新

御一新の前後

戸田忠至が「文久山陵図」を幕府と朝廷に謹上したのは慶応三年（一八六七）十月だった。その十月十四日に幕府は大政奉還し、世の中が激変していった。十二月九日、王政復古の大号令が発せられ、幕府廃止が公式に宣言される。慶応四年一月三日、薩長を中核とした新政府軍と旧幕府軍による鳥羽・伏見の戦いが起こり、戊辰戦争が本格化していった。この戦いで旧幕府軍は朝敵となり、新政府軍は諸藩を次々と傘下に加えながら東進してゆく。二月三日には明治天皇が親征の詔を発布。二月十二日、江戸幕府の最後の将軍、徳川慶喜は江戸城を出て上野寛永寺に謹慎。三月十四日の勝海舟と西郷隆盛の会見を経て、四月十一日に江戸城無血開城となる。しかし、新政府軍と旧幕勢力は上野寛永寺や東北地方、そして函館で戦った。戊辰戦争が終わったのは明治二年（一八六九）五月だった。

その戊辰戦争が続く中、慶応四年七月十七日に江戸が東京と改称。九月八日に明治と改元される。九月二十日には天皇が東幸のため京都を発ち、十月十三日に江戸城に到着、ここを東京城と改称した。十二月二十二日、明治天皇は孝明天皇の三回忌のため京都に還幸。その三カ月後の明治二年三月七日に再び東京に行幸し、三月二十八日には東京城に入りここを皇城（皇居）とした。十月二十四日には皇后もここに移った。

絵師たちの御一新

この幕末明治の激変期、絵師たちはどのように生きていったのだろうか。特に孝明天皇の周辺で仕事をし、安政の御所造営に参加した絵師たちの動向が気になる。彼らの動向を追うことにより、孝明天皇をめぐる美術史が後世にどのような影響を与えたのかも見えてくるはずだからである。

その場合、注目したい団体が一つある。如雲社《じょうんしゃ》である。これは幕末に京都在住の絵師たちが作った結社であり、毎月一回の展覧会（月並展覧会）を開いていた。寛政四年（一七九二）から皆川淇園が会主となり京都、東山の料亭で「東山春秋展観」が開かれたことがあるが[44]、如雲社はこの系譜に連なる結社と見ることもできる。そして、この如雲社が後の京都画壇の基礎となっていった[45]。そのことは、「焔」（東京国立博物館蔵）、「序の舞」（東京芸術大学大学美術館蔵）などを描き、女性初の文化勲章受章者となった京都画壇の逸材、上村松園が若い頃に如雲社の月並展覧会で作品を見て学んだと証言していることからもわかる[46]。

その如雲社について、明治二十八年（一八九五）の「後素協会沿革」（京都府立総合資料館蔵）に、後素協会は慶応二年（一八六六）に「土佐光文、鶴沢探真、狩野永祥、原在照、吉村孝一、国井応文および当時諸先輩」が創設し、明治元年に「後素如雲社」と命名された結社から始まると記されている。つまり、慶応二年に土佐光文、鶴沢探真、原在照など安政の御所障壁画制作で重要な役割を果たした絵師たちが創設した結社が、明治元年に後素如雲社となり、後の後素協会につながったと「後素協会沿革」は言う。つまり如雲社の結成は慶応二年だとするのである。ただ、この「後素協会沿革」は慶応二年から三十年程後の記録である。少し検証する必要がありそうだ。

如雲社の始まり

「後素協会沿革」は土佐光文、鶴沢探真、狩野永祥らが慶応二年（一八六六）に結社を創設したというのだが、ここに出てくる狩野永祥は狩野永岳を継いで京狩野家当主となった人物。その京狩野家に伝わった史料群「京狩野家資料」の中には、永祥に関する記録が多い。ところが、それらを検索しても如雲社につながるような結社が慶応二年に作られたことを示す記録が見つからない[47]。

ところが、「京狩野家資料」の記録のうち、永祥が当主だった時期の日記『日記（二）（慶応四年四月十九日〜明治元年九月十九日）』の慶応四年六月六日条に、「月並画集会治定、例月廿五日ニ相定候事」という一条がある。また、六月二十五日条には、「月並会初て催之、鶴沢、海北、佐井田、薩州御絵師樋口探月、長野父子、木村渓舟、永祥、永震、祥益、祥聾也」とあり、それ以降毎月二十五日に月並会が欠かさず開かれたことがわかる。

つまり、狩野永祥も参加した月並会が慶応四年六月から始まったことがわかるのである。そして、この月並会こそが、後の後素協会につながってゆく結社、つまり如雲社の始まりだったのではないだろうか[48]。慶応二年に月並会開催の話が持ち上がっていたのかもしれない。しかし、第一回の月並会が行われたのが慶応四年六月だったことは間違いない。そうであるなら、如雲社の実質的な活動は慶応四年六月だと見るべきではないだろうか。その慶応四年六月は、王政復古の大号令から約半年後である。そういう時期に如雲社は産声を上げたということになる。

士族となった絵師たち

では、安政の御所障壁画制作で重要な役割を果たし、慶応四年（一八六八）六月に月並会を始めた絵師たちは御一新、つまり明治維新の後にどうなったのだろうか。このことを考える場合、注目したい記録がある。京都大学法学部の『京都府士族明細短冊』である。

これは御一新後、京都府士族の情報が記される明細短冊を京都府がまとめたものであり、ここから士族たちの家の由緒がわかる。その中に土佐家や鶴沢家を始めとする安政の御所障壁画制作に参加した絵師たち、その子孫の記録もある。つまり、彼らは御一新後に士族となっていたのである。

この『京都府士族明細短冊』は実に興味深い記録であり、例えば、狩野永祥は「元九条家々来」、円山応立は「元円満院家来」と記されている。彼らは公家や門跡に仕えていたことが認められ、士族になったことがわかる。このように士族となった理由はさまざまなのだが、安政の御所障壁画制作に参加した絵師たちの多くは朝廷に仕えていたことが評価され、御一新後に士族となっていったようだ。

ところが、この士族という身分は生活を保障するものではなかった。禄が与えられた訳ではなかったからである。そのため、彼らは自力で生計を立てなければならない。そして、そういう状況で彼らの支えの一つとなったのが如雲社だったようだ。如雲社の月並会は作品を売る機会でもあったからである。そして、その如雲社が興味深い活動をしている。京都博覧会への参加である。

如雲社が京都博覧会に参加

京都博覧会は日本最初の博覧会と言えるものであり、明治四年（一八七一）十月十日から十一月十一日まで西本願寺で三三日間開催された[49]。京都の有力商人である熊谷久右衛門、三井八郎右衛門、小野善助の三人が初代京都知事長谷信篤、後の京都知事槇村正直、京都府顧問山本覚馬らの協力を得て実現したものであり、入場者は一万一四五五人だったという。

この成功を得て、熊谷ら三人が会主となり、三二人の市民も株主となって京都博覧会社が設立される。京都府からも一五人の京都博覧会御用掛が任命され、官民一体の運営により明治五年三月十日から五月末日まで第一回京都博覧会が西本願寺、建仁寺、知恩院の三会場で開催された。また、明治六年の第二回京都博覧会からは京都御所が主会場となった。この時の入場者は、四〇万六四五七人にものぼったという。そして、この第二回京都博覧会から如雲社も参加するようになった。会場で五〇名の如雲社の絵師たちが客の求めに応じて席上揮毫を行い、その収入が彼らの生活を助けたのである。参加した五〇名の絵師たちは次のとおりだった。

土佐光文、鶴沢探真、原在泉、中島有章、中島華陽、島田雅喬、岸竹堂、前川文嶺、吉坂鷹峰、加納黄文、岡島清曠、島津松雪、山本探齋、狩野永祥、森寛齋、望月玉泉、國井應文、長野祐親、村瀬玉田、岸雀堂、菱田日東、林耕雲、八木雲溪、森竹友、大橋海石、猪野文信、塩川文麟、塩川文鳳、幸野梅嶺、羽田月洲、山田文厚、鈴木瑞彦、野村文挙、大橋文岱、前田半田、中西耕石、浅井柳塘、上野雪岳、鈴木百年、鈴木百僊、鈴木百翠、桜井百嶺、今尾景年、伊澤九皐、久保田米僊、大藪竹僊、大藪虎堂、田中正堂、山本松堂、平井久僊

さらに、同じく京都御所を会場とした第三回京都博覧会は、明治七年三月からの一〇〇日間で一八万人七八八八人の入館者があった。興味深いことに、その際の如雲社の絵師たちの出勤簿「甲戌三月一日開場　諸先生名録并日割」が「如雲社諸先生名録」（京都工芸繊維大学附属図書館蔵、図24）という資料の中に含まれている[50]。それによれば、参加した絵師は、

土佐光文、狩野永祥、鶴沢守保（探真）、鶴沢探岳、長野祐親、本部有数、林耕雲、加納黄文、岸恭、原在泉、徳見友仙、梅戸在勤、森寛斎、森友竹、竹川友広、嶌田雅喬、八木雲淡、岸竹堂、岸九岳、鈴木百年、今尾景年、久保田米仙、桜井百嶺、田中正堂、中嶌有章、国井応文

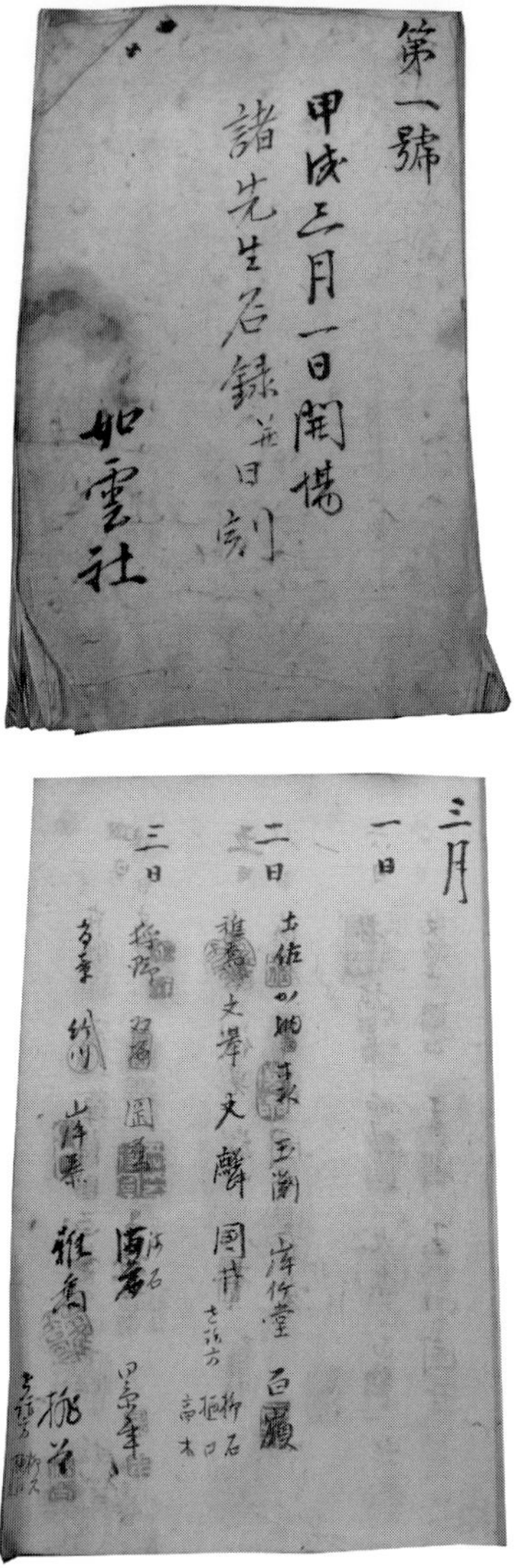

◉図24　「如雲社諸先生名録」（京都工芸繊維大学附属図書館蔵）

の三二名。これが明治七年、如雲社で積極的に活動していた絵師と考えてよさそうだ。そして、この明治六年と明治七年の京都御所を会場とした京都博覧会での席上揮毫に参加した絵師たちの多くが、安政二年（一八五五）の安政の御所障壁画制作に参加していることに注目したい。安政の御所造営から約二〇年後、禁裏御所の障壁画を描いた絵師たちは、同じ場所で席上揮毫していたということになる。

このように如雲社は京都博覧会に参加した。これにより絵師たちは多少の収入を得たはずである。しかし、それだけでは当然ながら生活できない。それぞれが生活の手段を探さなければならなかった。そのため、その後に絵師を廃業した者も多い。そんな絵師たちの中で興味深い動きをしている者がいる。鶴沢探真である。この後、探真は東京に活動拠点を移し、そこで新たな活動を始めているからである。

鶴沢探真の履歴

鶴沢探真はこれまでに何度も登場してきた絵師だが、その詳しい履歴がわかっている。次のとおりである[51]。

天保五年（一八三四）一月二十八日京都の徳岡家に生まれ、鶴沢探龍に師事。才能を認められ探龍の長女琴と結婚。嘉永六年（一八五三）五月に法橋。安政二年（一八五五）に探龍が没したため二十二歳で家督相続。安政度内裏造営で御絵御用頭取諸画師取扱を務めた。文久元年（一八六一）に和宮御東向道具御絵を描き、十二月に法眼。慶応二年（一八六六）には皇后御入内御道具御絵を描いた。明治元年（一八六八）三月に僧官を返上し復飾、土佐家の家例が参照され絵所預となり正六位下伊勢介となった。しかし、明治二年に旧官廃止。明治七年三月、京都で教部省十等雇となり、近畿の歴代御陵墓の巡視にあたる。明治十年、教部省廃止に伴い退職。明治十一年二月に内務省勧業局雇となった。日給は四拾五銭。そして同年九月に上京。明治十二年一月に大蔵省商務局雇、明治十四年四月には農商務省博物局商務局雇製品画図掛となり五月に退職。十二月には博物局から第二回内国勧業博覧会出品貸与の図式調製勉励につき三円を下賜された。明治十五年二月、再び博物局雇となり芸術課事務取扱となった。

これは探真自身が農商務省に提出した履歴書に基づいたものである。ここまで見てきた探真の内容とも齟齬はない。そして安政の御所障壁画制作以降の興味深い諸事実がわかるのだが、特に注目したいのは探真が明治十一年九月に京都から東京に移り、大蔵省や農商務省で職を得たという点である。探真は京都で絵師頭取（御絵御用頭取諸画師取扱）を務めた絵師だったが、御一新により京都の状況が大きく変わった。それまでのように、京都で絵師として生きてゆくのが難しくなる。そこで京都から東京に活動拠点を移し、明治政府の役人となったのである。

しかし、第四節で見た「山陵図」からもわかるように、探真は朝廷や幕府に献上されるような作品を描ける絵師であり、優れた作画技術を持っていた。明治政府もこの点を見逃さなかった。その結果、探真はある仕事に関わることになる。明治宮殿の杉戸絵制作である[52]。

明治宮殿杉戸絵の絵師

先に見たように、明治二年（一八六九）三月二十八日、東京城が皇城となった。その四年後の明治六年五月五日、天皇の御座所とされていた西の丸御殿が焼失する。そこでただちに新宮殿造営が計画される。ところが、明治十年の西南戦争の戦費増大などによる計画延期、たびたびの計画変更があり、明治宮殿は明治二十一年十月にようやく落成となった。それから昭和二十年（一九四五）五月二十五日、空襲により類焼するまでここが天皇の御座所として機能してゆく。

その明治宮殿は公的な機能を持つ表宮殿、そして天皇・皇后の生活空間である奥宮殿から成っていた。表と奥の二つで構成される点は、江戸時代の禁裏御所や城郭御殿と同じである。そのうち和風木造平屋建の奥御殿は、周囲に広い座敷縁が巡らされた常御殿《つねのごてん》、皇后宮常御殿、皇太后宮御休所、御学問所の各御殿が広い渡り廊下でつながれていた。そして、その座敷縁や廊下に配されていたのが杉戸絵だった。

昭和二十年にこの奥宮殿は焼失するのだが、その際に杉戸絵の大部分が近衛兵らにより運び出された。そして、現在も宮内庁に二七組二枚、東京国立博物館に六組の杉戸絵が保管されている。

その明治宮殿の杉戸絵だが、これを描いた絵師は誰なのか。『皇居御造営誌』に、その人選に関する記録がある。明治十八年（一八八五）四月、宮殿内絵画の揮毫者の人選のため宮内省から博物館に対し、各府県の技倆ある絵師の各派、住所、姓名についての照会があった。博物館はそれに対する回答として、明治十五年と明治十七年に農商務省が主催した内国絵画共進会の成績に基づき七〇名を推薦した。明治十八年四月の時点で博物館は農商務省下にあったため[53]、農商務省主催の内国絵画共進会が重視され、このような回答になったのである。そして、これが人選の基本となった。つまり、明治宮殿杉戸絵の絵師の人選は、農商務省の主導で行われた訳である。

明治十八年六月、農商務省の権大書記官であり、博物館に勤めていた山高信離に明治宮殿の杉戸、襖、天井各間など内部装飾事業のいっさいが依嘱されることになり、ここで山高は指導力を発揮する。明治十八年九月頃までの案では、明治宮殿のうち常御殿の襖絵は安政二年（一八五五）に造営された京都の禁裏御所に倣った様式で描かれる予定だった。そのため、明治十七年には安政の御所障壁画制作の際の絵様雛形などが参考資料として京都にいた土佐光武などから取り寄せられもした（『皇居造営録』絵画一）。ところが山高がこの方針を転換させる。そして、常御殿の襖絵を正倉院宝物や『平家納経』を典拠とした「模様」に変更した[54]。つまり、安政の御所障壁画とはまったく違ったものにした訳である。

正倉院宝物や『平家納経』を典拠とした模様が施された襖絵は昭和二十年に焼失したため残念ながら現存しない。しかし、造営当時の縮図『皇居御造営内部諸装飾明細図』（宮内庁書陵部蔵）などを見ると、確かに安政の御所障壁画を参考にしたものではないことがわかる。

探真が描いた杉戸絵

この明治宮殿の障壁画として描かれた襖絵は昭和二十年（一九四五）に焼失した。しかし、先に見たように幸いにも

◉図25　鶴沢探真筆「白梅鴛鴦図」（明治宮殿杉戸絵、宮内庁長官官房用度課蔵）

明治宮殿の杉戸絵は焼失を免れた。そして、その杉戸絵の一部を描いていたのが鶴沢探真だったのである。現在も、「承和楽」「仁和楽」「神楽」「白梅鴛鴦」（図25）が残っている。

この杉戸絵が描かれたのは明治二十一年（一八八八）だから、探真五十五歳の作ということになる。第四節で見た「山陵図」からは二一年後、第一節で見た安政の御所障壁画からは三三年後の作品ということになる。杉戸絵であるためか、彩色は濃い。しっかり描き込まれた画面であり、その点は安政の御所障壁画につながる部分がある。そして探真の杉戸絵は、他の絵師たちが描いた杉戸絵と比較しても決して見劣りしない。むしろ、最優品の一つと見なせるものであり、安政の御所障壁画制作で絵師頭取を務めた絵師の実力を示すものだと言ってよい。探真は晩年、東京で見事な仕事をしたのである。では、鶴沢探真が明治宮殿のために描いたこの見事な杉戸絵は、孝明天皇をめぐる美術史においてどのような意味があるのだろうか。そのことを最後に考えてみたい。

ここまで見てきたように、探真は鶴沢家当主として安政の御所障壁画制作に絵師頭取として関わった。二十二歳の時である。そこで、常御殿に「大禹戒酒防微図」を描くなど重要な仕事もした。また、それ以降も天皇の周辺で仕事をし、慶応三年（一八六七）、三十四歳の時には戸田忠至が朝廷と幕府に謹上した「山陵図」も描いている。鶴沢家の当主である探真は、幕末の京都で別格の絵師だったのである。ところが御一新となり、世の中が大変動し、探真も京都で絵師として生活することが難しくなった。そこで明治十一年九月、探真は京都から東京に活動拠点を移し、大蔵省や農商務省に仕えることになった。その探真が明治二十一年に描いたのが明治宮殿の杉戸絵だったのである。

明治宮殿は天皇の御座所だったから、これは京都の禁裏御所の機能を東京で引き継いだ建物と見てよい。そうであるなら、探真は天皇のために安政の禁裏御所、そして明治宮殿の仕事をした絵師ということになる。明治宮殿常御殿の襖絵は正倉院宝物や『平家納経』を典拠とした「模様」に変更されたため、探真はこれに深く関わっていない。しかし、その明治宮殿の杉戸絵を描くことにより、探真が安政の御所障壁画の伝統を東京に伝えたと見ることもできるのである。

また、次のことも思い出したい。明治十七年、明治宮殿常御殿の襖絵を描くため、参考資料として安政の禁裏御所の絵様雛形などが京都の土佐光武などから取り寄せられた。この時点では、明治宮殿常御殿の襖絵を安政の禁裏御所に倣ったものにする方針だったからである。この時、探真はすでに明治政府に仕える役人となっており、明治宮殿の障壁画制作に関わっていた。そして、明治政府が安政の禁裏御所の絵様雛形などを取り寄せた土佐光武は、土佐光文の甥である。その土佐光文と鶴沢探真は安政の御所障壁画制作で、ともに絵師頭取を務めた。つまり、土佐家と鶴沢家は、また違った形で明治宮殿に関わったということになる。

土佐家、鶴沢家は孝明天皇だけではなく、明治天皇をめぐる美術史にも関わっていたのである。

おわりに

ここまで孝明天皇の時代を、美術史という点から論じてきた。孝明天皇が在位した二一年が、世の中の激変期だったことに異論を唱える人はいないだろう。しかし、ここまでに論じてきたことを客観的に振り返った時、この孝明天皇の在位期間は美術史においても激変期だったと言えるだろうか。

安政二年（一八五五）の安政の御所障壁画制作は、寛政二年（一七九〇）の寛政の御所障壁画に完全に倣ったものだった。また慶応元年（一八六五）完成の文久の修陵に伴う「文久山陵図」は史料としては実に興味深いが、美術史に大きな変化をもたらすようなものではない。これらは、それまでの美術に激変を及ぼすようなものとは言えない。どうやら、「天皇の美術史」という点で激変期がやってくるのは、天皇が東京に移ってからと考えた方が良さそうだ。

そのことは第五節で見た、天皇の御座所となった明治宮殿の障壁画がわかりやすい一例になる。天皇の御座所という点で、明治宮殿は京都の禁裏御所の機能を引き継いでいる。ところが、その障壁画は激変した。明治十八年（一八八五）九月頃までの案では、安政の御所障壁画の様式に倣う計画が立てられていた。しかし、最終的にそれが正倉院宝物や『平家納経』を典拠とした「模様」に変わってしまったからである。

この激変の詳細については本シリーズの第六巻で論じられるのかもしれないが、この変化の意味を理解するためにも、きちんと孝明天皇の時代をおさえておく必要がある。何が変わって、何が継承されていったのかを検証しないと正確な判断ができないからである。

注

［1］藤田覚『幕末の天皇』講談社、一九九四年。

［2］伊東宗裕「京都の火災図―京都市歴史資料館蔵大塚コレクションについて―」（『京都歴史災害研究』九、京都歴史災害研究会、二〇〇八年）。

［3］安政の御所造営の概要については、主に次の論考を参考にした。藤岡通夫『京都御所』彰国社、一九五六年（改訂版は中央公論美術出版、一九八七年）。平井聖「御所建築と障壁画」（『京都御所』毎日新聞社、一九八六年）。脇坂淳『京狩野家の研究』中央公論美術出版、二〇一〇年。

［4］藤岡通夫『京都御所』では「重重威」と翻刻されているが、「重重盛」と記す史料もある。江口恒明氏のご教示による。

［5］武田庸二郎「寛政度御所造営における絵師の選定について」（同他編『近世御用絵師の史的研究』思文閣出版、二〇〇八年）。

〔6〕　髙岸輝『室町王権と絵画』京都大学学術出版会、二〇〇四年。
〔7〕　五十嵐公一「鶴沢派に注目する理由」（兵庫県立歴史博物館編『彩―鶴沢派から応挙まで―』展覧会図録、二〇一〇年）。
〔8〕　野口剛「鶴沢派研究序論―主に探山と探鯨に関する文献的考察―」（『朱雀』一五、二〇〇三年）。
〔9〕　福井徳元は、福田道宏「宮廷御用の幕末」（『京都造形大学紀要』一八、二〇一四年）でも注目されている。
〔10〕　『冷泉為理『安政度造営　清涼殿障子新調記』―翻刻と解説―』立命館大学21世紀ＣＯＥプログラム、二〇〇六年。
〔11〕　『冷泉為理『安政度造営　小御所障子新調記』―翻刻と解説―』文化遺産を核とした歴史都市の防災研究プロジェクト、二〇〇八年。
〔12〕　橋本正俊「冷泉為理と安政度造営―『安政度造営　清涼殿障子新調記』解題―」（前掲注10、編書所収）。脇坂淳『京狩野の研究』中央公論美術出版、二〇一〇年。
〔13〕　安政の御所障壁画制作の下絵は、西和夫「寛政度・安政度内裏障壁画の小下絵」（『建築史研究の新視点一―建築と障壁画―』中央公論美術出版、一九九九年）でも注目されている。
〔14〕　橋本正俊「『冷泉為理『安政度造営　小御所障子新調記』解題」（前掲注11、編書所収）。前掲注12、脇坂著書。
〔15〕　前掲注9、福田論文。
〔16〕　江口恒明「慶応二年東宮御殿造営にみる障壁画の制作とその転用」（世田谷区立郷土資料館編『荻泉翁コレクション―藝に遊ぶ―』展覧会図録、二〇〇九年）。
〔17〕　田島達也「光明寺蔵　旧内裏障壁画」（『美術史』一三二、一九九二年）。
〔18〕　『皇室の至宝　七　御物　障屏・調度Ⅱ』毎日新聞社、一九九二年。
〔19〕　財団法人冷泉家時雨亭文庫編『冷泉家の至宝』展覧会図録、一九九七年。
〔20〕　『泉涌寺史』法蔵館、一九八四年。
〔21〕　天木詠子「泉涌寺御座所・小方丈等の前身建物について―安政度・寛政度の御所遺構と障壁画の研究―」（『日本建築学会計画系論文集』四九二、一九九七年）。同「泉涌寺小方丈・応接間等に関する建築と障壁画の復原的検討」（同五〇〇、一九九七年）。
〔22〕　「平安画家評判記」『京都美術協会雑誌』四〇、一八九五年。赤井達郎『京都の美術と芸能』京都新聞社、一九九〇年。

〔23〕田島達也「『平安画家評判記』について」（『美術京都』四三、二〇一二年）。
〔24〕前掲注12、脇坂著書。
〔25〕鍛治宏介「大きく姿を変えた江戸時代の天皇陵」（『天皇陵―古代史研究の最前線―』洋泉社、二〇一六年）。
〔26〕経緯に関する記述ついては、戸原純一「幕末の修陵について」（『書陵部紀要』一六、一九六四年）を基本とした。また、外池昇『幕末・明治期の陵墓』（吉川弘文館、一九九七年）、同『天皇陵の近代史』（同、二〇〇〇年）、同『天皇陵論―聖域か文化財か―』（新人物往来社、二〇〇七年）、高木博志『陵墓と文化財の近代』（山川出版社、二〇一〇年）を参考とした。
〔27〕外池昇「間瀬和三郎と戸田家」（『調布日本文化』六、一九九六年）。
〔28〕橋本慎司「南蘋派画人としての宇都宮城主戸田忠翰について」（『歴史と文化』六、一九九七年）。なお、忠翰の作品については、栃木県立博物館編『宇都宮藩主　戸田氏―その歴史と文芸―』展覧会図録（二〇一六年）を参照されたい。
〔29〕外池昇「『文久の修陵』と年貢地」（『調布日本文化』七、一九九五年）。
〔30〕畑島陽一・松尾正人「史料紹介岡谷文書―幕末・明治書翰類―（一）」（『史料館研究紀要』二四、国文学研究史料館、一九九三年）。
〔31〕上田長生「陵墓を「発見」した人々―考証家と陵墓治定の実態―」（前掲注25、編書所収）。
〔32〕外池昇「「文久の修陵」における神武天皇陵決定の経緯」（『調布日本文化』九、一九九九年）。
〔33〕前掲注1、藤田著書。
〔34〕外池昇『天皇陵の近代史』吉川弘文館、二〇〇〇年。
〔35〕『文久山陵図』新人物往来社、二〇〇五年。
〔36〕宮内庁書陵部『図書寮典籍解題』続歴史篇、養徳社、一九五一年。
〔37〕「山陵図」については、外池昇氏から関係資料も含めて多くのご教示を得た。
〔38〕この内閣文庫本をもとに『文久山陵図』（新人物往来社、二〇〇五年）が刊行されている。
〔39〕前掲注36、編書。
〔40〕外池昇『天皇陵論―聖域か文化財か―』新人物往来社、二〇〇七年。
〔41〕増田一裕「山陵図の基礎的考察―大和国山陵図を中心として―」（『考古学雑誌』八一―二、日本考古学会、一九九六年）。

[42] 題簽に「文久二年實寫帝陵図」。画面に「文久二壬戌年臘月日　岡本桃里写」と「桃里居士」(朱文方印)がある。
[43] 前掲注35、編書。
[44] 相見香雨「東山の書画会」(『書画骨董雑誌』八八、一九一五年)。
[45] 神崎憲一『京都に於ける日本画史』京都精版印刷社、一九二九年。西山健史「本邦固有の美術考(2)—京都の近代(1)如雲社前後—」(『嵯峨美術短期大学紀要』一八、一九九二年)。
[46] 上村松園「画学校時代」(『青眉抄』三彩社、一九七二年)。同「思ひ出」(『青眉抄その後』求竜堂、一九八六年)。
[47] 脇坂淳「京狩野家資料」(『大阪市立美術館紀要』九、一九八九年)。
[48] 五十嵐公一「如雲社の出発点—京狩野家資料を手掛かりにして—」(『芸術(大阪芸術大学紀要)』三九、二〇一七年)。
[49] 『京都博覧会沿革誌』京都博覧協会、一九〇三年。
[50] 五十嵐公一「第三回京都博覧会での如雲社」(『芸術文化研究(大阪芸術大学大学院芸術文化研究科紀要)』二〇、二〇一六年)。
[51] 関千代「皇居杉戸絵について」(『皇居杉戸絵』京都書院、一九八二年)。
[52] 関千代「皇居杉戸絵について」(『美術研究』二六四、一九七〇年)。前掲注51、関論文。同「皇居杉戸絵について」(博物館明治村編『明治宮殿の杉戸絵』博物館明治村、一九九一年)。
[53] 佐藤道信「日本画壇の再編成と明治宮殿(前掲注52、博物館明治村編書所収)。
[54] 恵美千鶴子「明治宮殿常御殿襖絵の考察—正倉院鴨毛屛風模造・平家納経模本の引用と山髙信離—」(『MUSEUM』六一七、二〇〇八年)。

◆第一章　史料

【史料一―1】『諸向地面取調書』第九冊（国立公文書館内閣文庫蔵）

絵師

一居屋敷　木挽町四丁目南角　八百三拾八坪余　（木挽町）狩野勝川

添地　木挽町四丁目　三拾五坪余

右者同所居屋敷地続ニ而囲込

町屋敷　竹川町　弐百坪

町屋敷　竹川町　百六拾坪

町屋敷　新橋内山町　百坪

斎藤嘉兵衛御代官所

抱屋敷　南品川宿 北品川宿　入合　六百弐拾壱坪　道法日本橋迄弐里

御鉄砲玉薬同心給地

抱屋敷　大久保村　五百弐拾壱坪余　道法日本橋迄壱り拾丁程

一町並屋敷　両国米沢町壱丁目　弐百坪余　（浜町）狩野董川
右者町人共江貸置、当分浜町山伏井戸奥医師石坂宗哲地面借地住宅、
拝領
一町屋敷　鍛冶橋御門外河岸通り　八百八拾坪　（鍛冶橋）狩野探原
右之住宅残地町人共江貸置、
拝領
町屋敷　神田松永町　八拾四坪余
右者町人共江貸置、
竹垣三右衛門御代官所
抱屋敷　小梅村　百五拾坪　道法日本橋迄壱里余
但賃銀附、
拝領
一町屋敷　中橋大鋸町　六百六拾四坪　（中橋）狩野永徳
右之住宅残地御絵師狩野柳雪江貸置、
拝領
一町屋敷　呉服町　百拾九坪五合壱勺　（駿河台）狩野洞春
右者町人共江貸置、当分本郷西竹町金井伊太夫地面借地住宅、
拝領

一町屋敷　神田久右衛門町壱丁目　百六拾七坪九合八勺　（山下町）狩野春貞

右者町人共江貸置、当分下谷車坂下御徒組屋敷内借地住宅、

拝領

一町屋敷　下谷御数寄屋町　拾四坪余（ママ）

右者町人共江貸置、当分下谷和泉橋通り御徒井上源左衛門地面内借地住宅、

拝領

一町屋敷　築地小田原町弐丁目　百拾八坪四合七勺三才　（小田原町）狩野雪渓

右者町人共江貸置、当分同所飯田町家主政四郎支配地之内借地住宅、

拝領

一町屋敷　浅草猿屋町代地　百五拾五坪壱合九勺壱才　（猿屋町代地）狩野素川

右者地守附置、当分同所家持弥太郎地面借地住宅、

拝領

一町屋敷　神田松永町中通り　百拾七坪　（神田松永町）狩野宗益

右者町人共江貸置、当分下谷御徒町御徒矢口清三郎地面借地住宅、

拝領

一町屋敷　芝金杉片町　百六拾三坪三合五勺五才　（金杉片町）狩野梅軒

右ニ住宅、

拝領

一町屋敷　北八丁堀四丁目　八拾四坪弐勺七才　（根岸御行松）狩野勝英

右者町人共江貸置、当分根津中村東叡山府庫調役佐野清右衛門方同居、

拝領
一町屋敷　浅草猿屋町代地　百五拾弐坪五合壱勺六才　（猿屋町代地分家）狩野洞庭
右者町人共江貸置、当分神田明神下同朋町御普請役杉浦武三郎地面借地住宅、
一町屋敷　深川永代寺門前　五拾坪　（深川水場町）狩野梅春
右者厄介梅栄所持、
町屋敷　本芝四丁目　七拾四坪
右者厄介梅栄所持、

拝領
一町屋敷　小石川御箪笥町　千弐百六拾七坪　住吉内記
右者町人共江貸置、当分裏弐番町小普請矢橋子之太郎地面借地住宅、
町屋敷　赤坂田町壱丁目　百八拾五坪
町屋敷　麹町平川町三丁目　九拾四坪三合四勺六才

拝領
一町屋敷　龍閑町元地続　百四拾四坪　板谷桂舟
右者町人共江貸置、当分裏六番町新御番山中庄兵衛地面借地住宅、

【史料一―2】『視聴草』六集之十（国立公文書館内閣文庫蔵）

洛外仮

皇居不穏便候間、儀式可被行之殿舎以下於造栄出来候者早々可被為在還幸御沙汰ニ候、但紫宸殿・清涼殿是迄の通ニ而事具候儀ニハ候得共、紫宸殿壇上も無之、母屋廂間数も不定ニ付、御大礼之節者勿論、常々行候節会等之公事之節も聊宛御差支在之、威儀不御全備候ニ付、年来如旧制造栄被為在度被　思召候得共、御時節も無之候ニ付、被黙止御省行来候、此度者所詮新造之事ニ候間、如旧制造立被為在度被思召候、悉皆此通り之思召ニ而者曽而不被為在候得共、於紫宸殿者丈尺尚低等如旧制造立被為在度御沙汰ニ候、依旧制并今度新造之図面為見被下候、此趣ニ而御造立有之候得者聊宛之御差支も無之、威儀相被整候而、誠以深可為叡　感候、尤材木品等之儀者　御好も不被為在候趣、於清涼殿も儀式等被行候御殿ニ候間、是又不被捨御制度　思召候、且亦図面為見被下候、其条御沙汰ニ候、尤紫宸殿・清涼殿之儀御治定之上、其余之御差図可被為在御沙汰ニ候、右之趣先其方迄委細御内意談候様との御沙汰ニ候、御差図も無之候ハヽ、尚又表立関東へ御内意可被進仰候事、

禁裏御構南門四脚御門之間狭少ニ而御儀式御作法之節、御差支共有之候得者（共）、強而被省用候、既ニ去年十一月大嘗会之節抔も彼是御差支在之候、御沙汰難相調候ニ而、南門前之大路ヲ仮ニ被相用、暫クハ諸人往来被相止候而御規式有之候、此度御造栄被為在候節、右南門四脚門前大路幅を御構内入候様被遊度御沙汰ニ候、右大路之替り場者、凝華洞の（北）地之方を被割用度旨ニ而候、依別紙之図面差添、先其許迄及内談候、

【史料一―3】『視聴草』四集之九（国立公文書館内閣文庫蔵）

掛御勘定奉行御作事奉行吟味役江申述候口上之覚

御造営御地形之儀者少々御入用増候とも請負ニ不致、穢多非人之外者裏屋之老若児人十歳以上之分焼土持運新土持来等為致、夫々之相応ニ其場ニて鳥目遣、誠之御慈悲之御救いたし、地形候ハヽ堂上方を始下々ニ至迄一統難有可存儀、関東之御仁恵立候得者御威光も別而広大可至義、下々之歓喜を以築立候時者永々焼失等之儀決而無之儀ニ可至事ニ付、右之所工夫被致可被申聞候、惣て砂利又者右に類し候之物持運とも同様ニ致度候、渡し候鳥目余り少分ニてハ却而誹謗之種ニ成り候て、せぬ方ましと申になり候時者御威光も欠可相成事ニ付、此所抔者少々入増し候とも勘弁可有之事并御倹約と申者不益之費無之、吝嗇姦計を以麁末に御造営をなし、代金貪取類、其外之事共是等ニ籠り候、此等之事者明白之所を以、遂吟味并仕様等おもくれ候儀者御尊敬与心得候様成ルハ存寄違之事（後略）

【史料一―4】『寛政内裏造事記』（宮内庁書陵部蔵）

紫宸殿賢聖之御障子御絵之義ハ、宝永之度江戸表ニ而認被　仰付、京都ニ而張立候趣ニ御座候、此度も右之御振合ニ而可有御座奉存候、右ニ付常御殿其外御絵之間御認メ方、於江戸可被仰付哉、京都御絵値段ハ江戸本途値段ゟ高直ニ而金泥箔砂子等多分ニ請取申候、明和之度

仙洞御所御絵土佐左近将監江　御所ゟ被　仰付、夫々御間毎ニ外絵師共江割付相勤申候、左近将監儀者　御絵所之由申之壱坪当り直段割引吟味候処、中々承知不知候ニ付其節前々御所方御絵値段之通ニ而相済申候、於江戸表被仰付候へ者道中御入用者相掛り可申奉存候得共、今ても賢聖之御絵江戸表ニ而認候義ニ候ハヽ、右之御荷物同様京都江被遣候義も相成り可申哉

一御絵様御好之下絵御掛合被遊候而御好御座候共、江戸ニ而認候方御入用御手軽ニ可罷成候哉ニ奉存候、

（中略）

寛政元酉年十二月、太　備中守殿より御造営掛り江御下ケ、松　越中守殿より被仰遣候御書面之内写

京都絵師共江御用之度々相渡候絵料渡方之儀、宝永之度御造営之節ニ見合候得者近来之方多分相増候、勿論宝永以来絵料先格壱坪ニ付銀弐百五拾目之処、延享四卯年

桜町院　御所御修復之節、文字銀吹替以後ニ付、五割増之積を以、壱坪ニ付銀三百七拾五匁之積ニ而請取、其後右之例等を以請取来候由ニ相聞候得共、銀之高下ニ依而絵料之高下いたし候儀ニ候ハヽ、宝永銀通用之節壱坪ニ付絵料弐百五拾目積ニ而請取来候事ニ候得者、享保銀ニ吹替之節宝永銀五割四分増を以引替ニ相成候得者絵料も右之割合ニ而引下ケ請取可申処、其節者引方不致請取来、文字銀吹替以後割増請取候儀不相当之儀、全其節取扱候もの之過ニ而其後之流弊と相成候、右躰之儀者当時都而御改正有之事ニ候間、自今已後者宝永度之通絵料壱坪ニ付銀弐百五拾目之積を以可相渡候、万一宝永銀与当時通用銀と之割合ニ付疑惑之儀も候ハヽ、御造営掛江問合候ハヽ、委細可申聞事ニ候、

右之通京都絵師共江可被申渡候、前書之通ニ而も宝永之度割合より宜候間、絵師共難儀可致筋者無之候処、万一令難渋者有之者不埒ニ候間、其者ハ此度之御用可被取放候、多人数及難渋御用差支候ハヽ、関東御絵師江可被仰付候間、早々可被申聞候事、

十二月

前書之通御造営掛江申渡、其段伝奏衆江相達可被置候、

禁裏御絵御用被仰付候絵師共申渡相済候儀ニ付申上候書付

菅沼下野守

村垣左太夫
土佐土佐守
外六拾四人

右絵師六拾五人今晦日下野守於御役宅今度御造営ニ付、
禁裏御所御絵被　仰付候段御書付之通申渡、且絵料等ニ付先達而御渡被成候御書付之趣も是亦申渡置候、依之
申上候、以上、

寛政二戌年
三月晦日

但本文絵師江之被仰渡、書留落相成候哉、寛政度帳面ニ相見不申候、

御絵師頭取より差出候書面写

今般御造営ニ付、御絵料之儀宝永六丑年禁裏其外　御所々御造営御座候節之通、六尺四方壱坪ニ付銀弐百五拾目之割を以可被下置之旨、委細御書付を以被仰渡奉承知候、則私共両人其余画師一統江も申達候処、先例も御座候得共、宝永之度之通可被下置之旨難有仕合承知仕、一統御請申上候、尤壱坪ニ付銀弐百五拾目与申者極彩色之御画料ニ而其外軽キ御画等者其品ニ応、御吟味可有御座之旨、是又奉承知候、然ル処、勿論之儀ニ御座候得共、宝永度之通御画料之外ニ諸色道具夫人足等御渡被下候而相勤候覚悟ニ罷在候、為念此段書付を以申上候、
以上、

寛政二年
戌四月

土佐土佐守
鶴沢探索

去月廿六日附之御答去ル四日相達致拝見候、然者今般御造営ニ付、
禁裏御所之方御画可認絵師共画料之外諸色道具夫人足等請取度旨申立候儀并右画師共江も追而者割増可被下之儀、
各様御存寄被仰聞候様、先達而得御意候処、此度画料割下之儀者宝永度之銀位享保文字銀之位を見合相当之所を
以割下ケ被仰出候儀ニ而、此度画師共申立候諸色并内夫人足等之儀者右割下之銀ニ相拘り候筋ニ無之、尤主膳正殿
御在京中画師一件御取調之節内藤重三郎・小堀縫殿差出候定御修理役所明和七寅年
仙洞御所御普請之節書留之内土佐左近将監差出候書付写ニ有之候宝永六丑年
仙洞御所御造営之節六尺四方壱坪ニ付絵料弐百五拾目、金箔四寸箔ニ而七百枚其外御手伝方より夫人足并諸道具
一式炭薪等請取候旨、延享四卯年
桜町御所御普請之節者金箔絵料請取候儀計相認有之、夫人足并諸色等請取候儀者認無之、左候得者御手伝無之時
者絵之具皿・内夫人足其外請取物者本途絵料之内ニ籠有之、別段請取候儀者無之様ニ主膳正殿御在京中御聞請有
之候間、近来定御修理役所等ニ而も取扱を能々相糺見合可申段、いつれニも絵之具皿其外之受取物・内夫人足等
者御手伝無之候而も請取来候筋ニ候ハヽ、此度御画料引下無之、唯今迄之本途通請取筈ニ候間、此度御絵料下り
候而も可請取筋ニ御座候、又絵料是迄之本途通ニ請取候得者御手伝無之候間、請取不申候との儀ニ候ハヽ、此度
絵料減候而も可請取筋ニ者無之候、絵料減候儀者右渡物ニ拘り候筋ニ無之、銀吹替等ニ而混雑いたし、唯今迄余慶ニ
請取来候悪例を御改有之候事ニ候間、此訳能々勘弁可致旨、乍然万々一銀吹替ニ而本途割増有之節内夫人足等之
儀ニ付何そ急度いたし候証拠書物等も有之候ハヽ、其段可得御意旨、先年土佐差出置候書留之趣ニ而者銀位而已之訳
与御心得被成候旨、且絵料割増等之儀者此節いつれとも御評議難相成候間、追而格別出精いたし正路ニ吟味受候

儀等有之候ハヽ、其砌可申進旨、左候ハヽ其節ニ至、御評議之上否之儀可被仰聞段も承知いたし候、右御書面之内銀吹替ニ而本途割増有之節内夫人足等之儀ニ付何そ急度いたし候証拠書物等有之哉之儀夫々相糺候処、何ニ而も書物等無之候、且絵料一件之儀主膳正殿御在京中御取調之御書面者拙者儀も其砌一通り者致一覧候得共、猶門三郎江申談、右書面扣共熟覧之上門三郎押合セ評議之上致勘弁候処、被仰聞候通宝永度者六尺四方壱坪ニ付絵料弐百五拾目金箔四寸箔七百枚其外御手伝方より夫人足并諸道具一式炭薪等請取候由、延享四卯年者絵料三百七拾五匁・金箔共受取、夫人足并諸道具等請取候儀者認無之、右三百七拾五匁ニ相成候与申儀、土佐左近将監差出候書付之下ケ札ニ有之候処、右銀之位ニ寄其節絵料相増候段者此度被仰出候御書付之通、其砌取扱候もの之過ニ而、其後者右悪例ニ而余慶之絵料受取候儀ニ付、此度御改正之上絵料弐百五拾目与被仰出候上者絵料其外とも右之内ニ相籠可有之道理ニ而、勿論御手伝無之皆御入用ニ而御絵御用被仰付候節者内夫人足・諸式とも相渡不申段者主膳正殿御覚之通ニ候間、此度御用之儀も皆御入用之儀ニ付、内夫人足・諸式共可相渡筋ニ無之段者被仰聞候御趣意之趣御尤存候間、土佐・探索呼出、延享之度銀之位ニ依而五割増之積絵料三百七拾五匁ニ相成候者其節取扱候もの之過ニ而取用ニ不相成、今般絵料弐百五拾目ニ御改正有之候上者諸事右之絵料ニ而相勤可申儀、尤皆御入用ニ而御用被仰付候節者内夫人足并諸式とも相渡候儀無之候間、先達而申立候、宝永度御手伝之例を以内夫人足諸式とも被下候儀者難相成候間、其旨相心得候様申聞候処承知仕、則別紙之通書付相改差出候付、先達而預り置候書面者差戻申候間、右之趣ニ而御承知有之候様いたし度候、且弐百五拾目与申儀者上仕立御絵之儀ニ可有之、其以下薄彩色・墨絵等之類猶吟味之上、夫々絵料ニ段を付可申儀者勿論之儀ニ候間、当時右絵料之当り仮是吟味いたし罷在候、右者御再答旁如此御座候、以上、

寛政二戌年

五月十四日　　村垣左太夫　印

菅沼下野守　印

柳生主膳正様
久世丹波守様
安藤越前守様

猶以御端書之趣承知いたし候、本文之通取極候間、内夫人足・諸色とも其御地之当り被仰聞候ニ者不及候、以上、
但本文別紙之通書付相改差出候旨之絵師共書付留落相成候哉、寛政度帳面ニ相見不申候、

◆第二章　史料

【史料二―1】『禁裏御所御用日記』二四一（国立国会図書館蔵）

（寛政五年三月九日）

此度
皇后御殿御造営之御沙汰奉承知候ニ付、去年春以来画師一統御用之願書差出候処、其内円山主水父子共願書不差出候儀、尤御見咎ニ御座候筋合ニ而者無御座候得共、御不審も御座候段、依之私共ゟ相尋候答之趣申上候様被　仰渡奉承知候、則同人江及面会、委細申達相尋之処、近来病身ニ相成甚不相勝、家業之儀者聢与難相勤り仕合ニ而　御用向も日限等御座候儀抔者所全難相勤候ニ付、大切之御用向奉願候事恐入奉存候、御沙汰ハ承知仕候得共、願書ハ得不差出候儀ニ而御座候、尤悴右近儀も奉願冥加相叶　御用相勤候而者何分主水世話不仕候而者若輩者之儀、無覚束奉存候ニ付、悴并弟子共等も猶更不行届候儀故、願之儀も何と申訳も無御座、延引

仕候而已之儀ニ而、外ニ趣意者勿論無御座候段申聞候、仍而此段申上候、以上、

丑三月

土佐土佐守

鶴沢探索

【史料二―2】『禁裏御所御用日記』二四一（国立国会図書館蔵）

（寛政五年六月二十日）

皇后御殿御造立御指図之趣、追々相伺御治定之趣を以、御入用積立関東江相伺候処、都而伺之通被　仰出候ニ付

此段申上候事、

六月

土佐土佐守

土佐左近将監

鶴沢探索

吉田元陳

石田遊汀

勝山琢眼

狩野正栄

狩野縫殿助

嶋田主計頭

円山主水

鶴沢探泉

吉田大炊
円山右近
垣枝専蔵
堀　索道
杉山元春
江村春甫
原　在中
嶋田内匠権助
海北斎之亮
岸　雅楽介
村上東洲
勝山図書
狩野蔵之進
吉村周圭
木村了琢

右絵師廿六人此度
皇后御殿御造立ニ付、御絵可被　仰付哉之段、関東江相伺候処、伺之通相済候ニ付、右絵師共明廿日下野守御役所江呼出可申渡候、尤前々御造営之度振合を以、土佐守探索儀御絵御用向重立取扱候様申渡候積りニ御座候事、

六月十九日

【史料二—3】『禁裏御所御用日記』二四二（国立国会図書館蔵）

（寛政五年十一月十六日）

右下絵之内志賀山城人形之内、壱ツ片足はき物無之素足と見候、此訳御承知被成候旨、且萩之花之体赤過候様ニ見候、是ハ下絵之事ニ而候得ハ、清書之節ハ得と可認積りとハ被存候得共あまり赤過候、此事白河関ニ人形武具有之候、是ハ可有之事歟御不審ニ而土佐方寄所有之認候哉、今案ニ而認候哉、右奉行衆ゟ内々御聞被成度候、可然尋候旨石見を以被命、右ニ付播州へ申入候処、右片足之儀一向不心得候、其外等之儀共猶相調可被及御返答旨ニ付、其段石見へ申入、下絵弐巻配り絵図とも如元箱ニ入播州へ渡ス、

（同十一月十八日）

一　　　　　　　　　土佐土佐守

　　　　　　　　　　土佐左近将監

右下絵御不審之処書足、且白川関之処返答書、下絵ニ下ケ札致し差出ス、

白河関

六條道場歓喜光寺什物一遍上人画巻物之中白河関之図有之、右之古図を以今度御絵様ニ取合せ相認候、尤関屋人物之体干殿甲冑武具等全ク古図之通ニ相認候儀ニ御座候、

【史料二—4】『公武御用日記』（東北大学附属図書館狩野文庫蔵）

（文化十年十月二十八日）

一常御殿杉戸南庇西　奥文鳴死去ニ付誰へ可被　仰付哉、附武士尋伺候、右ニ付師家之円山主水候哉両人存候故付札主水注之 廿九日向殿下申入参内附広橋申入候

（同十一月十二日）

一常御殿一之間書改之事取計ニ而、最初繕之様被　仰出候処見苦候ニ付、一之御間計書改被　仰付候儀御請申候段

御満足之由甘露寺被示候、両人畏承候、猶向々ニ可申伝申入附武士へ申渡候、且一紙被渡則附武士へ為見之如
左 但此一紙之趣更月修理職奉行如例被申渡可然候由
甘露寺へ申聞置候 附武士へ此方より申聞置候
常御殿一之間 仕立御有形之通尤不可劣 絵様春草木 但取合淋敷候者可加鳥猶可見計
御小襖 仕立同上 絵様松四季竹図 可為御有形之通
已上以下絵可宛 画工円山主水

【史料二―5】『徳大寺実堅武家伝奏記録』一〇七（東京大学史料編纂所蔵）

（弘化三年十二月）

狩野縫殿助大坂ゟ呼戻し之儀、先日相伺候通大坂町奉行江及掛合置候処、此節彼地御城御殿向御修復之儀者御絵繕専之御場所ニ付、差支不相成候様手繰之儀縫殿助相糺候処、一旦帰京候而も手引ニ者不致、骨筆之分除置、箔砂子泥引彩色廻等弟子共手数多之儀ニ付、可成丈者手繰いたし為相勤置、追而
御所御用済、尚又出坂之上来未六月中ニ者御絵繕不残出来之積、出精可相勤旨同人申立、惣体出来之月割ニも拘り不申候ニ付、一先縫殿助帰京為致候積、掛り役々申談御城代江相達し候上、早々手元取片付次第帰京可致旨、縫殿助江申渡候段返書到来仕候ニ付、此段申上候之事、

【史料二―6】『徳大寺実堅武家伝奏記録』一〇六（東京大学史料編纂所蔵）

（弘化三年十一月）

此度御繕煤出シ繕ニ相成候内、清涼殿御帳之間西仕切南端之間鳥居障子上東西小壁・二之間南仕切北面小壁・萩戸東仕切北之方西面小壁、右張付都合三間、
常御殿御清間西側東面御襖弐枚・御小座敷上之間御床并御違棚張付二タ間・四御間西側東面御襖四枚、夫々煤

出シ為仕候得共いつれ茂摺損シ又者染之よこれ等強く、御絵師頭取江茂為見候之処、地よこれ之儀ニ付御絵繕候而も御目障之程難計旨、右頭取共申聞候付、尚勘弁之上右之分者御繕様等元形之通入念認直させ候之積、尤御間内不残御書替ニ相成不申儀ニ付、此間御治定之書付者掛紙之通御書改之積居置、全御繕之廉ニ而歩通り融通仕、右之分丈ケ認直させ候得者御出来栄茂可宜哉ニ付、右之趣申上候様尤まくり者絵様出来之上追而差出候積之旨、伊奈遠江守申聞候付、右之通取計候而可然哉否、早々被仰聞候様仕度此段申上候事、

十一月廿一日

【史料二―7】『日次雑記』（京都府立総合資料館蔵）

（弘化三年九月九日）

一今般常御殿御修覆之御沙汰被為在候ニ付、伝奏・修理職奉行中山様御両家江願書差出候処、御落手之事、尤諸向画工ゟ御即位御用願書も数通差出候様子ニ御座候得共、当方近来殊ノ外多用ニ而自然被為仰付候節、延引且者御断申上候次第在之候而者却而恐入候間、態与差扣へ願書不差出候事、常御殿丈ケ者先代両人御座候ニ付、無拠出願仕候趣意也、

（同九月二十九日）

一早朝土佐氏参り承候処、中山中納言殿ゟ之御沙汰ニ而非蔵松室氏ゟ此度御即位ニ付画工ゟ之願書諸向皆々差出候得共、在照一人是迄三代も連面与続在家ニ而願無之義者如何、差支ニ而も在之哉、常御殿ノ方ハ出在之候得共御即位方無之も御尋ニ付、御改申早々可差出旨被申達、直様帰宅取認昼後伝奏御代役日番広橋大納言様中山様へ差出候、御落手之事、伝奏同役三条様八條様烏丸様土佐鶴沢等へ届置候事内々承り候処、此度願書去ル廿三日頃ニ差出候分者御預り相成候得共、其後ノ分ハ差返しニ相成候所、在照一人差出候様、

且御預り相成候義ハ全思食在之義も被存候事也、

【史料二―8】「石清水臨時祭御再興一会日記」『平田日記部類』四一（宮内庁書陵部蔵）

（文化九年七月五日）

一鷹司御家ゟ牧内匠頭手紙ヲ以咄度事有之間可参様申来、豊後守伺公候処、挿頭花伺絵形書改之儀ニ付、為見合古儀之絵様拝見相願候者、御内々為御見可被下旨御沙汰之段被申聞、仍即刻予絵師吉田元椿令同道伺公、牧内匠頭面謁

春日権現記　寛治七年御幸之所

年中行事絵巻物　賀茂臨時祭之所

今度新写有之旨

北野天満宮内陣対立絵　東遊并御神楽等之事有之

此対立絵今度　天満宮正遷宮有之砌、誰人ニ而哉見附候由、鷹司御家ゟ原在明被遣候而御新写有之旨、在明云四五百年以前ノ絵之由、乍去格別正キ絵ニ而者無之趣之旨、内匠頭噂有之、

右拝見被仰付、元椿へ相頼執要書写、厚御礼申上帰下、

（同八月廿七日）

一絵師勝山法眼琢眼相招御贖物并人長青摺等之伺絵形下絵令相談出来、尤御贖物者先年宇佐使之節行事官調進之振合ヲ以調之、人長青摺者山藍摺之積ニて滋草拾露小忌之部所見之趣、青摺文者北野社衝立絵之趣を以調之候事、

【史料二―9】『石清水臨時祭再興図絵』（宮内庁書陵部蔵）

（前略）いはし水の流れ尽せす、千世のはしめの神祭に、雨かせのさはりたになく、おこなはれぬるハ納受のしるし成へし、所作の陪従季良先祖より代々をかさねて、此御やしろの神楽音楽、とし比おこたりなく勤侍る、おほん恵にや、家のわさいやさかへ、ことさらすゑはる此時に遇て古のやくにめされ、すたれたる古譜をかんかへ、絶たるしらへをふたゝひおこし、道のめいほくをえしかしこさを、深く仰くあまりに　内裏の舞御覧の所を、今の世のゑにたくミなる平在明にあつらへ、堂上堂下の儀式、ひとゝゝのさうそく、たちひくをも、まことの様を露たかハすうつさせて、石清水の御神の広前にさゝけ奉り、別当由清権僧正にあつけて、かの坊の神庫におさまりぬ、けに有かたき心さしならすや、其日の次第、陪従のつとめし事をかきのせよと、せつにこひけるによりて、見およひし所をおちゝゝしるしつ、

文化十年八月　　　　按察使前権中納言源俊資

【史料二―10】『公用日記』（東京国立博物館蔵）

（天保九年三月十二日）

一御右筆組頭田中休蔵面談左之通之御書付、

（書面）

覚

狩野晴川院
狩野幸川
狩野探淵
狩野勝川

狩野祐清

五尺四尺程ニ而銭形御小屏風并尋常御小屏風共是又右程之御寸尺ニ而、何茂花鳥人物山水之和絵唐絵取交、銘々得手之方雛形ニ相認、二双振充可被差出候事、

但右之外本文之御寸尺ニ而、しほらしき御画様是又雛形ニ相認、一双振充可被差出候事、

右書面請取ル、余相尋問之所京都ゟ先比中御進献之御品御屏風銭形取交可然ト申越候ニ付、猶又御絵様御好之程関白殿江鷹司殿也被遣仰候所、別ニ絵様等之御好ハ無之、人ニ得手も可有之ト申越候ニ付、此度御下絵壱人ニ而三双分認一双銭形、一双尋常一双尋常ニ而しほらしき画相認候而、此御方ニ而御覧之上御下絵京都関白家江被遣候上、可被仰付之様子也、尤全体ハ七双出来可相成様子之由申聞、依之御下絵紙も常之よりハよろしき方可然と同人江余申談了御納戸頭江紙之事休蔵ゟも聞置候様致度と申事余猶又休蔵江申聞了

【史料二―11】『公武御用日記』（国立公文書館内閣文庫蔵）

（天保九年七月十六日）

一銭形御屏風雛形以下出来、

四尺銭形御屏風雛形　一帖
五尺銭形御屏風雛形　一帖
銭形御屏風雛形仕立書付　一通
銭形御屏風凡仕様書付　一通
蝶番之形　一包

右今日間部下総守方へ差遣了、書取添之如左、

先頃御内談有之候銭形御屛風雛形之儀、四尺与五尺与縁等之差別茂有之候ニ付、両様之雛形一帖宛申付出来候間進達候、但雛形計ニ而者体勢分兼候儀茂有之候間、絵様一巻凡仕様書付一紙蝶番之形等茂進達候、尤雛形之儀故裏并縁之裂地金物等ニいたり各代ニ而仕立有之候、且裏之料赤色織物之雲立涌或唐菱并縁之料萌黄地唐錦等紋様者古来色々有之候儀、於関東御治定茂可有御座候哉ニ付絵様ニ不載候、軟錦者凡定式有之候故画載候、比等之趣其許迄申入置候、将又花形釘者兎角抜やすく候間、釘之足丈夫成方ニ出来候得者保チ宜御座候、此段誠ニ其許御心得迄ニ申入置候事、

右一封ニ而達之、

図版一覧

口　絵

総　説　江戸時代最後の三人の天皇

第一章　寛政の御所造営と十九世紀の京都画壇

第二章　禁裏御用と絵師の「由緒」・「伝統」

第三章　安政の御所造営と文久の修陵

◉著者紹介◉

五十嵐公一*（いがらし　こういち）

1964年　愛知県生まれ

東京大学大学院人文社会系研究科博士課程修了、博士（文学）

現在、大阪芸術大学教授

［主要著書］

『近世京都画壇のネットワーク―注文主と絵師―』（吉川弘文館、2010年）

『京狩野三代生き残り物語―山楽・山雪・永納と九条幸家―』（吉川弘文館、2012年）

武田庸二郎（たけだ　ようじろう）

1957年　岐阜県生まれ

法政大学大学院人文科学研究科日本史学専攻修士課程修了

現在、世田谷区立郷土資料館学芸員

［主要著書］

『近世御用絵師の史的研究―幕藩制社会における絵師の身分と序列―』（共編、思文閣出版、2008年）

江口恒明（えぐち　つねあき）

1973年　東京都生まれ

学習院大学大学院人文科学研究科博士後期課程単位取得退学

現在、平塚市美術館学芸員

［主要著書］

『近世御用絵師の史的研究―幕藩制社会における絵師の身分と序列―』（共編、思文閣出版、2008年）

＊本巻代表者

天皇の美術史 5
朝廷権威の復興と京都画壇　江戸時代後期

二〇一七年（平成二十九）四月二十日　第一刷発行

著　者　五十嵐公一
　　　　武田庸二郎
　　　　江口恒明

発行者　吉川道郎

発行所　株式会社 吉川弘文館
郵便番号一一三—〇〇三三　東京都文京区本郷七丁目二番八号
電話〇三—三八一三—九一五一〈代〉
振替口座〇〇一〇〇—五—二四四番
http://www.yoshikawa-k.co.jp/

印刷＝藤原印刷株式会社
製本＝誠製本株式会社
装幀・本文デザイン＝右澤康之

ISBN978-4-642-01735-0

天皇の美術史

Art History of the Imperial Court

第1巻 古代国家と仏教美術〈奈良・平安時代〉
増記隆介・川瀬由照・皿井 舞・佐々木守俊 著

第2巻 治天のまなざし、王朝美の再構築〈鎌倉・南北朝時代〉*
伊藤大輔・加須屋誠 著

第3巻 乱世の王権と美術戦略〈室町・戦国時代〉
髙岸 輝・黒田 智 著

第4巻 雅の近世、花開く宮廷絵画〈江戸時代前期〉
野口 剛・五十嵐公一・門脇むつみ 著

第5巻 朝廷権威の復興と京都画壇〈江戸時代後期〉*
五十嵐公一・武田庸二郎・江口恒明 著

第6巻 近代皇室イメージの創出〈明治・大正時代〉
塩谷 純・恵美千鶴子・増野恵子 著